《男人来自火星，女人来自金星》全球唯一授权

中文简体字正版
全新面世

新授权　新译本　新封面　新版式

《男人来自火星，女人来自金星》系列，
在全世界45个地区已售出超过5000万套，
成为近10年来销量最高的书籍以及有史以来销量最高的探讨两性关系丛书。

约翰·格雷（中）首次中国之行，与《男人来自火星，女人来自金星》中文版权代理方大苹果公司陈历莉（左）、吕光东（右）在一起

作者唯一授权中文简体字正版

男人来自火星 女人来自金星

Men are from mars,Women are from venus

[美] 约翰·格雷 博士/著

黄 钦 尧俊芳/译

吉林出版集团|吉林文史出版社

图书在版编目（CIP）数据

男人来自火星　女人来自金星 /(美）格雷（Gray，J.）著；黄钦，尧俊芳译. -- 长春：吉林文史出版社，2010.9

ISBN 978-7-5472-0346-0

Ⅰ. ①男… Ⅱ. ①格… ②黄… ③尧… Ⅲ. ①婚姻-通俗读物 ②恋爱-通俗读物 Ⅳ. ①C913.1-49

中国版本图书馆CIP数据核字（2010）第186043号

男人来自火星，女人来自金星

作　　者	约翰·格雷
译　　者	黄钦　尧俊芳
出 版 人	徐　潜
责任编辑	姜越　袁一鸣
责任校对	姜越　袁一鸣
封面设计	回归线视觉传达
开　　本	640mm×960mm　1/16
字　　数	300千字
印　　张	19
版　　次	2010年11月第1版
印　　次	2012年7月第6次印刷
出　　版	吉林出版集团 吉林文史出版社
发　　行	吉林文史出版社
地　　址	长春市人民大街4646号 邮　编：130021
电　　话	总编办：0431-86037598 发行科：0431-86037528
网　　址	www.jlws.com.cn
印　　刷	北京画中画印刷有限公司
ISBN	978-7-5472-0346-0　　定价 29.80元

最新版序言

本书自问世以来，全球销量已达几千万册，它让千百万人走出了情感的困境，包括我本人在内，它也定当为你带来福音！

有人说过，在男人和女人之间，存在一场永恒的对话——男人不可能 100%地了解女人，女人也不可能 100%地了解男人，这是永恒的真理！

男女双方感情如何，不取决于对方是否完美，即使他们各自有很多缺点，仍然可以和睦相处、一生幸福，这也是永恒的真理！

如今，人人工作压力大。谁不渴望轻松和释放？谁不希望下班回家，享受伴侣带来的温馨和浪漫？工作越是辛苦，愿望就越是强烈。然而，两性之间，永远存在这样或那样的差异，永远存在这样或那样的误解。对此，没有必要回避，只应勇敢面对。只有这样，情感的纽带才会牢不可破。要接受伴侣和你的一切差异，不必瞠目结舌，也不要咬牙切齿，更不可横加干涉和破坏，甚至以武力施压。多一些宽容，多一些理解，这是你的责任。这并不意味着你非得哭丧着脸，承受一场危机四伏的感情。你也用不着硬着头皮，默默忍受缺乏激情的婚姻。你要做的，就是从消极走向积极，从挑剔走向包容，从误解走向理解。有了这样的调整和转变，你的感情世界，就会大为不同——你将升至人生快乐的巅峰！

怎样实现这一切？这主要取决于你对伴侣的认识。你对他（她）认识有多深，你们的爱情就有多深。

对两性的差异了解得越多，就越有助于减少交往中的矛盾，消除不必要的误会，避免强人所难的举动。将这本书放在你的枕边，它会成为你最有力的帮手，给你强有力的支持。

正如评论家所说，《男人来自火星，女人来自金星》是最好的爱情和婚姻指南。它深刻地揭示出，男人和女人在各方面存在着不同：他们的沟通方式不同;他们的想法和感觉不同；他们的认知和反应不同;他们对爱情的需求不同。他们看待同一问题，也常常“公说公理，婆说婆理”。大体说来，男人和女人来自不同的星球，说不同的语言，需要不同的养分。

对伴侣的态度和反应缺乏了解，爱情就会“栽跟头”。即便是鸡毛蒜皮的小事，也会成为你们情感的“绊脚石”，让你和伴侣摔得鼻青脸肿！你误以为一切都是对方的责任，却对自己的缺点、错误一无所知。你也可能“诱使”伴侣放弃自我，凡事从你的角度出发，即你是怎么想的，对方就该怎么想；你是怎么做的，对方就该怎么做！殊不知，你的荒谬和固执，随时会将爱情推向令人沮丧的境地！如果你不认真地研究你的伴侣，了解他或她的需求，就不要指望你们的爱情会蓬勃向上，如此,你们的爱情路将荆棘遍布。

我已经说过，即便最亲近的异性，对你也可能是个谜。因此你要自己去寻找答案！你要尽可能地接近事实，获悉真相，而不是一鳞半爪，支离破碎。作为回报，伴侣展示给你的，必将是最美好、最可爱的一面。他（她）会给你更多的爱:爱的絮语，使你的耳边清音袅袅;爱的奇迹，使你的眼前灵光闪耀。

……

不要试图改变对方；不要越俎代庖，想当然地替对方“着想”，因为这样会弄巧成拙。在沟通和交流上多下功夫，这才是你应尽的职责。想想看，你在伴侣面前的反应，能否让他（她）不胜欣慰，满心欢喜？你能否让对方永远感激，经常动情？你能否让爱的旗帜高高飘扬？能否视伴侣为心中的“唯一”？

做到这些，并非天方夜谭，遥不可及。这也是本书要奉献给你的要旨所在。它能带给你顿悟，赋予你智慧，让驾驭情感之舟的你充满力量！多花点心思，多做些努力，不断改进你和伴侣相处的方法，对方会从你那里，得到理想中的支持和帮助。这样一来，你完全可以从容、得体地改变自己的方法和态度，而不是试图改变你的伴侣。

本书是你的良师益友，它以大篇幅的金玉良言和真知灼见，告诉你如何成为对方理想的伴侣。它能使夫妻间的感情更加深厚；它能从悬崖边上，把感情濒于“破产”的人拉回。就算目前你和伴侣的感情尚且稳定，也不可等闲视之，而应随时为情感之舟增添动力。本书不仅帮助你积极行动，扭转不利的情感关系，还会为你的感情增添更多的“柔情蜜意”。炽热的爱火，将释放出无穷的能量，让情感之舟劈波斩浪，勇往直前，为你们的人生带来更大的希望。

为了帮助你更好地理解男女之间的差异，书中列举了大量实例。它们均来自真实的生活。阅读中，你会在字里行间，发现你本人清晰的“身影”。作为忠诚的向导，本书会牵着你的手，一步一步走出情感的误区。它告诉你，你可以保持本来面目，原样不改地面对你的伴侣——既不改变对方，也不委屈自己。

假如你在爱情的路上，遭遇荆棘，磕磕绊绊。别紧张，也别害怕，很少有人能一帆风顺，畅通无阻。只要善于经营，婚姻就不会变成“爱情的坟墓”；只要策略得当，方法对路，就会极大地改善沟通与交流。

本书的理论经过无数次检验，其正确性、有效性无可挑剔。在多达 25000 份个人调查问卷中，90%以上的调查结论，都忠实地体现在书中。所以，我相信在阅读中，你会不停地微笑着点头，说：“是的，你提到的这个人，其实就是我！”

我说过，男人和女人讲不同的语言。读完本书，渴望在几天内完全掌握异性的语言，这是不现实的。不要指望迅速了解彼此的差异，要循序渐进，不要急于求成。最好经常阅读它，每一次阅读，都会给你带来轻松和愉悦。每一次阅读，都可以点燃你和伴侣之间爱的火焰。每一次阅读，都可以使你明白：爱是理解、给予和宽容。本书的宗旨之一，是让你的心灵更加开放，使你再一次张开双臂，迎接爱神的到来！

约翰·格雷

原版序言

小女儿劳伦出生一周后，我和妻子邦妮累得要命，因为一到晚上，劳伦就会多次把我们从睡梦中弄醒。还有更糟的——邦妮分娩时产道破裂，连走路都成问题，必须天天吃止痛药，我只好留在家里照顾她。5 天后，她的身体才略有好转，我又重返工作岗位。

那天，邦妮的止痛药恰好吃完了，她没有往我的办公室打电话。但我的弟弟前来探望，邦妮就请他帮忙买药。但粗心的弟弟出门以后，很快就忘了邦妮的嘱托。在疼痛中，邦妮忍受了一天的煎熬。她还要照顾刚刚降生的婴儿呢。这是多么糟糕，多么不幸！

我却一无所知。刚刚下班回家，我就发现她情绪不对劲儿。她铁青着脸，对我左一声抱怨，右一句不满——我成了她的“出气筒”。我不明白：早晨还好好的，转眼间竟成了“怨妇”！她的表情真是吓人，每一句话都咄咄逼人！这使我胸口处的火气渐渐蹿升。

她说：“我疼了整整一天！一片止痛药也找不到！我下不了床，从早到晚地躺在这里，谁也不关心我！”

我不以为然：“你怎么不给我打电话？这能怪谁呢？”

“我怕影响你的工作。而且，你弟弟不是刚好来了吗？我让他出去买药，可他忘得一干二净！我白等了一天！我根本不能下床走路，我还能怎样呢？你们谁都不管我了！”

我的心情本来就不好。白天工作压力大，下班后还得接着找气受，这让我无法忍受。况且，她又没打电话，我当然不知道情况。尤其让我恼火的是，她把责任全都推到我身上。这不公平！为什么这样指责一个无辜的人？岂有此理！

一怒之下，我愤然走向门口——是的，我要逃避！我多么疲惫，多么恼火！我听够了她的滔天怨言，急于夺门而出！

就在这时，情况突然有了变化。随后的情形，其意义之大，说它影响了我的一生，似乎也不为过——

妻子说："你不要走！你不能离开我！约翰，现在我最需要你！我很不好受，你知道吗？几天来，疼痛让我很少合眼。还有，你听我说——"

我乖乖地驻足倾听。

"约翰，你不该让我失望！我们不是说好了，要同甘共苦吗？你的态度多让我伤心！任何时候，只有我柔顺、乖巧、可爱了，你才会陪着我。我要是心情不好，说话带刺，你就从家里逃出去，快得像受惊的兔子，这多叫人寒心啊！"

她沉默片刻，泪水涌出了眼眶。她的语气缓和了下来："亲爱的！你知道吗？我正在吃苦受罪呢！我不能帮你做什么，相反，我比任何时候都需要你……到我这里来，好吗？抱着我，什么也别说！用你的胳膊紧紧地抱住我！亲爱的，千万不要走开！"

我走过去紧紧地抱住她，一声不吭。

妻子躺在我的怀里，轻轻地啜泣。

就这样过了几分钟。她的脸上流露出无限的感激。她感谢我，说在她最困难的时刻，我没有离她而去。她还深情地对我说，这个时候，她什么都不需要，只想让我抱着她，她要感受到我的爱。

就在那一刻，我第一次领悟到：什么是爱？爱的真谛是什么？我不由想到，真正的爱，意味着为对方着想，意味着不管出现什么情况，两个人都要相濡以沫。我一直自诩是个合格的丈夫，对妻子充满爱意，然而就像她说的，我并没有陪她共渡难关。她因痛苦或失望而抱怨时，我只是想到逃避。实际上，我应当留下来，与她"同舟共济"。还有，我喜欢她的快乐、可爱，却不愿面对她痛苦或发怒的样子。我会觉得很失败，误以为是我的错，才使她不快乐，只要有了这样的感觉，我就自惭形秽，直至心生愤慨。我不想成为她发泄怨恨的靶子，所以，当两个人出现矛盾时，我要么针锋相对，要么索性一走了之！

那天，我破天荒地没有离开她。我留在了家里，美妙的感觉难以言喻！在妻子真正需要我的时候，我满足了她的心愿。我也由此体验到，真正的爱，是包容和信任，是体贴和照顾，是不计代价地付出，是在伴侣的情绪陷入低谷时，尽可能地陪伴左右，给他（她）足够的力量和支持。而且，你在付出爱的同时，也将得到爱的回报——这是多么简单的道理呀！

我不知道，过去何以粗枝大叶，一再失去给予爱和得到爱的机会。过去，我只要走到妻子跟前，抱着她就可以了，不用多做别的什么，而我却没有做到！换作是女人，仅凭直觉和本能，也能知道邦妮的需要。然而，作为男人，我完全忽略了触摸、拥抱和倾听，忽略了它们对女人的意义和价值。在某种意义上，我在情感艺术上是个无知者。

正是从那一天起，我开始重新思考与伴侣的相处之道。为了使妻子不再受到伤害，我不断地钻研爱的技巧。有了它们，就可以解决各种情感冲突。有了它们，只需付出小小的代价，就可以赢得丰厚的奖赏。天底下，还有比这更划算的事情吗？

多年以前，我有过一次失败的婚姻。我记得，每次与前妻吵架，我的态度都是冷冰冰的。妻子从我的身上，感觉不到一丁点儿的爱意。当时，我真是愚蠢，以为面对情感冲突时只有两条路可走：要么和对方一直吵下去，要么躲得无影无踪。除了这些，我想不出还能做什么。这使得我的第一次婚姻，同悲伤、痛苦和不幸紧紧缠绕。然而，和邦妮发生的这件事，终于使我开了窍。

我足足用了七年时间，对改善两性关系的技巧进行验证和实践。我认真研究了男女之间的区别。我欣喜地发现，只要善于经营，婚姻就不会变成“爱情的坟墓”；只要策略得当，方法对路，就会大大地改善沟通与交流。我和邦妮就是如此。我们找到了改善关系的捷径，彼此更加欣赏和喜爱。

苏珊和吉姆结婚九年了。就像大多数夫妻那样，一开始，他们互敬互爱，感激上天恩赐。慢慢地，他们产生了口角，开始彼此抱怨和不满。一种前所未有的失望之情，不断蚕食着他们的激情，他们的婚姻到了名存实亡的地步。既然爱情走到了尽头，与其貌合神离地生活在一起，还不如马上离婚——他们有了这样的决定。

不过，就在预备离婚前，他们参加了我主持的“两性关系周末研讨会”。苏珊难过地说：“我们渴望维系亲密的关系，重新找回过去的爱情……可是，一点儿办法也没有！我们的差异太大了！”

但我的回答却让他们惊讶！我告诉他们："你们是不同性别的人，差异的存在不仅正常，而且合情合理。更何况，别的夫妻也和你们一样，有着类似的差异，也因为无法接受差异，一再地产生摩擦。"听了我的话，苏珊和吉姆有了新的感悟。按照我的指点，两天后，他们开始重新处理彼此的关系。

就这样，他们再度陷入热恋中，奇迹发生了！他们都因对方的存在而喜悦，因对方的相伴而激情澎湃。他们决心一生相守，永不分开。先前打算离婚的念头，早被抛到了九霄云外！

吉姆说："我的妻子又'回来'了！这是因为我们认识到，对方与自己是不同的……这是我收到的最好的礼物。"

很多人都承认，男女之间的确存在明显的差异，却很少有人说得清楚：差异究竟体现在哪些方面？

在多次举行的两性关系研讨会上，我对二万五千多名参加者进行问卷调查。调查的结果，让我更加客观而确切地看到：男人究竟是怎么回事，女人又是怎么样的。

请记住这一事实：你的伴侣和你不同——对方来自另一星球，不可将本星球的规定、要求强加于人。你应该对彼此的差异产生敬畏，而不是想起来就心怀不满或怨恨，否则你会大吃苦头。

假如你是男人，读了书中的见解和主张，就很可能这样说："你说的那个家伙，其实就是我本人。你似乎一直在跟踪我，把我的情况和特点摸得一清二楚……当然，我的心里很踏实，不再像过去那样，老觉得自己这也不行，那也不是。我终于知道感情的症结了！"

假如你是女人，就有可能这样说："有了你的这本书，我的丈夫就像换了一个人。他终于能够耐心地听我说话。我不再像过去那样，为得到他的爱和理解，不得不硬着头皮，先和他争吵一通……你解释我们的差异时，我的丈夫非常专注。他理解了事情的真相，谢谢你！"

"男人是谁？""女人又是谁？""二者有什么不同？"在本书中，我做了大量的归纳和总结。你可能发现，有些言论和观点极符合你的特征。它们似乎比别的叙述更真实，更与你心意相通。这不奇怪，人人都有其独特的经验和体会。你在书中可以找到自己，也可以找到别人，可以找到男人，也可以找到女人。

在我举办的无数次研讨会上，参加者有已婚者，也有独身者。其中有些人似乎属于“性别错位”。举例来说，我描述女人的基本特征，某个男人可能站起来，说：“我才是这个样子！”有时候，一个女人也会郑重地声明，说她和男人的基本特征一致。我将此称为“性别的角色转化”。这种“角色转化”在人群中司空见惯。这是个体独特性、家庭、社会等因素的影响所致。

我相信，人人都可因本书而获益。从我的研讨会参加者那里，从来信的读者当中，我听到的唯一的“消极反应”的——不知你能否想象得出来——那就是：“为什么在过去，从来没有人对我说过这些呢?”我可以听到他们隐隐的抱怨之情。

行动起来吧！为你的人生赋予更多的爱，一切还不算晚！你要学的，只是新的方法，新的技巧。你即将告别灰色的世界，迎接的是五彩斑斓的人生。不管你的情感问题有多少，不管你是否正在四面楚歌声中挣扎，也甭管是否“病入膏肓”，正在接受某种形式的心理治疗，我要说的是，如果你想拥有更加完美的爱情和婚姻，本书就一定是你的最佳指南!

约翰·格雷

目录

CONTENTS

第1章

男人来自火星，女人来自金星

请设想一下男人来自火星，女人来自金星吧。有一天，火星人从望远镜里发现了金星人。仅仅惊鸿一瞥，却让他一见钟情，地转天旋。金星人唤起了他从来没有过的爱！他很快坠入爱河，于是，火星人立刻发明了宇宙飞船，动身去了金星！

金星人张开双臂，热情地欢迎来自另一个星球的精灵。这是第一次约会，他们本能地意识到，神奇的一刻到来了！他们敞开心扉，深深相爱！

火星人和金星人的爱情真是妙不可言！他们水乳交融，耳鬓厮磨，难分彼此。他们来自不同的星球，自然有着许多不同之处，可这又有什么不好的呢？彼此的差异，使他们新奇，让他们狂喜。他们花了好长时间来发掘和欣赏对方迥然相异的需求、癖好和行为举止。很长一段时间里，他们心心相印，形影不离，沐浴在爱情的光辉中，幸福而又快乐。

后来，他们突发奇想，决定飞往地球定居。起初，一切仍然那么和谐美好。但是，地球特殊的气体发挥了作用，慢慢地改变了他们。一天清晨，他们醒来时不约而同地患上了一种特殊的病症——选择性失忆症！

一夜之间，火星人和金星人全然忘了他们来自不同的星球，忘记了要包容彼此的差异。从此，火星人与金星人就永远生活在剑拔弩张的矛盾中了。

男女生而不同

多么不幸啊！由于忘记了生来有别，火星人和金星人之间矛盾渐生。他们时常牢骚满腹，埋怨连连，这一切都是因为对方和自己不一样。他们的行为方式、思维套路都各不相同，但是，他们都期望对方和自己一样地思考，一样地行动。他们甚至错误地以为，如果伴侣爱他们，就得努力改变自己，和他们处处合拍。这样的假定，使无数的爱侣一次次地陷入被动。

> 他们甚至错误地以为，如果伴侣爱他们，就得努力改变自己，和他们处处合拍。这样的假定，使无数的爱侣一次次地陷入被动。

男人误以为女人就该像他们一样思考、沟通和反应；女人则期望男人与她们一样充满感性色彩，以直觉行事。我们都忽略了男人与女人的差异。因此，在许多感情关系中，充满了不必要的龃龉和矛盾。

很明显，一旦你意识到男女有别，学会尊重彼此的差异，接纳对方的缺点与不完美，在处理异性关系问题时，就会少了许多困惑。明白了“男人来自火星，女人来自金星”这一事实，两性关系中的种种问题就会迎刃而解了。

美好的愿望远远不够

爱情是多么神奇，多么美妙！相爱的人们总是天真地以为自己不会重蹈父辈们的覆辙，永远不会陷入爱情失败的怪圈。他们的爱情，不会褪色；他们的承诺，不会被打破。他们将幸福地生活在一起，直到永远。

但事与愿违，随着时光的流逝，爱情的魔力开始消退，“柴米油盐”的琐事悄悄占据了生活的主旋律，爱情永恒的悲剧，似乎又要拉开帷幕了。男人奢望女人和他们一样思考和反应问题；女人则以自己的模式来要求和改造男人。他们把差异抛到了脑后，懒得花时间去了解对方，尊重对方。接下来，他们不再相爱，互相指责。他们满腹怨气，缺乏耐心。

不知不觉中，他们的爱情列车，不可阻挡地冲出轨道。这一切让他们目瞪口呆：憎恨取代了爱情，隔阂取代了沟通，怀疑取代了信赖，逃离取代了亲近。最后，爱情似乎失去了光芒万丈的魔力。

我们不禁扪心自问：

为什么会发生这一切？

为什么相爱的人会走到这一步？

人类是多么聪慧啊！为回答这些问题，随时都可搬出体系复杂、光芒四射的哲学观点、心理学理论，似乎这样就能让爱重生，拯救我们走到边缘的感情。可是，这一切又有多少意义呢？旧有的惯性力量仍然主宰着我们。我们不得不承认，真爱易逝，似乎人人如此。

每时每刻，许多孑然一身的孤男寡女在寻找着生命中的真爱；每时每刻，许多原来相爱的情侣却劳燕分飞、天各一方。在那些相爱的情侣中，仅有一半最后能够结为夫妻；而在缔结了婚姻的夫妇里，也仅有一半能白头偕老。在没有离婚的夫妇里，有一半仅仅是勉强维持婚姻的，他们或者对伴侣不忠，或者因为对开展新生活感到恐惧，而没有结束婚姻。

世上只有极少数人能将爱情演绎得淋漓尽至，将生命与伴侣结合在一起，至死不渝。他们的独特之处在于懂得尊重和包容彼此的差异，唯有如此，爱情女神才会永远地眷顾他们。

只有尊重和包容彼此之间的差异，爱情女神才会翩翩而至，并永远地眷顾他们。

男人和女人唯有尊重彼此的不同，接纳对方的一切，创造性地解决问题，以谅解的态度去为对方着想，才能在每一个季节里，都享受爱情的枝繁叶茂。

任何时候，我们都要提醒自己：男人来自火星，女人来自金星。只有尊重彼此的不同，我们的爱才能充满魔力，地久天长！

第2章

“修理先生”和“家庭改造委员会”

女人对男人最大的抱怨，莫过于男人从不懂得倾听。听到女人唠叨诉苦，他们要么心不在焉，充耳不闻；要么骄傲地戴上“修理先生”的帽子，帮她们出谋划策。男人以为，他们这种爱的表现可使女人心花怒放，但遗憾的是，女人却从不买账。于是，男人困惑不解：他好言好语，她却愁眉不展，这究竟是为什么呢？要知道，女人更需要感同身受的理解，更渴望一双聆听的耳朵，可男人却总误认为她需要帮助。

对于女人，男人最大的不满就是女人老想着改造他们。一旦女人爱上男人，就觉得有必要帮助男人成长和成熟，让男人变得更加完美。她们成立了“家庭改造委员会”，男人就是她们改造的首要目标。不管他有多抗拒和反感这种做法，她都不依不饶，一逮住机会就试图帮助他，告诉男人怎样立身处世，怎样待人接物，怎样功成名就！她自以为是在关爱他，照料他，可男人却感觉被女人控制得牢牢的，没有喘息的空间。女人不懂得，男人需要的是她的认可和接纳。

你瞧，男女在相处时，各有各的问题。我们得弄明白为什么男人喜欢解决问题，而女人喜欢改造男人。让我们回过头去，看看火星人和金星人原先都是怎么生活的，在他们抵达地球以前，他们的本性究竟如何。这有助于我们更深入地认识男人，了解女人。

火星人的世界

一般说来，火星人崇尚力量、能力、效率和成就。他们不惜代价地积蓄力量，培养技能，修炼十八般武艺，目的就是证明他们自己。相比起女人，男人更习惯于以成败论英雄。他们雄心勃勃，富于进取精神，渴望建功立业。

事业有如男人的生命，只有在事业上取得成绩，他们才感觉自己实现了自我价值。

火星上的一切都反映了这种价值观，甚至穿衣戴帽的方式都体现着他们的能力。无论是警察、士兵、商人、科学家、出租车司机、技术员或者厨师，无不穿着身份鲜明的制服，或者至少戴上帽子来表明他们的职业和能力。火星人不喜欢读像《今日心理》《自我》《人物》这样比较感性的杂志，他们更关注户外活动，比方说打猎、钓鱼或者赛车。他们也很少阅读爱情小说或者励志类书籍，而是更爱看新闻、天气预报和体育节目。总之，他们对“实体”和“物体”的关注，远胜于关注人们虚无缥缈的感情，因为，只有这些事物才能帮助他们展现力量，达到目标。

对火星人来说，事业有如他们的生命。他们认为自我价值的实现取决于事业上的成就，只有在事业上大展身手，他们才会志得意满，火星人以独立为傲，因为在火星人的观念里，独当一面是能力的象征，独立自主与效率、力量和能力是同等重要的。

因此，他们很抗拒女人的干涉，更反感女人帮他们拿主意。在男人看来，不请自来的援手，就是瞧不起他，认为他软弱无能没法独立完成任务。男人对这个特别在意，因为这是他们能力的体现。

在男人看来，要是他们不开口，别人却不请自来，主动伸出援手，这就等于瞧不起他们，认为他们束手无策，软弱无能，或者没法独立完成任务。

男人喜欢单打独斗，自力更生。遇到问题时，他们习惯自己一个人扛。除非到了迫不得已的地步，他们才会开口求助。要是自个儿完成的事，却请人代劳，在他们看来是窝囊废的行为。

但是，一旦他真的需要帮助时，他就会表现独特智慧和艺术。一般来说，他会请教那些他非常敬仰和信服的能人贤士，把自己的困难和盘托出。在火星上，向别人谈论自己的困难，不是为了情绪的发泄，而是请人赐教的信号。火星人遇到别人向自己请教时，会视为无上的荣光。不知不觉地，他就戴上那顶“修理先生”的帽子，好好地听一会儿，然后给出自己的建议。

因此，男人一听到女人在谈论自己的不如意时，他就会自发地帮她出主意。其实，女人只是想抒发一下内心的郁闷，或者排解一下不满，可男人却误读为女人需要帮助。在男人看来，帮女人出谋划策，是男人爱意的表示。他不忍心看她坐困愁城，愁眉苦脸，他以为只要能帮她解决问题，她就会心情舒畅起来。

让男人费解的是，尽管他们绞尽脑汁想取悦女人，女人却丝毫不领情。她们还是深陷于沮丧悲观的情绪里，怨天怨地。男人搞不懂哪个环节出了问题——女人似乎拒绝接受他的好意，他什么忙也帮不上，简直像个没用的傻瓜，这让男人充满了挫折感和失败感。

男人没有弄明白，金星人谈论问题，并不是让你过来帮忙的信号。其实，只要坐下来好好听听女人在说什么，在适当的时候表现一下自己的感同身受，这就是对她们最大的支持了。

金星人的世界

金星上是另一个天地。金星人特别看重爱、沟通和人际关系，她们把时间都消耗在支持他人、帮助他人上面。她们天生就喜欢照顾别人，她们认为，只有能帮到别人，自己的存在才算有了价值；只有把人际关系处理得特别完美，自己才算得上成功的人。与火星人相反，她们通过与他人分享和联系来汲取经验，学习成长。

> 金星人认为，只有能帮到别人，自己的存在才算有了价值；要是能把人际关系处理得特别完美，自己才算得上成功的人。

金星上的一切都反映了这种价值观。金星人不太热衷于修建高速公路或摩天大楼，她们更注重人与人之间是否能和谐相处，相互友爱。在金星人看来，人际关系比事业啊高科技啊这些事情重要多了。

金星人可不像火星人一样穿着制服来显示自己的身份和能力，她们喜欢打扮得与众不同，而且，随时根据自己的心情而更换着装。有个性的外表，对她们格外重要。要是她们的情绪在一天之内阴晴不定、高低起伏，她们会不厌其烦地换好几次衣服。

金星人特别推崇襟怀坦白的沟通、不分彼此的分享。她们通过交谈来建立关系和巩固关系。她们喜欢"掏心窝子"，与人敞开心扉，毫无隐瞒地交流情感，这会带给她们莫大的满足感。

金星人都学习心理学，而且至少取得一个心理咨询方面的硕士学位。她们对个人成长、精神灵修等方面颇有心得，对照料、治疗和培植各种生命抱有热忱。在金星上，随处可见生机勃勃的森林公园、有机花园以及热闹喧哗的购物场所。

火星人简直无法理解金星人这种价值观。这么说吧，要是他们能体验到在汽车拉力赛中取胜，或者完成一项艰巨的任务时的狂喜，那么他们就能理解金星人从沟通与交流中所获得的满足与快感。金星人从不吝于表达自己的善意、爱心和体贴。两个火星人聚在一块吃午餐，一般目的性都很强，他们要在一起"谈个事儿"，或者是要合作项目，或者要一起做生意，或者要一同解决什么问题。可金星人看来，在一起聚餐是感情交流的时刻，不管你是打算帮助别人，还是接受别人的帮助，在一起吃个午饭，是建立和培养某种关系的好契机。她们在餐桌上谈论的话题既坦诚无私，又亲密无间，有点类似于心理咨询师与病人之间的交谈。

金星人是直觉的动物。这桩本事是漫长的岁月里一点点培养起来的。她们对自己的直觉格外骄傲。她们喜欢助人为乐，在金星人的观念里，无须他人开口即伸出援手，这才是最无私的爱，最伟大的爱。

金星人不太执著于证明自己的能力，不像火星人那样把他人的帮助当做是冒犯，更不认为接受帮助就是软弱无能。

金星人对火星人的自尊心也毫无概念，她们巴不得有人帮她们呢！如果她爱的男人乐意帮助她，就能让她感受到他深深的爱意与关怀，让她有被呵护和珍视之感。

在金星上，人人以帮助别人为乐。金星人的天性就是要雪中送炭，锦上添花。如果她们在乎一个人，她们就会直言不讳地指出他有什么地方需要改进，应当怎么做事。金星人的观念是：帮人出主意或提出有建设性的批评，是爱的行为。

火星人则完全不同，他们是解决问题型的。只有某个环节出了纰漏，他们才会想到去动一动它。既然一切正常，又何必多此一举去管它?!

如此一来，当女人企图改造男人时，他读到的潜台词就是肯定是他哪儿出错了，她要上来修理他。

女人，别再给他出主意了

要是洞悉了男人的天性，女人就会避免不知不觉中伤害和冒犯到他。女人应该懂得适时缄默，充分地信任男人。聪明的女人是不会对男人指手画脚，乱出主意的。

我们来看这样一个故事：

有一次，汤姆和玛丽去参加一个聚会，汤姆负责开车。他在一个街口兜兜转转了将近二十分钟，玛丽知道他准是迷路了。玛丽提议他打电话求援，汤姆却一言不发，继续努力寻找正确的方向。最后，他们到达了目的地。玛丽没想到，汤姆非常不开心，整个晚上，他都板着脸和她冷战。她想不明白，汤姆为什么闹别扭。

从她的立场出发，她认为自己很有道理："我很爱汤姆，也很关心他。他有什么困难，我当然要责无旁贷地帮助他。"可是，在汤姆那边，玛丽的做法却被误解了："你既然爱我，就得充分信任我。你的做法等于是对我无声的谴责：'我根本不相信你能把车开到那儿，你可真没用！'"

玛丽不了解火星人的特质，当然就不会理解为什么汤姆这么抗拒她的好意。我们都知道，火星人除非迫不得已，是绝对不会开口求人的。汤姆是一个自尊心很强的男人，玛丽的指手画脚等于在侮辱他的男性尊严。汤姆在路上晕头转向地兜圈子时，玛丽理所当然地以为她应该表现出她的关爱之情。其实，在那一刻，汤姆的情绪正处于脆弱敏感的关头，他需要的是另一种关怀。在男人遇到困难时，女人充满信任地等待和守望，其实就等于给他加油打气。

当玛丽了解了这一点以后，她就改变了策略。下次汤姆再迷路时，她不再指指点点，而是深吸一口气，用鼓励的目光看着他，对他做的每一次努力都抱以欣赏和感恩。同样地，汤姆也非常感激她的关怀和信任。他们更加相爱了。

通常说来，当女人主动请缨去帮助一个男人时，经常弄巧成拙。她的出发点是爱与关切，但她不知道自己的做法在男人看来是颐指气使，超出底线！男人的反应很大，甚至暴跳如雷，他认为自己像个小孩一样被女人管教批评，或者就像以前自己的爸爸总是被妈妈唠叨个没完。

通常说来，当女人主动请缨去帮助一个男人时，她不知道自己的做法在男人看来却是挑剔烦人，一点儿也不爱他！

男人的好胜心强，乐意表现自己。上至天文地理国家大事，下至开车吃饭或参加聚会之类的芝麻小事，男人都喜欢逞强。具有讽刺意味的是，男人在某些小事上往往过度敏感，他常这么想："要是连开车去参加聚会这种小事你都不相信我，怎么指望你在别的大事上还信任我呢？"男人的火星人血统让他们特别喜欢扮演某一方面的专家，要说到修理什么机器啊、开个车上哪儿去啊这种事，正是男人要大显身手的时候。女人不能剥夺男人这种快感，在这个当口，满怀爱意的接纳和信任比自以为是地出点子，要明智多了。

男人，要善于聆听

反过来说，男人也搞不清楚为何他经常帮倒忙。他一心想取悦女人，但得到的却是女人的反感和不满。男人得明白，女人的牢骚抱怨，不是要请求你们的援手，而仅仅是为了与你更加亲密贴近。很多时候，女人只是想和你聊聊天，分享一下自己的心情，可你却以为她是要你做点儿什么，于是打断她的话头，自顾自帮她解决问题去了。因此，女人总会感到很懊恼！

很多时候，女人只是想和你聊聊天，分享一下自己的心情，可你却以为她是要你做点儿什么，于是打断她的话头，自顾自帮她解决问题去了。

比方说，一天晚上，玛丽筋疲力尽地回到家中，她特别想找人说说自己今天遇到的麻烦。

她说："今天可把我累坏了，我要干好多事，连休息的时间都没有。"

汤姆却说："我看你还是辞职算了。你没必要这么卖命啊，找点你喜欢干的事吧。"

玛丽说："我挺喜欢我的工作的。大家对我的期望值很高，希望我马上能做出成绩！"

汤姆说："别听他们的，你自己想怎么着就怎么着。"

玛丽说："哎呀！今天我居然忘了给我阿姨打电话了！"

汤姆说："别担心啦，她不会在意的。"

玛丽说："你可不知道她最近遇到什么事了，她真的很需要我！"

汤姆说："你未免操太多的心啦，所以老是这么不高兴。"

玛丽生气地嚷了起来："谁说我老是不高兴？你能不能让我把

话说完啊！”

汤姆分辩说：“我这不是在听吗？”

玛丽说：“我简直给你烦死了！”

可想而知，玛丽本来想回家后能得到汤姆的温存体贴，可汤姆却只是火上浇油，这让她更加恼火。汤姆也是一肚子委屈，他好心好意要让妻子快活起来，可是他这个就事论事、解决问题的策略却没有奏效。

汤姆对金星人一点儿也不理解。他不知道她们更需要的是安静地倾听，感同身受地回应。他试着帮玛丽拿主意，可玛丽的本意却只是想通过发牢骚来出出气。他根本不用做太多，只需报以宽慰和理解，就会让玛丽心情渐渐平复，用不着多此一举地给她想办法。

汤姆明白金星人的特点以后，这一场争吵就完全可能避免了：

玛丽结束了劳累的一天，回到家里，她发着牢骚说：“今天我手头的事多得处理不完，时间根本不够用！快把我折腾坏了！”

汤姆说道：“嗯，我看今天你是不太好受啊，亲爱的。”

玛丽说：“他们都希望我越快越好，根本不管我是不是有精力做完！”

汤姆停下来，说道：“哦，是吗？”

玛丽说：“哎呀！今天我居然忘了给我阿姨打电话了！”

汤姆微微皱了一下眉头，说：“不会吧，你怎么给忘了呢？”

玛丽说：“她真的很需要我的。唉，我居然把这事忘了，太不应该了！”

汤姆说：“亲爱的，你真是个热心肠，特别会替别人着想！我一直很欣赏你这一点。快过来，让我抱一抱！”

汤姆给玛丽一个深深的拥抱，在他的臂弯里，玛丽又宽慰又安心，她呼出一口气，心中的烦躁霎时间全不见了！玛丽感激地说：“亲爱的，你的安慰让我感觉好过多了，谢谢你听我说这些不愉快的事。”

你看，不管是玛丽还是汤姆，都心满意足。玛丽得到了理解和尊重，汤姆也觉得自己帮到了玛丽，他为此满心欢喜。汤姆一旦明白了火星人与金星人的差异以后，他就不会再去乱帮忙了。玛丽情绪低落，忍不住要对他倾诉时，他学会仔细聆听，报以同情，不再自以为是地发表意见了。他的温柔体贴，让玛丽格外的欣喜，他们的爱情升温了。

爱是一门艺术。我们来看看，在这门艺术的修习过程中，相爱的人们最容易犯下的两种错误：

1.男人一听到女人诉苦抱怨，就忙不迭地要扮演“修理先生”的角色，四处救火。女人却认定了男人没有在倾听，不但毫不领情，还可能大发脾气。

2.女人一逮到男人犯错，就要以“家庭改造委员会”的身份，让男人认真反省，彻底改正。不待男人开口，她就自作主张，大扫男人的面子，让他下不了台。

“修理先生”与“家庭改造委员会”的纠结

男人与女人容易犯下的两种错误，虽然会造成许多不快，但并不意味着“修理先生”与“家庭改造委员会”就一无是处。其实，这是火星人与金星人特有的可贵品质，如果在恰当的时机发挥出来，用得恰如其分，非但不会适得其反、弄巧成拙，反而会为你们的感情加分。

女人正在坏情绪的当口，男人可不要自作聪明地上前帮忙。当女人心烦意乱，只想滔滔不绝地诉说心中的积郁时，你大可袖手旁观。知情识趣的男人，此时只需要给女人提供他的耳朵便够了。要知道，女人可没觉得自己哪里出了毛病，需要男人捋起袖子“修理”一番。

男人欣赏女人的善解人意和宽容。如果他体察到爱人的包容和谅解，在真的需要帮助与支持时，他会格外感谢“家庭改造委员会”的雪中送炭。哪怕男人真的做错了什么，他也不喜欢女人大肆批评，絮絮叨叨。男人最讨厌受到控制和改造，处处被人牵制和管教。睿智的女人不会表现得强势压人。要是男人感到这个女人没有塑造和控制他的企图，在他有需要时，他会主动向你求援的。

当我们的伴侣拒绝我们的好意时，多半就是我们挑的时机或表达的方式不对。

火星人与金星人是完全不同类型的两种人。因此，当伴侣拒绝自己的好意时，要想一想，是不是没有掌握好时机，或做法欠妥，因此没有得到相应的回应。下面，我们再细细道来。

当女人抗拒男人的建议时

如果女人总是抗拒男人的帮助，让男人时时碰壁，男人免不了会怀疑自己的能力和本事，进而，他会灰心泄气，最后干脆置之不理，不再对女人付出爱心。相应地，他也不再愿意听女人的诉说。

男人要时时刻刻谨记在心：女人来自金星。当你要上前帮助女人，却遭到她的拒绝或推托时，你不必懊悔丧气。请静下心来反省一下，是不是自己只顾帮她解决问题，却忽略了她的真正需求。女人需要男人的倾听、理解、包容和共鸣。

下面，我们试着列举一下男人最可能说错的话。看看你说了这些话以后，她是不是表现得特别反感？

1. “你根本没必要这么担心。”
2. “我可没这么说过。”

3. “这有什么大不了的呢？”

4. “好吧，是我错了，咱们别再提那件事了，行了吧？”

5. “你干吗不那样做呢？”

6. “我们不是在说话吗？”

7. “你不必觉得委屈，我根本没有伤害你的意思！”

8. “你到底想说什么啊？”

9. “可你根本不必有那种感受啊！”

10. “你怎么能那么说呢？上周我可是整整陪了你一天！我们不是过得挺愉快吗？”

11. “好吧，把这事彻底忘了吧！”

12. “好好好，我去把后院给清扫干净。这下你是不是高兴点了？”

13. “总算让你明白了，本来你就该听我的！”

14. “瞧瞧，我们还能怎么办吧？”

15. “你老是抱怨不休，唠叨个没完，干脆别做那件事不就行了吗？”

16. “你怎么老是让别人这么欺负你啊？别再提了！”

17. “如果你老这么不开心，我们不如离婚算了！”

18. “好吧，你现在就开始做吧。”

19. “打今天起，这事归我管了。”

20. “我当然特别在意你啊，你问得太荒谬可笑了吧！”

21. “你能不能直截了当点啊，我搞不懂你想说什么。”

22. “你先把别的事放一放，眼下我们要做的是……”

23. “事情哪会像你想的那么简单！”

可以想见，当女人听到这些话时，是何等的气恼和委屈！事与愿违，男人自以为是的举动，非但没让女人的情绪转好，反而更加激怒她们，让她们烦躁不安。男人要想不得罪女人，首先就得避免说这些蠢话（在第5章我们会更详细地谈到这个问题）。不过，更重要的还在于男人得花点心思，聆听女人的弦外之音，真正理解她们的所思所想。

一旦男人领悟到他犯的错在于没挑好时机，而不是他出的主意有问题时，他就知道什么才是四两拨千斤的高明之举了。他不会把女人一时的抗拒往心里去，不会怀有任何负面的情绪。在学会倾听以后，他会慢慢体验到伴侣的感激与依恋。

当男人抵制“家庭改造委员会”时

男人不听取女人的建议时，女人就会认为：“他根本不在乎我。既然他不知好歹，把我的话当耳边风，那么我对他也无关紧要。”渐渐地，女人就会对男人丧失信心，最后干脆任其自生自灭。

女人要提醒自己，男人身上流着火星人的血液。千万不要以爱的名义去改造男人，这会让你大失所望的。这是为什么呢？男人没有开口，你就贸然行事，这对男人来说就是一种侮辱。他们认为，你的所作所为伤害了他们男性的尊严，质疑了他们的能力。要知道，男人很讨厌被人控制的感觉，他当然会拒绝你的干涉。

仔细读读下面的清单，它讲述的是女人对男人可能犯下的一些错误。女人出于好意的帮忙，或者无伤大雅的批评，却招致男人的负面情绪，让男人烦恼不已。天长日久，这些小小的不快便会积少成多，最后成为一堵隔绝你们感情的厚重城墙。下面这些例子里，有些还包含着隐隐的批评，这更犯了男人的大忌。

1.“你怎么会想到再买一个的？你不是早就有一个了吗？”

2.“瞧瞧那些湿乎乎的碟子！你洗完了没擦干，它自然干了以后，上面会有水渍的。”

3.“你的头发太长了，需要修一修！”

4.“那儿不是有停车位吗？快开过去吧！”

5.“你想和你的狐朋狗友待在一起找乐子，那我怎么办？”

6.“你不用工作得那么卖命了。偶尔休息一天吧！”

7.“别把东西放在那里，会弄丢的。”

8. “何必自己在那儿瞎忙乎啊，叫个管道工过来不就行了，他知道怎么弄的。”

9. “要是你早点儿预约订座，我们还需要在这里等空位吗？”

10. “你应该多抽点时间陪陪孩子。他们很想你，可总也见不着你！”

11. “你的办公室乱糟糟的，看着就让人厌烦。你在里面怎么能办公啊？你打算什么时候清理一下？”

12. “你又忘了把它带回家。你应该事先把它放在一个特别的地方提醒你，省得你到时又忘了。”

13. “你开得太快了。减慢车速吧，不然会吃罚单的。”

14. “这片子可真烂！下次买票前应该先看看影评，这样就不会花冤枉钱了！”

15. “我怎么会知道你在哪儿呀！你该先给我打个电话！”

16. “你酒量太差，喝点果汁都会醉的，就不要再逞能了！”

17. “别拿手抓东西吃！你这是在给孩子做个坏榜样！他们都会跟你有样学样！”

18. “那些薯片太油腻了，对你的心脏一点儿也不好！别吃了！”

19. “你总是没事先预留足够的时间，所以老出状况！”

20. “你早该先和我打声招呼。我不可能临时把别的事推掉，和你一起出去吃午餐。”

21. “你的衬衫和裤子配得可真难看。”

22. “比尔打来三次电话了。你什么时候才给他回电话？”

23. “你的工具箱太乱了，我什么都找不到。你该好好清理一下了！”

当一个女人不知道如何请求男人帮助，或者合理地处理与男人的意见分歧时，她就会自作主张地建议和不假思索地批评。可是，女人却懊恼地发现，她根本就是在费力不讨好。男人更欣赏女人的接纳与包容，而不是自作主张的建议和批评。女人要是做到这一点，就等于进了一大步。

很多时候，男人并不是拒绝你的帮助，而是反感你帮助他的方式。他讨厌女人的颐指气使，指手画脚。女人如果知道这一点，就不会斤斤计较他的抗拒感。她会用心去探求他到底需要什么，应该怎么去帮他，让男人感受到你的宽容、善意和无条件的接纳，他又怎么会对你温暖的手拒之千里呢？男人一旦感觉到他才是问题的最终解决者，而不是女人眼中亟待解决的问题，他才会放手让你进入其中，心甘情愿地为你做出改变。

男人一旦感觉到，他才是问题的最终解决者，而不是女人眼中亟待解决的问题，他才会放手让你进入其中，心甘情愿地为你做出改变。

如果你是女人，我建议你从此刻开始，放弃任何未经请求的帮助和挑剔尖刻的批评。接纳他，尊重他，你心爱的男人会对你感激不尽，慢慢地，他会对你投桃报李，体贴你！关心你！

如果你是男人，从现在开始，多听听女人在说什么吧！要是你总是忍不住要为她指点迷津，不妨咬紧牙关，三缄其口。你的温存和耐心，会让女人更加依恋你、信赖你，愿意与你分享一切。你会惊奇地发现，在她的心目中，你的身影越来越成熟、高大！

第3章

男人躲进“洞穴”，女人滔滔不绝

男女对待压力的方式也大有不同。遇到难题时，男人希望能够排除一切干扰，整个身心都放在如何想出解决的方法上。只有问题解决了以后，男人才会松一口气。女人面临困境时却变得格外情绪化，她的心情起伏不定，喜欢大谈特谈面临的困境，滔滔不绝地抒发感想。这本无所谓对错好坏，只是缓解压力的方式不同而已。然而，忽略了这种差异，难免会在生活中造成不必要的纷争和困扰。比方说下面的故事：

汤姆结束了一天的工作，身心俱疲地回到家里。他陷进沙发里，只想静静地看一会儿报纸，静静地待一会儿，把麻烦事暂时都抛在脑后。

与此同时，玛丽也回到家了。她今天也不好受，工作压力非常大，忙得连喝水的时间都没有。她也想在家里好好放松一下，特别想找个人倾诉倾诉。可见，两人不同的需求，处理不好的话，就会使家里的气氛紧张起来，一场争吵在所难免！

汤姆认为玛丽废话太多，不体恤他承受着沉重的压力；玛丽觉得汤姆忽视自己，冷漠无情。如果不尽快扭转这种心态，两人的感情就有可能出现无法弥补的裂痕。

这种在两性关系中司空见惯的情景，也许你也很熟悉吧。这件事有可能发生在任何一对夫妻或情侣身上，汤姆和玛丽不过是其中的缩影而已。解决问题的关键，不仅取决于汤姆和玛丽有多相爱，还要看他们如何智慧地处理彼此的差异。要是汤姆不了解女人喜欢用倾诉来释放压力，他就会越来越厌烦玛丽的喋喋不休，最后干脆不再理会玛丽，让她一个人自说自话。要是玛丽不知道汤姆读报纸并不是故意要冷落她，而是为了放松身心，借此从繁重的工作中抽身片刻，她就会认为汤姆没心没肺，冷漠无情，不懂得爱护关心她。

这样说也许还不足以让你全面了解男女千差万别的奥秘。那么，让我们把目光再投向火星和金星，看看生活在那里的人们是怎样缓解压力、迎接挑战的。

应对压力，各有奇招

火星人心情不好时，便守口如瓶，把事情都藏在心里。除非到了必须求助于人的地步，否则他从来不会麻烦他人，给别人造成负担。他钻进他最私密的“洞穴”里，苦思冥想，努力寻求对策。“洞穴”是每个火星人特有的个人天地，是他们最舒适的避难所，在那儿，万事万物都与他无关，他可以自由自在地休憩或躲避。要是他找出了解决办法，他就会自动从洞里出来，心情舒畅，精神焕发。

当他束手无策时，他就会在“洞穴”里找点事情做做，尽快把烦恼悉数忘掉。看看报纸，玩玩游戏，都是解压的好办法。他的大脑不再牵挂着那些烦心事儿，心情也渐渐放松下来。要是压力特别大，问题特别严峻，他会特意做一些有难度有挑战性的事，比方说高速飙车，参加球赛，或者户外爬山。在这些剧烈的运动中，他尽情地挥洒着汗水，压力也随之释放，他像重新充满电一样，精神焕发、斗志昂扬。

火星人心情不好时，他守口如瓶，缄默不语，钻进他最私密的“洞穴”里，静静思量，努力想出对策。

金星人情绪低落或者压力过大时，她更倾向于找个知己好友，将满腹心事尽情吐露。她将各种忧虑不快向自己信任的人娓娓道来，心里就会好过得多。这是金星人与生俱来的行为方式。

金星人情绪低落或者压力过大时，她更倾向于找个知己好友，将满腹心事尽情吐露。

金星人选择你做诉说的对象，证明她对你青睐有加，这是满怀爱意的信任，而不是有意要增加你的负担。金星人不认为遇到麻烦是见不得人的事，她们的尊严建立在感情关系之上，并非表现在能力强、独立自主上。

金星人很看重友情，要是有个能分享心情的闺蜜，她们会非常快乐。与之相反，火星人在他的“洞穴”里自得其乐，他很享受这份与世隔绝的清净。到了地球以后，他们特有的癖好仍然延续了下来。

“洞穴”里的减压

男人遭受压力时，他会躲到远离尘嚣的“洞穴”里，凝神思考自己面临的难题。他会优先考虑最棘手的问题，反复推敲到底哪个环节出了问题。他聚精会神，以至于忘却了外界的一切。在那个时候，他仿佛拒人千里之外，心不在焉，反应迟钝，对自己的爱人也是冰冷如铁。比方说，在家里他说话的时候只有5%的注意力集中在对话内容上，95%的精神还停留在他的工作、他的问题上面。因此他魂不守舍，甚至答非所问。他遭受的压力越大，这种表现就越明显。他无法像平时一样对爱人面面俱到，关爱有加。一旦他找到解决问题的方法以后，他马上就会回过神来，钻出他的“洞穴”，精神焕发，突然间，他又变回原来的模样，恢复了原有的体贴和温柔。

如果他没办法找出解决方案的话，他就会继续待在“洞穴”里修身养性。他可能会找一些小事来转移注意力，比方说读读报纸，看看电视，开车出去兜风，做健身，看场体育比赛，打打垒球……那些激烈的运动尤其适于放松脑筋，只要把5%的精神放在上面，就足以使他完全得到休息和放松了。翌日，他就会不再纠缠于原先的困扰，转而去解决别的问题。

让我们看看这几位男士是怎么为自己减压的吧！

看报纸是吉姆最大的嗜好。回到家里，他拿着报纸阅读新闻，就能把眼前的烦心事搁置起来。他对最近发生的国家大事、世界新闻指点江山，那些一直困扰他的烦恼就能抛诸脑后。他把注意力转移到与己无关的新闻上面，那绷得过紧的神经就松弛下来了。这是一种非常有效的方法，而且，也能帮助他把关注的焦点稍微转移到家庭和自己的太太上面。

汤姆热衷于观看体育比赛，他是某支球队的忠实拥趸。观看比赛时，他能够从繁重的工作中暂时抽身出来，不再操心那些解决不完的问题。要是自己拥护的球队得分或者胜利，他欢呼雀跃，沉浸在胜利的欢乐里。如果球队输了，他也同样情绪委靡低落，好像是自己输掉了比赛。不管是哪一种情形，他都可以缓解压力，获得解脱。

许多男人和汤姆一样，喜欢收看体育比赛，关注社会新闻，或者欣赏电影，以此释放掉自己身上承受的压力。这是他们得以忘却烦恼、振奋精神的高招。

女人如何看待“洞穴”里的他

当男人待在“洞穴”里离群索居、闭关修炼时，他无暇再如平常一样对你温柔呵护、细心周到，他似乎对你视而不见、心不在焉。女人难以忍受男人冷漠疏离的态度，因为她不知道男人正在承受何种压力。如果男人回家能对女人敞开心扉，矛盾或许也不会产生。可是，男人在遇到问题时习惯守口如瓶，这让女人实在摸不着头脑。蒙在鼓里的女人觉得自己受到冷落，孤立无援，甚至怀疑男人不再爱她了。

一般而言，女人对“洞穴”里的男人一无所知。她们不会站在男人的角度，替他们设身处地考虑一下。她们总是期望男人和自己一样，遇到问题时会畅所欲言，让别人分担自己的烦恼焦虑。男人藏身于自己的小天地里，对外界不闻不问。要是男人把注意力放在别的事情上，以期调剂心情，比方说读读报纸或外出打球之类，她就会耿耿于怀，格外受伤，认为自己被排斥在男人的生活之外。

希冀一个躲在“洞穴”里闭关的男人坦率公开、一如既往地温柔缠绵，这就好比奢望一个愤怒不安的女人在一秒钟内冷静下来，恢复理智。男人无法时刻保持温柔体贴的状态，就像女人无法时时理性，逻辑清晰。女人不能过高地要求男人。

火星人钻进“洞穴”以后，他们常常忘了洞外的朋友和家人也许同样面临着问题和困扰。他们认定：要是想照顾好别人，就得先把自己分内的事做好，不给别人添麻烦。可是，当女人看到男人这种拒人于千里的态度，她会怨恨连连，恼怒异常。甚至会厉声质问他，或提醒男人要关注她，在意她的感受。如果女人记住男人来自火星这一事实，她就会对“洞穴”里的男人的种种行为不再大惊小怪。她明白这是男人特有的减压机制，并不是存心要排斥和忽视她。她会想出一些巧妙的招术，有技巧地提醒男人关注她的需求，而不再是一怒之下，和男人对抗到底。

另一方面，男人钻进了隐秘封闭的“洞穴”之后，他们没有意识到自己已经与外界脱离。要是男人能领悟到他们的冷漠态度会影响到女人的情绪，进而破坏他们的关系，男人多少会收敛一些的。金星人脆弱的情绪承受不了他们漠不关心的态度。男人不能领悟这一点，所以他们时常为自己辩解开脱，他们的话在女人耳朵里不啻为强词夺理。下面是五种我们最常听见的对白：

1.她说：“你根本没在听我说话！”他应道：“你在胡说什么呀！我完全能把你刚才说过的话再复述一遍！”

其实，哪怕男人待在“洞穴”里，他留在外面的5%精神也能精准地记录他听到的话，甚至，他还能原封不动地把女人刚才所说的话重复一遍。男人坚持说，虽然他只用了5%的注意力，但他也是在倾听。可女人要求的是男人全部的关注。

2.她说：“我根本感觉不到你的存在！”他回道：“你说我不存在？我这不是在你眼前吗？这不是我的身体吗？”

他以为，只要他在女人眼前，就算是在陪伴着她。其实，女人的潜台词是，男人身在此处，心在彼方，因此女人感受不到他的存在。

3.她抱怨道："唉！你根本不在乎我！"他却摸不着头脑，疑惑地说："我当然在乎你了！你没看到我正在想问题吗？"

男人认为，他正在绞尽脑汁地帮女人解决问题，这是关心她的另一种方式，她应该体会他的爱意才是。然而女人更渴望他直接的关爱。

4.她说："我觉得，对你来说，我根本就无足挂齿！"他说："胡说八道！你在我心目中是最重要的！"

男人非常委屈，因为他认为自己辛苦地做一切，长远来说是让女人受益，让她更幸福开心。男人只执著于解决自己的问题，却对女人面临的困扰视而不见，女人自然而然地以为在他心中，她根本就无关紧要。

5.她气愤地说："你是个没有感情的冷血动物！你整天只想着自己！"他却辩解说："我到底哪儿不合你的心意？你不希望我赶快想出办法吗？"

男人厌烦女人的吹毛求疵、纠缠不休。解决问题是他的头等大事，可是女人却表现得无理取闹，他感到自己没有得到真正的理解。男人甚至误以为女人并不爱他。在女人看来，男人根本没有考虑到她的存在，他只顾沉浸在自己的世界里，她的需要，他看不到，也不在乎。男人多么奇怪啊——他们很容易从一个极端走到另一个极端，昨天还是甜言蜜语、含情脉脉，今天却变得若即若离，好像根本没爱过你。待在"洞穴"里的男人对外界的事物反应非常迟钝，他们没有看到这对女人造成何等伤害。

要想相处得愉快融洽，男人与女人都得明白一个事实：当男人好像对你视若无睹时，他绝非存心要忽略、冷落你，他正在以特定的方式处理某项难题，女人无须胡思乱想，大惊小怪。另一方面，男人也要尽量留意女人的情绪，安抚她，减轻她的忧虑。

如果女人不得已开口痛陈心中的压抑，这正是男人要重视女人感受的时刻。男人要明白，女人有权利表达不满，正如他同样有权利钻进“洞穴”里把自己隐藏起来。

她通过倾诉来减压

逢遇纷至沓来的压力时，情感脆弱的女人本能地要找个人倾诉。她期盼能够把心中的喜怒哀乐都倾诉出来，得到别人的同情和共鸣。女人一打开话匣子就停不下来，她不会特意安排先后次序，孰重孰轻。她习惯把所有问题，无论大小，都搅到一起加以考虑。她并不看重马上找出解决问题的策略，而是想到哪儿就说到哪儿，只求一吐为快。而且，在向他人陈述的过程中，她自己也在把问题细细咀嚼和推敲着，到底问题的症结何在？突然间，她如醍醐灌顶，把心中的烦扰悉数放下，变得轻松起来。

女人并不看重马上找出解决问题的策略，而更在乎是否说出心中真实的感受，引起他人的理解与同情。

男人一般把注意力都集中在一个核心问题上，其他细枝末节都暂时搁置起来，不予考虑。女人关心的范围却相当广，她的烦恼牵丝攀藤，漫无边际。

无论是过去的问题，还是现在的问题，无论是潜在的问题，还是根本解决不了的问题，全都囊括在内。说得越多，她就越舒坦。这是女人处理压力的特有方式——要知道，女人不这样做，她就算不上一个真正的女人了。

不如意时发几句牢骚，是一种非常有效的宣泄情绪的方式。要是她感觉到被人理解，她就会快活起来。她说话时也许前后颠倒，不合逻辑，漫无目的，但这都无关紧要，最要紧的是：有没有人在听她说话！要是她感觉到男人根本没在倾听，她就火冒三丈。

男人躲进“洞穴”，是为了屏除所有干扰，女人说个没完，则是为了获得满足和快慰。她一开闸就是滔滔洪水，只顾沉湎于自己的情绪中，却忽略了他人可能会烦得只想把耳朵堵上。女人的倾诉，是心灵的呵护，精神的关爱，是健康的使者，是不可或缺的“减压阀”。

女人开口时，男人应怎么做

遗憾的是，女人一开口，男人经常忙不迭地想捂上耳朵，拔腿便跑。女人抱怨得越多，男人就越会感觉自己在遭受女人的指摘和抨击。他不知道她仅仅是想宣泄一下而已，没别的意思，只要他付出耐心，洗耳恭听，女人自会心满意足，感激不尽。

火星人倘若谈及自己的困难，多半有两种情况：他们想责怪某个人，或是想寻求建议。男人看到女人紧锁愁眉，唉声叹气，会猜想是不是自己惹得女人不快。要是女人看起来好过了一些，他就一相情愿地推断她要找自己出谋划策。于是乎，他又戴上那顶“修理先生”的帽子，忙前忙后，要帮女人想各种点子。要是他假设女人是在责备自己，他会立刻武装起来，准备和女人唇枪舌剑一番。无论是哪种情况，他都无法静下心来听听她到底在讲什么。他总是不明就里地打断她，让她无法说个痛快！

男人给女人出了一个主意，她根本不予置评，马上又转向另一个问题。男人挖空心思又想了三两招，可女人似乎毫不领情，还是怨大怨地。为什么会这样呢？这是因为，火星人特别看重找寻答案。他以为，只要问题有了解决方案，对方就能心情好转起来。要是她的反应还是很消极，那就证明他的办法是无效的。火星人会进而怀疑自己的本事，沮丧万分，徒增烦恼。

男人感觉到女人指桑骂槐地批评自己时，会马上披上盔甲，准备舌战一场。他以为，只要他和女人解释清楚，女人就能停止抱怨。可是，不管男人怎么辩解，女人的话头还是没法打住。女人的终极目标并不是要男人帮她拿主意，不是为了征询“救助方案”，她只需要男人以信任的姿态用心聆听，她需要男人让她无拘无束地说下去。要是男人聪明地停止和女人顶嘴争驳，女人在唠叨完以后，很快就会转到另外一个话题。

女人在谈论那些男人束手无策、无从解决的问题时，男人垂头丧气，简直不知如何是好。比方说，女人抱怨以下的事情时，男人就处理不了：

1. “在工作上，我的付出与所得的报酬根本不成正比！”
2. “唉，路易斯阿姨病得越来越重了，身体一天不如一天。”
3. “我们住的房子太小了！”
4. “这本来应该是个干燥的季节，可为什么老是下雨呢？”
5. “我们的银行账户怎么总是透支呢？”

这些都是生活中让女人失望、焦虑和担忧的事情。其实女人也找不到有效的解决方法，她只是想说出来，心里好过一些。要是听者有所共鸣，她就感觉到自己有了依靠。可是女人的这种做法常常把男人搞得筋疲力尽，不堪重负。他要花点心思才能理解女人的真实需要——她仅仅是想诉诉苦而已！

男人还特别反感女人把问题的细枝末节唠叨个没完。男人误以为，女人提到那些细节，是在让他赶紧想办法搞定。男人无法理清那些千头万绪的细节，变得更不耐烦。其实，女人只是沉醉于倾诉的过程中，她巨细靡遗地把所有问题都咀嚼一番，以释放压力。男人无法理解女人这个习惯。

令男人颇为头痛的，还有女人缺乏逻辑性的陈述。她时常将问题颠三倒四一股脑地倒出，让人抓不住重点。女人常常一下子扔出三四个问题，男人努力想从女人的一堆废话里理出头绪，可往往是徒劳无功，最后干脆放弃了事。

男人还常常试图在女人冗长的陈述中，寻找出问题的核心。男人较为强调逻辑思维，如果找不到问题的核心，了解可能产生的后果，他们就没有办法得出解决方案。要是男人能体会到女人只是要获得倾诉的快感，而不是解决问题的方法，他就会轻松得多。男人从寻求答案中得到乐趣与成就感；女人却在宣泄问题的细枝末节中感到满足。

男人从寻求答案中得到乐趣与成就感,女人却在宣泄问题的细枝末节中感到满足。

女人在说话时，特别喜欢迂回曲折地兜圈子、埋包袱，她们从中得到许多乐趣。可这让男人如坠云里雾中，搞不清她的真实意思。他们更习惯直接简明的表述方式。或许，女人在谈论自己问题的时候，应该先抓住重点，再发散开来叙述细节，以便男人容易听懂一些。

男人越听不懂女人在讲什么，他就越会对女人的滔滔不绝避之唯恐不及。要是男人知道如何才能取悦女人，让她们得到满足，给她们强有力的感情支撑，他就会发现，倾听并不是一件难事。女人要重视和男人的沟通，让他们知道你只是想倾吐烦恼，并不是真的要求助于他们，这样，男人才能放松下来，好好与你促膝长谈一番。

火星人与金星人如何和谐相处

火星人与金星人相处的首要秘诀，就是要尊重对方的差异。火星人要记住，女人以倾诉来消除烦恼，得到满足。男人在一旁关切地聆听，就是对女人最大的支持。金星人也无须为男人的冷落疏远而懊恼着急。也许这时候，正是他承受压力、急欲躲避起来的当口。他藏身的“洞穴”，不是什么见不得人的神秘之处。女人不必拉响“警报器”，逼迫他从洞里出来。

火星人要明白的道理

火星人要明白，女人对你们大发牢骚，不是专门要指责你们的缺点，追究你们的责任，和你们算账。也许，这一刻金星人正在火头上，难免挑剔一些，说几句不中听的话，可是，她们的坏情绪很快就会过去。用不了一会儿，她们又会雨过天晴，笑逐颜开了。她们又变成原先那个温柔体贴的可人儿。男人只要用倾听这个灵丹妙药，就足以使女人恢复生机，精神奕奕。

火星人了解女人意欲倾诉的爱好之后，就会获得心灵的平静，不会再去猜测是否自己开罪了女人，不会百般揣测，惴惴不安。要是女人感到有人倾听自己传达的讯息，她自然就会变得更积极乐观。男人只需好好地倾听，无须时时充当女人的“谋士”。

许多男人，甚至一部分女人，对倾诉烦恼这件事怀有偏见。因为他们从未体验过向人一吐肺腑的快乐，尽情发泄是一种良好的心理治疗方式。喜欢倾诉的女人可以从中获得积极愉快的态度。如果女人找不到真正的听众，会更加沉溺于糟糕的情绪中，使事情变得更坏。在那些缺乏爱情滋润、找不到心灵知己的女人身上，这种情形尤为多见。真正的症结在于，她感到没有人爱她，真正地关心她。

火星人学会倾听以后，他会惊喜地发现，在倾听过程中，他们也能从自己的“洞穴”里钻出来，精神也会放松下来。这种减压的效果，几乎等同于他埋首于报纸或者电视中，寻求调剂放松一样。

相应地，男人学会倾听以后，他会轻松愉快很多。倾听有助于他忘却一天的烦恼。尤其是当他遭受压力，想躲进“洞穴”里时，他会感觉倾听别人的心声会有效地分散他的注意力，减轻他的焦虑情绪。倾听既有助于女人，也能帮到男人。

金星人要明白的道理

金星人看到伴侣钻进“洞穴”，不要惊惶失措，无理取闹，急着要把他拉出来。要知道，此刻他正在承受某种你不知晓的压力，他沉默不语，郁郁寡欢，并不代表不爱你。此时的你要格外照顾和体贴他的情绪。

火星人要是没有集中精神听你讲话，请别因此而生气，应该礼貌地停下来，等到他重新集中注意力，然后再说下去。不能一味地把男人当成自己情绪的“垃圾桶”。你要明白，想得到男人每时每刻百分之百的关注，这相当不现实。如果你想提醒男人把目光投向自己，就用一种轻快、温和的方式来提醒他。男人特别容易接受这种方式。

男人如果待在洞里，根本不想与外界接触时，你需要自己调整状态，不小题大做，自寻烦恼。要知道，此时不是要和男人亲密无间地交流的时刻，你要自己找点别的事，去购物或者找别的朋友聊聊天都是不错的选择。火星人感受到你充满爱意的接纳和体恤，就会钻出“洞穴”，紧紧地与你相拥。

第4章

激励你的异性公民

在火星人与金星人相遇以前的漫长岁月里，他们在各自的星球上过着自由自在、无拘无束的生活。突然有一天，一切都变了模样。他们发现，自己生活在一个如此压抑、局促的天地里。正是这种感觉，促使他们寻找真爱，寻找自己灵魂的伴侣。最终，他们相遇、相知、相爱。

今天，深入地了解他们由“分”而“聚”的过程，我们便能洞悉爱情的奥秘和魔力。在爱人需要你的一臂之力时，你与他/她携手同行；遇到困难、遭受压力之时，你能够让他/她和你站在一起，共渡难关。这是爱带给我们的巨大力量。这一切是怎么发生的呢？男人与女人是怎样开始相爱的呢？让时光倒流，我们去看看在那两个星球上，发生了什么事！

有一天，火星人陷入了颓废抑郁的情绪中。所有的男人都离开城市，钻进他们得以蔽身的“洞穴”里。他们拿出以前对付烦恼的老办法，离群索居，苦苦思考，却没有成效。阴霾依旧笼罩着他们，无法摆脱。突然有一天，一个火星人从望远镜里发现了一个美丽的生物——那就是金星人！他将自己的这一发现与众火星人一起分享，金星人那曼妙美丽的身姿，让全体火星人神魂颠倒、心醉神迷。他们压抑的心情顿时一扫而空！于是，所有的火星人都从洞里蜂拥而出，忙碌于发明“宇宙飞船”，马上向金星进发！

男人感到被人需要和依赖时，他们就会变得强大无比，力量无穷；女人感到自己受到珍视和呵护时，她们就会格外自信乐观，生机勃勃。

与此同时，金星人也集体沉浸在一种悲伤忧郁中。她们像往常一样，聚在一起抱怨不休。可是，这似乎于事无补。她们的不快情绪持续了很久很久，直到有一天，直觉告诉她们：有一件大事情要发生了！拯救她们的勇士即将从天而降！他们孔武有力，热情直率！突然间，金星人感觉到了一种从未体验过的珍爱与关怀。她们的悲伤也烟消云散，立即开始着手准备，欢迎火星人的到来！

到了今天，这种神奇的激励仍然在两性关系中发挥效用。男人感到被人需要和依赖时，他们就会变得强大无比。要是男人在一段关系中，感受不到对方需要自己、信赖自己，他逐渐就会变得消极颓丧，懒得再经营这段感情。要是他感到自己具备使对方幸福的能力，他做的事情让爱人愉悦开心，他就会积聚更多的力量，来回报女人的爱。

如果女人感受到了珍视和呵护，就会格外自信乐观，生机勃勃。要是感受不到男人的爱意与重视，她就会采取敷衍的态度来对待伴侣，甚至想结束这段关系。女人感觉到了尊重与珍视，才能满心欢喜，心甘情愿地为对方付出更多。

当男人爱上女人

男人坠入爱河的过程，就像火星人发现了金星人的情形。百无聊赖之际，火星人拿出望远镜观察茫茫夜空。忽然间，他如遭雷击，他生命中最震撼最奇妙的时刻来临了！镜片里出现了一个如此优雅美丽的形象，令他全身战栗，不能自已。

仅仅一瞥，他的生命有了意义，他的存在有了价值。一瞬间，他的抑郁不快，他的孤独落寞，全都不见踪影了。

火星人有一套有关“输赢”的哲学——胜者为王，赢者通吃，绝不同情弱者！在火星人的世界里，这一套“输赢”理论很是行得通。

今天，在对抗性的体育竞赛中，仍旧展现着火星人的斗争哲学。比如，在网球比赛中，双方拼得你死我活。不仅要自己得分，大获全胜，还要让对手输得一败涂地，无法翻身——“我的快乐建立在别人失意的基础上。别人输得越多，越是沮丧，我就越满足，越开心”。

但是现在，改弦更张的时候到了！而且，一切都是因为爱情！爱情，意味着无私的分享，全身心的奉献，如果处处只为自己盘算，不愿意吃一点亏，伴侣就会伤心难过，两人会产生无穷的纷争。只是难以相信，爱情具有如此强大的魔力，让热恋中的火星人，愿意为爱人奉献自己的一切。

魅力源自差别

第一个火星人产生了强烈的爱情以后，他慷慨地把自己的发现告诉了所有的火星弟兄。所有的火星人全都不再抑郁忧闷，他们感觉心中涌动着对金星人的爱。他们开始关心金星人，甚至胜于自己。

金星人的独特之处，有难以言喻的魔力。一般说来，火星人阳刚强壮，金星人柔弱纤细；火星人棱角分明，金星人圆润柔美；火星人冷峻，金星人温暖；他们千差万别，看似互不相容，实际上却是一种奇妙完美的互补。

金星人向火星人低声细语，那声音用心才能听得见："来吧！我需要你。你的力量可以保护我，满足我，滋润我干涸的心田，填补我内心的空虚。我们将会幸福地生活在一起，直至永远。"金星人的盛情邀请，极大地激励了火星人。他产生出无穷的力量，决心克服重重困难，与她终生厮守。

许多女人天生就具有吸引异性的本领，她们知道如何鼓励男人走近自己，爱上自己。初次邂逅时，她频送秋波，让男人心旌摇曳，无法把持。她的眼波流转，柔媚万分，好像一个无声的邀约，化解了男人心中的忐忑不安，慢慢向她靠近。不幸的是，等到他们真的相爱以后，女人就不再使用她这桩本事，忽略了向男人发送这种温柔的暗号。她不知道这一招对男人依然有效，男人甘愿为此肝脑涂地，在所不辞。

火星人急欲在金星上展示他特立独行的一面，以获取佳人的芳心。这时候，火星人的竞争进入了另一个层面。他们不再汲汲于证明自己，而是乐于用自己的技能帮助他人，特别是为自己心仪的金星人效劳。他们的处世哲学发生了改变——那就是"双赢"原则。

他们想让世界充满爱，人与人之间相亲相爱，和谐相处。

爱情，激励了火星人

火星人爱上金星人以后，着手建造了许多飞船。他们准备穿越浩瀚太空，抵达遥远的金星，与他们的爱人生活在一起。他们从未感觉自己这么富有活力，生机勃勃。对金星人一见钟情，改变了火星人的价值观，扭转了他们以自我为中心的观念，甘愿为他人奉献。

恋爱中的男人，不也是这样吗？当一个男人爱上女人时，他也会竭尽自己所有，为她奉献，取悦她，让她欢笑。如今，他心胸宽广，自信十足。为了让女人相信他有巨大的潜力，他时常在她面前表现最完美的自己，最强大的自己。他要不遗余力地证明自己是个值得女人托付终生的人。即使屡屡碰壁，他也决不轻言放弃。唯有他意识到自己失败，女人拒绝他的爱时，他才有可能故态复萌，退缩到以前那个自私自利的硬壳里。

陷入爱情的男人，学会了关心别人。他从帮助别人中找到了无穷乐趣，摆脱了长久以来为满足自己私利的束缚。在爱情里，“给予”与“接受”具有同等的价值。爱人的需要就是他的需要，为了让她快乐，他粉身碎骨，在所不惜，因为唯有爱人幸福，他才得到真正的欢乐！他与她融为一体，难分彼此。他有了如此远大的目标和理想，一切艰难险阻都不在话下，他会努力去克服，去承受！

> 为了让女人相信他有巨大的潜力，他常常在她面前表现最完美的自己，最强大的自己。唯有他意识到自己失败，女人拒绝他的爱时，他才有可能故态复萌，退缩到以前那个自私自利的硬壳里。

火星人还是个毛头小伙子时，只知道满足自己的欲望，获取快感。当他心智渐渐成熟以后，他发现自私自利并不能带来真正的愉悦。在爱的驱使下，他的所作所为才有了崇高的意义，真正的欢乐才能降临到他身上。在爱情中无私地奉献自己，真挚地付出爱，这比只考虑自己的利益要伟大得多。虽然男人也需要被爱，但他最大的快乐，还是在主动地给予爱。

男人在付出爱的同时，也渴望着被爱。可是，他们不太懂得如何才能处理好这两件事。在他们成长的过程中，他们看到自己的父亲对母亲缺乏理解和体贴，母亲总是在不断地付出，却没有得到相应的回报。男人们延续了这种错误的相处模式。感情破裂时，他们只会钻进“洞穴”里，变得冷漠疏远。可是，他们不明白他们的抑郁从何而来，问题出在哪里？他们不懂得，男人的满足感来自于付出。

对于男人来说，女人如果不需要他的爱，那就意味着“慢性死亡”。

要是一个男人感觉到自己的存在对爱人而言无足轻重，他就会灰心丧气，不愿再经营这段感情。如果没有人需要他的爱情，他就会缺乏去做一切事情的动力。如果他感到女人欣赏他、需要他、信任他、仰仗他，他就会力量无穷，信心百倍。对于男人来说，女人如果不需要他的爱，那就意味着“慢性死亡”。

当女人爱上男人

女人爱上男人的过程，就像当初金星人坚信火星人会带着爱降临到她的身旁一样。她幻想着，有一天一大群宇宙飞船络绎不绝地飞来，骁勇强壮又温柔多情的火星人从天而降，改变了她的生活。这种神奇的生物不需要金星人的细心照料，相反的，他们会以强壮的身躯保护她们，努力使她们幸福快乐。女人们翘首盼望着这一天的到来。

金星人用美丽优雅和善解人意牢牢地抓住了火星人的心。火星人发现，要是失去金星人，他们的一身本事将无用武之地。他们殷勤诚恳、满腔热忱地为金星人奉献一切，决心带给她们幸福与欢乐，最大限度地满足她们的需求。这是多么伟大的奇迹！

金星人都怀着相同的梦想，终有一天，她们会迎来真爱。过去，金星人一直与孤独与寂寞为伴。为了驱散心中的乌云，她们必须拥有坚定的信念。她们笃信，火星人会带给她们毫无保留的爱。

大多数男人并没有意识到，从他们那儿得到强有力的支持，这对女人有着何等重要的意义。女人的需求得到满足，她才能拥有幸福感。要是一个女人处在烦恼、困惑、失意、疲倦的心境中，她更需要有人陪伴她，聆听她的心声。她需要知道自己并不是孤立无援，她需要男人的呵护和珍爱，这样，她的生活才会圆满。

男人感同身受的理解共鸣，能给女人强大的支撑，她们也会报以同样的温柔与爱情。遗憾的是，男人却没有这方面的认知。因为男人更习惯于自己独立解决一切。他们想当然地以为，女人更愿意独立面对困难。他担心自己与她待在一起，反而会打扰她，把事情弄得更糟。他们不知道女人真正需要的是亲密无间的陪伴，不分彼此的分享。而且，最需要的是他们的倾听，这会让女人舒心放松。

沐浴在火星人的爱情里，她感觉到自己也值得被爱，自己的需要有人去照顾和满足，自己在别人心中有着无与伦比的价值。她的怀疑与不信任全都失踪了。这一切多么美好！她不必费心讨好，不必永远付出，这爱来得如此简单轻松。她只需心安理得地去享受，就可以了！

女人变得自信快活——自己值得被爱，在别人心中有着无与伦比的价值。她不必费心讨好，不必永远付出，这爱来得如此简单轻松。她只需心安理得地去享受，就可以了！

女人厌倦了总是付出

在愁云密布的时刻，所有金星人都聚集在一起，相互倾吐肺腑。她们最后发现，问题的根源在于她们永无止境地付出，却没有得到相应的回报。她们开始厌倦了自己身上的责任，这让她们疲累不堪。她们渴望自己能靠在一个强壮的肩膀上，稍事休息。而且，她们厌烦与别人分享一切。她们想拥有自己的东西，想为自己活着，想成为独立的个体。她们不愿意总是牺牲自己，为他人鞠躬尽瘁。

在金星上，人们信奉“输赢”原则。与火星人的人生信条相反，金星人认为“我失去了，你才会得到”。在这一信条的指引下，金星人总是为他人做出牺牲，委曲求全，不计回报地付出一切。终于有一天，金星人发现自己不愿意再继续了。她们厌倦了总是为他人做出牺牲，于是，她们也在寻求一种“双赢”的全新模式，来改变旧有的观念。

她们渴望改变，发展自己的潜力，提升自己的生活品质。她们希望能把自己放在首位。她们渴望有人给予她们情感上的支持，且无须她们回报。火星人就是她们心目中最完美的人选。

在这一点上，火星人与金星人是天造一对，地设一双——一个正在学会给予和付出，另一个正在学会接受和容纳。他们经历了漫长的岁月，终于走到一起，走到了命运的重大转折点！金星人幻想着获得，而火星人急欲付出！

在男人与女人的成长过程中，他们经历着同样的心路历程。女人还年少无知时，她富于牺牲精神，甘愿被塑造成为他人付出的热心善良的角色。男人还是个青涩少年时，他信奉个人主义，只考虑自己，从不替别人着想。女人变得成熟世故以后，她发现，为了取悦伴侣，她付出的太多，牺牲太大，她不愿意再这样下去了，她开始学会怎样正确地给予，她为自己设定了底线，不再一味地付出，在适当的时候，也应该接受。随着岁月的流逝，男人意识到，他有责任和义务照顾心爱的女人。他要尊重和关照他人，才能实现自我价值。

女人，请不要抱怨了！

如果在一段感情关系里，女人总是要不断地付出和给予，她难免会满腹怨气，抱怨不休。她心想："总是我无休止地给予，男人只会享受我的付出，这太不公平了！我也受够了！"

她一直努力付出，男人却没有给予同样的爱和关怀。问题出在哪儿？此时，女人应该反省一下，自己是不是同样有责任。因为自己付出太多，就去责怪伴侣，这会有效果吗？事实上，这抱怨与责怪不但于事无补，反而激化矛盾。同样的，男人也不能埋怨女人的态度消极，缺乏宽容。抱怨和指责，会渐渐破坏两人的感情。

唯有理解、信任、同情、接纳和支持，才能让我们走出男女关系的层层迷雾。女人得不到男人的关心而大发雷霆时，男人要反躬自省，试着以同情理解的心态，站在她的立场，替她想一想。她的怒气从何而来？她怎么会这样想？男人用心寻求答案，才会对女人有更深层的了解。所以，在女人开口求助前，就主动伸出手；在女人发牢骚时，不会和她顶嘴争辩，而是静静地倾听；让她不再设防，和自己分享心灵的秘密；在非常细小的事情上对女人呵护备至。如果男人都能做到这些，女人又怎么会有受伤的感觉呢？

女人不应该当一个完美主义者，她要学会接受伴侣的缺陷，而不是一味地责怪他。要坚信他正在努力达到她的要求，他所有的一切，是为了使她幸福。女人恰到好处的鼓励，是爱情的助燃剂，让男人不计一切为你付出！

划出界线，尊重对方

聪明的女人，会掌握一个限度。她为自己设定一条界线，在这条界线内，她无怨无悔地付出，哪怕对方没有回报，她也不会有怨言。她不寄望由伴侣来平衡关系，她自己把握好尺度，不会让自己的付出超出负荷能力。

我们不妨来听听吉姆和苏珊的故事。一天，39岁的吉姆和他43岁的妻子苏珊，来到我这里进行情感咨询。苏珊打算离婚，但吉姆坚决不同意。苏珊抱怨说，她已经整整付出了12年光阴，得到的却少得可怜。她严厉地责备吉姆懒散自私，控制欲强，没有责任感，而且缺乏浪漫情调。她再也无法忍受下去了，决定结束婚姻关系，重新开始另一种生活。

在吉姆的苦苦劝说下，两人来到我这里进行心理治疗。尽管苏珊疑虑重重，她还是同意接受六个月的治疗过程。他们采取了三个步骤来挽救这段濒临破裂的婚姻关系。事实证明，这卓有成效。今天，他们仍然幸福地生活在一起，并且有了三个可爱的女儿。

这三个治疗步骤是——

第一步：有效地激励

我向吉姆深入分析了苏珊的心理状态。在过去的12年里，苏珊为吉姆付出了太多，但吉姆却没有任何回馈，只会坐享其成。目前，她积怨已深，想一时就解开心结，并不是件易事。他如果想让苏珊回心转意，重新接纳他，让他们的婚姻继续下去，首先，他要做的便是倾听。在六节心理辅导课程里，我鼓励苏珊勇敢地打开心门，畅所欲言，表达自己内心真实的情感。而且，我也帮助吉姆仔细体会苏珊消极负面的情绪，让他了解妻子的怨气从何而来，他有什么缺点需要改进。在整个治疗过程中，这是至为艰难的一关，两人都经受了严峻的考验。当吉姆听到妻子的真实感受，了解到她从未满足的需要时，他滋生出无穷的力量，信心百倍地做出承诺，不计一切代价来挽救他们的感情。

苏珊开诚布公地将所有积郁尽情释放出来，这使她如释重负，格外畅快。她也体验和见证到了吉姆对她的真情，心里涌出了一阵爱的暖流！之后，她愉快地和吉姆进行下一个步骤。

第二步：承担起责任

这一步，我要他们各自承担起责任。吉姆以前所犯的错误是，一味地索取享受而不知回报和给予。苏珊呢，只是一味承受，没有底线地付出。她没有设定一条界线来保护自己。在伴侣越界时，她没有和他及时沟通，结果到了最后，事情到了不可收拾的地步。吉姆为他过去的所作所为而道歉，对苏珊受到的伤害感到深切的内疚。回顾过往，吉姆有许多做得过火的地方，比如大声吼叫，大发雷霆，故意和她作对，漠视她的感受，等等，深深地伤害了苏珊。而苏珊只会死忍，任由对方予取予求，却没有表达自己的不满。因此，两人关系僵化她也有责任。

苏珊慢慢认识到了，过去她的放任导致了吉姆的肆无忌惮，不知进退。她做事毫无底线，对吉姆唯命是从，对方就忽略了她的感受，不会替她着想。是她的放任自流，培养了吉姆的惰性和对她的忽视。我让他们分清责任，她过往的怨恨和怒气得以释放了。不过，要解决过去的问题，她必须学会谅解和宽容。正视过去，是为了汲取经验。她不再把所有问题都归咎于吉姆。他们开始学习相互扶持的方法，尊重彼此的底线。

第三步：实地操练

吉姆要学会不再越界，触犯到苏珊的底线。苏珊呢，不能再像以前那样不讲原则地付出，任由丈夫摆布。她应该划好一条明晰的界线，她要让吉姆知道，什么行为是她不可容忍、无法原谅的。两人都要尊重对方，真实及时地表达自己的情绪。他们要学会如何设限，如何遵守。而且，他们还必须清楚人无完人，不必过分地求全责备，在对方犯错的时候，给予机会改正。这个允许犯错误的原则，有如构筑了一副让人安心的“安全网”，在实践过程中，就不必如履薄冰，战战兢兢。他们在我的指导下，进行了以下的实践：

吉姆故态复萌，对苏珊大声咆哮。苏珊冷静地说：“我不喜欢你现在说话的方式。请不要再大吼大叫，否则我就离开房间。”说完以后，她态度坚决地出去了。她这样做了几次以后，吉姆知道了她的厉害，不敢再冒犯她了。

吉姆让苏珊做她非常厌憎的事时，她学会说“不”字。她坚定地说：“不，我现在想轻松一下。”或者“不行，我今天太忙了。”吉姆反而开始留意她的态度，他开始理解有时候妻子是多么繁忙，多么疲倦。

苏珊告诉吉姆，她想出去度假。吉姆说他抽不开身来，苏珊便决定自己一个人出门。后来，吉姆改变了他的日程安排，陪她一块去。

苏珊正在说话，吉姆不耐烦地打断她。苏珊学会了表达她的不满：“我还没有说完呢，请你不要打断我！”渐渐地，吉姆开始聚精会神地倾听，很少再打断她。

苏珊总是难以启齿，向吉姆提出某项要求。她对我说：“我什么都替他着想，任劳任怨。对于我的需求和愿望，他为什么总是置之不理呢？为什么非得我开口，他才去做呢？为什么他不能主动地帮我做点儿什么？”我鼓励她放下包袱，我向她解释说，让吉姆洞悉她的心事，这是不现实的，这也是过去他们的婚姻出现问题的原因。她有权利让吉姆满足她的需求，但是，她必须开口表达，让吉姆不必费解地猜测她的心思。

吉姆要面临的考验是，心悦诚服地接受苏珊如今的变化。要知道，她不再是以前那个唯唯诺诺的妻子了。他意识到，让苏珊划定界线，这并非易事，这就如同他要调整心态，适应妻子的变化一样。他必须尊重苏珊所划定的底线，不能做出违背她意愿的行为。他需要不断地实践和摸索，积极地面对转变，才能延续他们的婚姻，拯救两人的感情。

如今，苏珊体会到了设定底线的诸多好处。男人意识到你有自己的主见和底线，反而对你刮目相看，不敢轻易地忽视你的感受。而且，这也促使他更加关怀你，在意你。为了不逾越底线，他会在实际行动中做出调整和改变，以适应女人的变化。女人一旦认识到，设定底线是为了更好地接受男人的关爱，在男人犯错时，她会宽容和原谅，而且，她也不断地探索如何才能更适当地得到男人的帮助与支持。学会设定界线的女人，能够游刃有余地处理与伴侣的关系，活得更加轻松自如、洒脱快乐。

接受他的付出

许多女性认为，设定底线和接受男人的付出，不是一件容易的事。她担心如果对男人要求过多，男人就会厌烦、误解和抛弃她。她时刻怀有这样的恐惧心理，因为，她潜意识里认为自己不值得男人付出，她低估和贬损自身价值，认为自己没有资格要求太多。从童年起，她便形成了这种观念，而且随着年龄的增长，这一观念逐渐根深蒂固，她在不知不觉中压抑自己的真实情感、需求和愿望，以博得他人的欢心。

女人这种错误和消极的观念，使得她们的内心脆弱不堪。倘若她在童年时亲眼目睹了虐待行为，或者曾被人虐待，她就越感到自己不配拥有爱，这种想法极大地伤害了她的自尊，使她不能正确评估自己。这隐藏在潜意识里的自卑感作祟，就会导致女人非常害怕接受他人的付出。她甚至会想象出这样一幕：一旦她向男人提出要求，男人就会无情地抛弃她，扬长而去。

她害怕接受别人的付出，从不敢开口表达自己的需求，甚至下意识地拒绝男人的帮助。男人在屡屡遭到她的拒绝以后，会怀疑她根本不信任自己，渐渐也就退避三舍，真的离她而去了。她的无助和不自信，扭曲了她的真实意愿，传达给男人错误的信息，让男人误以为他不值得信任。这是多么可悲！讽刺的是，男人只有感觉到他被人需要时，才会备受鼓舞，激发出无限的动力，去满足女人的需求和愿望。一旦他认为自己可有可无，无关紧要，他也就真的退却了。

女人抱有一种错误的观念，以为开口要求男人帮助，会遭到男人的拒绝和厌弃，会把他吓跑了。其实，她隐藏在内心深处的自卑、悲观、绝望和猜疑，使得她走了不少弯路。她不知道如何激励和推动男人，也不懂得辨别何为正当的需要。她生怕得罪了心爱的男人，所以她宁可放低身段，用卑微讨好的方式来维系感情。

女人以坦率真挚的态度要求男人的关爱，男人会以此为荣幸，乐意为她效劳。不被人需要的感觉，无形中就把男人拒之于千里之外，使他感到沮丧和不快，为了避免这种不快，他宁可离女人远远的。

女人对如何接受男人的付出感到困惑不安，更害怕遭到拒绝。哪怕在最细小的事情上，亦是如此。她很难对一个人投入真心，她生怕遭到对方的忽视、遗忘和拒绝。她在心里筑起了一道高高的城墙，把男人隔绝在外面。她的这种做法貌似为了自我保护，实则把她推向一个非常不利的位置，更强化和加深了她的自卑感。

金星人，你值得拥有

过去，金星人认为自己没有资格接受别人的付出。她只会以殷勤和讨好的态度来迎合他人的需要。尽管她任劳任怨，含辛茹苦，但付出与所得远远不成正比。在无数次碰壁后，她终于明白了一个道理，她有权利得到男人的爱，要求男人给予关心和爱护。她具有无与伦比的价值，她是独一无二的个体。

这付出的过程中，她们认识到了自身的价值。在为别人做奉献时，她发现每个人都有接受爱的权利，都值得被人爱。她终于把目光投回到自己身上，原来，我也值得别人去爱！

在地球上，如果一个小女孩生长在温暖幸福的家庭，看到自己的母亲沐浴在爱与尊重里，她就会潜移默化地受到良性的影响。等她长大以后，她会充满自信地认为自己有资格享受爱的温暖，她很容易就克服掉金星人一味付出的旧习。就不会再对接受抱有恐惧感。如果她的母亲能够有意识地与孩子分享她的经验，孩子长大以后将受益无穷。倘若一位母亲能够坦然地接受幸福，她的孩子也会学到这种人生智慧。

然而，许多女人却不能摆脱旧有的角色桎梏，她们花上好多年才慢慢摆脱金星人原来的消极心态。当她能愉悦坦然地接受他人的给予后，她才能找到真正的快乐与幸福。与此同时，另一桩美妙的奇迹也在发生。火星人经历了彻底转变之后，正在热火朝天地打造宇宙飞船，准备向金星进发。

金星人“预备”，火星人“就位”

女人一旦意识到自身价值，她就会走出封闭已久的世界，张开双臂迎接爱人的到来。可是，在现实生活中，我们常常看到这样的故事：女人在漫长的婚姻生活里，耗费了许多年的时间才正视自己的需求。她委屈而愤怒地冲着男人嚷道：“我把一切都给了你，可你一点儿也不在乎我。我给了你太多的机会。我值得拥有比你好得多的伴侣。我厌倦了和你生活在一起。我不再信任你了，我太累了！现在，我不再想付出什么。我要离开你了，不会再让你伤害我！”

有一天，女人突然醒来，正视自己的需求，此时，男人也如梦初醒，想要付出更多，满足女人的需要。

对于这样的女性朋友，我反复告诫：你要摆正自己的位置，没有必要为男人付出一切，你应该理直气壮地要求男人全心全意地对待你。女人与其过多地给予，倒不如适当的有所保留。假若女人忽视了自己的价值与需求，男人同样也会忽略她的价值与需求，这就好比两人同时睡着了一样，男人看不到女人在渴望他的付出，无法感受到伴侣的真实需要！

有一天，女人突然醒来，正视自己的需求，此时，男人也如梦初醒，想要付出更多，满足女人的需要。女人不再想一味地付出而不问收获，她认为自己值得拥有别人的关爱，此时，男人也做好了准备，他要摆脱过去的消极与倦怠，从与世隔绝的“洞穴”里走出来。火星人一起建造宇宙飞船，准备向金星进发。他们要为心爱的女人奉献一切！当然，火星人还得花好长时间才能学会如何付出，如何照顾心爱的女人，可这毕竟迈出了第一步。他有了付出的意识，他发现自己忽视了女人的需求，他要改变这一切！

通常，当男人积极地去改变时，他的妻子会轻易地察觉到丈夫发生了可喜的变化。她热情万丈地欢迎他，给予他同样的爱。原来的怨偶开始重新相爱，冷漠与隔阂逐渐冰释，爱又回到了他们中间。当然，如果男人长久以来一直忽视他的妻子，想要化解以前的积怨需要相当长的时间，但是，这毕竟有了一个良好的开端。在第11章里，我将会详尽地探讨如何化解积怨与不快，重新开始一段感情。

在许多感情关系里，只要一方打算做出积极的改变，另一方也会跟着转变。在生活中，这种情形也是随处可见的。当学生想学习时，老师就会自动出现了；当问题提出来时，答案就自动出来了；当我们做好接纳的准备时，我们的爱人就会摆出给予的姿态；当金星人“预备”接受爱情时，火星人便出现了！

男人，要学会给予

男人最恐惧的事情便是他不够优秀，能力不济，不能给予女人最大的幸福。为了弥补心中的恐慌，他竭尽全力去提升自己，进行各项修炼，他要让女人感到他配得上她！男人生命中最重要的东西是事业、成就与效率。在发现金星人之前，火星人的全副身心都在事业上面，无暇顾及其他东西。

男人最恐惧的事情便是他不够优秀，能力不济，不能给予女人最大的幸福。

正如女人害怕接纳一样，男人也对给予充满了恐惧。男人牺牲掉自我去为他人付出，是有一定风险的，甚至有遭受失败的可能。男人总担心自己不够优秀，不够出色。这种心态从童年时期就开始形成了。假若遭遇了人生的挫折，取得的成就不值一提，甚至被人藐视时，这种观念更被深化，使男人产生强烈的自卑感。

正如女人害怕接纳一样，男人也对给予充满了恐惧。

和女人一样，男人也有脆弱的时刻，也会妄自菲薄，下意识地贬低自己。因此，男人们心底害怕失败。一方面他很渴望为他人付出，给予他人更多的爱，但另一方面，他又畏首畏尾，生怕会碰壁和失败。于是，他索性不再冒任何风险，独善其身算了。

矛盾的是，男人越是害怕失败，越是不敢给予。为了避免失败，他把那些需要他付出爱心的人拒之门外。

当男人缺乏安全感，内心充满了自卑时，他就会把注意力都投向自己，不再关心他人的感受。为了自卫，为了补偿他内心的不安全感，他随时都会下意识地吐出这样的话："这不关我的事，我根本不在乎！"如此一来，火星人更不愿意对他人付出关心。随着时间的流逝，火星人取得了一定的社会地位，在事业上做出一番成就，他开始认为自己有能力给予他人关爱了。此时，他们发现了金星人。

火星人其实一直都很优秀，他们积聚力量证明自己的过程，也是建立自尊与自信的过程。他们在前进的道路上跌跌撞撞，每次失败都是为下一次的成功做铺垫和准备。失败乃成功之母，他们在失败中汲取经验和教训，最后达到目标。男人在向成功迈进的过程中，他清楚地意识到，他一点也不比别人差。他有能力为女人付出，让她幸福。他有能力成为最好的给予者。

犯错误并不可怕

男人在学会给予的过程中，他首先要清楚：犯错误并不可怕。他不必面面俱到，十全十美。他在慢慢摸索中学会如何关心他人，如何让对方欣然接受他的付出。

我清楚地记得这样一件事。有位女士对我抱怨她的男朋友，她说："他好像并不重视我们的关系，他不打算和我结婚，我一直盼望他能开口求婚，可每次我都失望！"在她看来，男人好像根本没有认真地看待他们的关系，也不看重她的感受。有一天，她偶然对男友说，有了他的陪伴，她的生活增添了无穷的乐趣，虽然他们身无长物，境况不佳，可她还是愿意和他生活在一起。结果，翌日男人便开口向她求婚了。原来，男人一直期盼着女人的接纳和认可，他渴望女人能说出激励他的话语，为他打气加油。唯有如此，他才有足够的信心带给对方幸福。因此，女人永远不要打击男人，贬低他的能力，挫伤他的自信心，不要让男人觉得自己一无是处，能力低下。

火星人同样需要爱

女人受人冷落时，内心会产生强烈的挫败感，男人也是如此。假如女人的失败总是溢于言表，她抱怨不休，怨天尤人，男人也会质疑自己的能力，自以为是个失败者。这也是男人不愿意听女人说话的症结所在。男人希望能成为女人生命中顶天立地的英雄。女人感到失意和沮丧，男人也会同样品尝到失败的滋味，他以为，女人的不幸都是由他引起的，他内心的恐惧感被激发出来，他生怕自己不够优秀，不够出众。许多女人不明白男人强悍的外表下有着脆弱的心，他们也同样渴望着爱。只有爱，能给男人带来力量，使他产生自信，满足他人的愿望。

童年对人的一生影响是巨大的。假若男人有幸生活在一个幸福的家庭里，他亲眼目睹了父母和谐相处，他的父亲成功地满足了他母亲的愿望和需求，这对他来说是一个非常好的榜样。长大以后，他就会成为一个自信的男子汉。在与女人沟通和交往的过程中，他显得从容不迫，勇于承担责任。他拥有强大的内心，从不恐惧承诺，因为他有能力去兑现。他对自己有正确的评价，假如由于种种原因，他不能兑现诺言，他依然有自信，坚信自己是一名合格的伴侣，值得别人去爱。

假如女人的失败总是溢于言表，她抱怨不休，怨天尤人，男人也会质疑自己的能力，自以为是个失败者。

他知道“人非圣贤，孰能无过”的道理，他看到自己引以为荣的父亲也犯过错，但是，父亲却没有因此而妄自菲薄，垂头丧气。父亲有时也会令母亲失望，但母亲始终以宽容的胸怀去原谅他。与此同时，孩子也能感受到妈妈的信任和激励。

许多男人的成长经历中，缺乏一个正面引导的“角色榜样”。他们看不到情感关系中的成功范例，自然也就没有模仿和学习的对象。他们在恋爱、结婚的过程中，遇到的种种困难，不亚于没有经过专业训练就去开一架喷气式飞机。也许他能侥幸让飞机起飞，但终究逃脱不了坠毁的命运。一旦连续有过几次失败的经历，他就再也没有勇气飞起来了。如果你的父亲在感情生活中是一名失败者，那么他对你的负面影响真是难以估量。

爱同样需要学习。处于感情生活中的男女，需要一本“训练手册”或者“操作指南”。没有正确的理论指导，成功的希望就会变得渺茫。

男人来自火星　女人来自金星

Men Are From Mars Women Are From Venus

第5章

不同的星球，不同的语言

很多年前，火星人与金星人首次相遇，就遇上了许多非常棘手的问题，你看，火星人与金星人使用同样的词语，但是，他们用着不一样的陈述方式，这使得字面上同样的词语，由于语气和措辞，真实含义有着南辕北辙的差别。

那时候，他们心意相通，毫无隔阂。一旦有了龃龉和误解，他们不是大打出手，争吵不休，而是拿出火星人与金星人的互译词典，在上面查阅对方使用的词汇，这样他们能读懂各自的真实意思，最后，他们的矛盾和分歧就被顺利化解了。他们都明白，彼此之间存在着千差万别。平等坦诚地沟通，正是他们成功地跨越鸿沟、走出重重误会、愉快地生活在一起的秘诀。

火星人与金星人使用同样的词语，但是，各自的陈述方式却使得这些词语包含着不同的意思。

可惜的是，到了地球以后，男女之间却缺乏这样的谅解。一句无心的话语，男女之间就可能误会丛生，进而影响到他们的亲密关系。

表达情感 VS 传递信息

直到现在，男人和女人仍然需要一个高明的翻译，帮他们化解分歧和误会。比方说，女人满腹委屈地抱怨男人说：“我觉得你从不听我说话!”要是男人把“从不”这个词当真，他就会气恼女人歪曲事实。因此，我们不能只从字面上解读女人的话语。要知道，女人喜欢使用极端和情绪化的语气，来表达出内心的沮丧和焦虑，发泄对男人的怒气。男人决不能死抠字眼，认真地追究其事实到底如何。

比起男人，女人天生就是修辞家，她使用的语言既生动又形象。她特别擅长使用各种夸张、隐喻和归纳，抒发心中的所思所感。男人相对就直白多了，他很容易仅从字面上理解女人的话，这样一来，他们就会曲解女人真实的意思。

比起男人，女人天生就是修辞家，她使用的语言既生动又形象。她特别擅长使用各种夸张、隐喻和归纳，抒发心中的所思所感。

下面，我们列举一些男人常易误解的女人所说的话，我们读读女人的弦外之音，再看看男人把它曲解成什么意思。

十种最容易被男人曲解的抱怨

女人的抱怨	男人的反应
我们从来没有出过门！	谁说的？我们上周不是刚出去过吗？
每个人都对我视而不见！	不可能，我肯定有人注意到你了！
我真是疲惫极了！我什么都不想做了。	这太荒唐了！我不是一直在帮着你吗？
我真想把一切都抛开，不用再操心了！	我早就建议你干脆辞职算了！
屋子总是乱糟糟的！	谁说的？有时候我们不是也收拾过吗？
从来没有人好好听我说话！	现在我不是在听吗？
没有一件顺心的事！	你这是在责怪我喽？这又不是我的错！
你不再爱我了！	如果我不爱你，怎么还会在这儿陪你呢？
我们总是匆匆忙忙的！	谁说的？上周我们的时间不是挺宽裕的吗？
我渴望更多的浪漫！	你这是在说我不够浪漫喽？

我们要明白这个事实，男人开口，多半是为了传达信息，表述事实。他们听到女人的话，只会从字面上去照本宣科地解读。女人最容易发的一句牢骚是："你根本没在听我说话！"可是，就这么一句小小的抱怨，到了男人那里，也被曲解成了别的意思。显而易见，男人的反应势必引发一场大伤感情的唇枪舌剑。

女人最容易发的一句牢骚是："你根本没在听我说话！"可是，就这么一句小小的抱怨，到了男人那里，也被曲解成了别的意思。

他以为，他能把女人刚才说的话一字不漏地重复一遍，怎么能说他没在倾听呢？其实，当女人在说"你根本没在听我说话"时，我们得这样分析她的弦外之音："在我看来，你根本没有理解我的真正意思，而且也没有关心我的感受。你能不能对我说的话表现出兴趣呢？"

要是男人真的读懂了女人的心声，他就不会和女人生气斗嘴了，相反，他会做出真正能取悦女人的举动来，以无微不至的关心来表达自己的爱意，安抚女人烦躁的情绪。男人与女人争吵的原因，多半是他们误解了对方的意思。在那一刻，深入反思和静静聆听，就可以避免一场毫无意义的争吵。

我们回过头去，看看火星人是如何处理这个问题的。很久以前，火星人养成了一个习惯，只要遇到他听不懂的金星语时，他就掏出随身携带的《金星人火星人互译辞典》，在上面查阅一番，很快就明白过来了。火星人这种做法消弭了许多隔阂和纷争，如果地球上的男人能够效仿他们的祖先，男女之间的相处就会变得亲密融洽！

当金星人开始说话

我们从《金星人火星人互译辞典》中，摘出女人经常挂在嘴边的十种抱怨，男人可能在日常生活中听过无数遍。在这里，我们替男人分析一下，女人的真正意图和感受是什么，女人在暗示什么。

你可以看到，金星人情绪低落沮丧时，喜欢用比较笼统概括的话语来表达情感，要求男人给予格外的关爱和安慰。在金星上，她们就习惯使用戏剧化的语言，来暗示自己的特殊要求，其他金星人都明白这些话的真正含义，这是她们最日常的行为模式。

女人喜欢含蓄的表达方式，让男人费劲地猜测她们的心思，如果男人做出她们所期望的反应，她们就会格外的欣喜。她心里认为，原来我心爱的男人和我是“心有灵犀一点通”的，我根本无须强调，他就能了解我的需求！

因此，男人得理解女人的思维方式，才不至于误读她话语里的真实意思。

我们看看《金星人火星人互译辞典》是如何解释女人的十种抱怨：

1.“我们从来没有出过门！”

女人的真实意思是：“我特别希望能和你出去转一转，找些有趣的消遣。我们在一起总是特别开心，我很喜欢和你相依相伴。你是怎么想的呢？我们出去吃顿饭怎么样？我们有些日子没在外面吃饭了。”

男人误读为：你做得一点儿也不好，简直让我失望极了。和你生活在一起，简直像一场噩梦！你是个缺乏浪漫、没有情调、枯燥乏味的男人。我根本不愿意和你继续下去了！

2.“每个人都对我视而不见！”

女人的真实意思是：“今天，我受到了别人的忽略和冷落。他们根本不在乎我。我好像一个透明人一样。最要命的是，最近你忙得团团转，没有工夫关心我。我非常感激你为了我而努力工作，可是，有时候我觉得自己在你心目中无足轻重。我真害怕在你心中，事业比我更为重要。亲爱的，你能不能拥抱我一下，告诉我，我是独一无二、无与伦比的，任何东西也无法取代我的位置？”

男人误读为：“我一点儿也不开心。没有人注意到我的存在。事事都不顺心如意。我一直以为，你是最爱我的人，可连你都对我视若无睹，可见你以前的表现都是假的！你难道不羞愧吗？我就从来没有这样对待过你，没有冷落过你！”

3.“我真是疲惫极了！我什么都不想做了。”

女人的真实意思是：“我今天干了太多的事了！我得喘口气，休息一下。我真庆幸你在身边支持我。能不能过来拥抱我一下，称赞我今天的工作，让我好好地休息一下？”

男人误读为：“什么都由我一个人来干，你却在一旁袖手旁观。你应该多帮我分担一些责任，不能什么事情都指望着我。我觉得生活毫无希望。我想另外找一个理想的伴侣，当初我怎么会瞎了眼选择了你呢？”

4.“我真想把一切都抛开，不用再操心了！”

女人的真实意思是：“我要让你知道，其实我很热爱我的工作和生活。可是，今天我太累了，有点承受不住了。我需要好好地休息一下，这样我才能恢复元气，承担更大的责任。你应该过来问问我到底发生了什么，静静地听我倾吐一下心中的烦闷，不要擅自打断我的话，让我说个痛快。你能倾听我的感受，我就会放松下来。明天我就会振作起来，承担更大的责任！”

男人误读为：“我做了太多我压根儿就不喜欢的事情。和你在一起，我心情非常糟糕，没有一刻是舒心的！我想和真正的男子汉生活在一起！你根本没有能力让我幸福！”

5.“屋子总是乱糟糟的！”

女人的真实意思是：“今天我想好好放松一下，可这屋子实在乱得让人心烦。我情绪很低落，很想好好休息片刻。我希望你能帮我先把它清理一下。”

男人误读为：“都是你把屋子搞得凌乱不堪，简直连站的地方都没有了！从来都是我一个人在收拾，我前脚收拾完，你后脚又弄脏了。你真是个懒家伙，要是你不改变自己，我就不愿意和你生活在一起了！要么你就把屋子打扫干净，要么你就自己收拾铺盖卷离开这个家，自己选一样吧！”

6.“从来没有人好好听我说话！”

女人的真实意思是：“亲爱的，我是不是越来越无趣，让你觉得乏味枯燥呢？我真担心你厌烦我、对我失去兴趣了。今天，我似乎有点敏感，有点心神不定，我需要你的特别关照。你能不能抽点儿空留意我呢？我特别沮丧，似乎没有人关心我，没有人在听我说话！在我心情不好的时候，我盼望你能过来拥抱我，嘘寒问暖一番，比如，‘今天你怎么啦？发生什么事啦？现在感觉怎么样？还有没有不对劲的地方？’我渴望你能以同情、理解和认可的口气来宽慰我，比方说：‘告诉我更多的情况吧！我来替你分担。’‘你说得一点儿也没错！’‘我明白你的意思。’‘亲爱的，我理解你的感受！’或者，在我倾吐心声时，你不必多言，只需时时会意地共鸣，我就能心满意足了。在我偶尔停顿时，你能够发出一些安慰性的声音，比如：‘哦’，‘唔’，‘嗯’，‘啊’，等等（注意：在火星人来到金星以前，他们从来没有听过这类声音）。”

男人误读为：“我整颗心都放在你身上，你却对我不闻不问！一副对我爱理不理的样子！过去，你热情洋溢、活力四射，可现在，你变成了一个索然无味的人！我心目中的爱侣，应该是充满激情、风趣幽默的男人。可以说，你没有一个地方能达到我的要求！最让我生气的是，你又自私又冷淡，从来都不关心你的妻子！”

7.“没有一件顺心的事！”

女人的真实意思是：“今天我很劳累，简直快累垮了。你愿意倾听我的感受吗？如果你能这样做，我会分外感激你的温柔体贴！我的心情也会好多了。今天我似乎事事都不顺心。工作上的压力真的让我喘不过气来。我渴望你能拥我入怀，夸赞我的表现，不时安慰我。我喜欢依偎在你怀里的感觉，那简直太美妙了！”

男人误读为：“你老是把事情给搞砸了。我已经不再信任你。

要不是你乱出主意，事情也不至于变得一团糟。换了另外一个人，事情就会顺利得多，我怎么就那么倒霉，遇上你这么个窝囊废！”

8.“你不再爱我了！”

女人的真实意思是：“不知道为什么，今天我感觉不到你的爱意，你似乎对我没有感情了。我多么害怕你会离开我！我其实明白你对我的真情，你为我付出了许多。可是，今天我有点儿缺乏安全感，我时时恐惧会失去你的爱。你能不能向我充分地展现你的爱，告诉我你非常的爱我？”

男人误读为：“我在你身上耗费了最好的青春年华，可你却什么也没有给我！你一直在利用我，欺骗我！我怎么会和你这样又自私又冷漠的人生活在一起呢？我犯了个大错！你事事以自我为中心，永远只为你自己考虑，从来没有关心过我！事到如今，我一无所有，我真是天底下最笨的人！”

9.“我们总是匆匆忙忙的！”

女人的真实意思是：“今天我们真是太匆忙了。我不太喜欢这种紧迫的感觉。我希望生活能安排得有条理一些，能够从容一些。我没有责怪你的意思，这不是任何人的过错。我知道你也在努力，我很感激你的关心。我只是希望，你能理解我的感受。我希望你和我有着同样的感觉，告诉我‘我们总是过于匆忙了，这可不太好，我也不喜欢这样！’”

男人误读为：“你真是太没有责任感了！办事拖拖拉拉，非要到最后一刻才着手准备。和你在一起，我从来没有一天能够省心。为了赶时间不迟到，我们总是慌里慌张，匆匆忙忙。每次你都差点把事情给搞砸了！我真不想和你过了，这样我会开心得多！”

10.“我渴望更多的浪漫。”

女人的真实意思是：“亲爱的，最近你加班得太晚了。能不能留点时间给我们俩呢？没有繁忙的家务，没有孩子缠身，没有工作压力，让我们好好地享受二人世界。你过去是很浪漫很有情调的。能不能给我买束花，或者和我出去约会呢？我想和你一起度过浪漫的一夜！”

男人误读为：“我已经对你厌烦透顶。你的浪漫技巧太老土落伍了，根本就满足不了我的需要！我希望你能够知情识趣，善解风情，就像我遇到的另一些男士一样！”

如果能够持续使用这本互译辞典，自然会熟能生巧。一旦男人感觉到自己被女人指责抨击，他对其中的词义已经了然在胸，也就无须再查阅辞典了。他开始了解女人的思考方式，体味到女人话里话外的真实含义。他会慢慢适应女人夸张的表达方式，戏剧性的语气。他明白，这不过是女人特有的一种情感方式，决不能信以为真，仅从字面上理解她的话语。

当火星人沉默不语时

男人对女人的喋喋不休总是困惑不解，他面临的最大挑战之一，便是要弄清女人的真实意图，及时地提供援助与安慰。女人也不理解男人为何时常沉默不语，不知道如何应对男人的沉默，如何支持他、理解他，这是她面临的最大挑战。

> 女人不知道如何应对男人的沉默，如何支持他、理解他，这是她面临的最大挑战。

在交谈时，女人会发现，男人经常会突然停住话头，陷入一阵令人难堪的沉默里。在金星上，从来没有发生过类似的事情。刚开始，女人还在琢磨着，他是不是突然失聪了呢？为何刚才还谈兴方浓，此刻却反应迟钝，茫然不语，对自己的声音充耳不闻？

你得明白，男人与女人思考和处理外界信息的方式是截然不同的。女人习惯大声地陈述自己的思路，在感兴趣的听众面前，把所思所想尽数吐露出来。到了今天，许多女人仍然有一边说话一边思考的习惯，她在谈论问题的过程中，也在思考着解决问题的方法。在交谈中，她的思绪随着话语像流水一样汩汩而出，这是女人特有的、有效的思考方式。

但是男人则截然相反，他们在开口或行动以前，更倾向于安静地苦思冥想一番，或者事先仔细酝酿下一步的行动，估量可能发生的后果。男人习惯在心里暗暗掂量，三思而行。这个处理过程长则几小时，短则几分钟。让女人最难以理解的是，男人如果没有得到足够的信息和资料，他干脆就会放弃行动。

女人要了解这样一个事实，男人突如其来的沉默，其实是在思考问题，他真实的意思是："我不知道下面应该怎么说，先让我考虑一下。"女人如果把自己的行为模式套用在男人身上，就很容易误解为："我对你视而不见，不再关心，这是因为我已经不爱你了。你说的东西我丝毫不感兴趣，我根本不想答理你。"

她如何应对他的沉默

女人错误地阐释了男人的缄默。女人敏感脆弱的天性容易让她走火入魔，她在心里反复琢磨着："他是不是很讨厌我？他一定是不再爱我了，想从我身边逃开。要不，他怎么对我如此冷漠？"这样一来，她内心深处的恐惧就被激发了。

男人沉默不语时，女人最容易往坏处想。女人只有在两种情况下才会闭口不言：一是她说的话有可能伤害到别人；二是她根本不信任对方，不想和他发生任何瓜葛。所以，也难怪女人会如此惧怕男人突如其来的沉默，这会带给她极度的不安全感！

男人沉默不语时，女人最容易往坏处想。

女人在听同性说话时，她会不断地宽慰说话的人，表示出她正在倾听，要是说话的人停顿下来，她会不时发出"哦？哼嗯？唔？啊？啊哈"等声音，鼓励对方继续说下去。

男人在倾听别人说话时，很少有诸如此类的动作，他的缄默让女人尤为恐慌。要是女人明白男人特有的“洞穴”避险机制，她就不会对他的沉默抱有如此负面的想法了。

在建立起亲密关系以前，女人最好能明白,男人具有许多与她迥然不同的特性。男人在遇到压力或者抑郁寡欢时，他会一言不发，钻到他的“洞穴”里苦思冥想，最后找出解决方案。女人得知道，在那一刻，男人希望一人独处，哪怕是他的好友和爱人，也不能去打扰他。在火星上，男人都按这样的行为方式生活。女人毋须庸人自扰地过多担忧。当男人闭关修炼时，女人大可泰然自若地等待，最后，他自然就会从洞里钻出来，雨过天晴了。

对于女人来说，能够参悟这个道理还是有点难度的。在金星上，有一条黄金法则：当朋友处于困境时，不能离弃她。女人觉得，男人心情不好时，自己却置身事外，这就等于抛弃他，冷落他。为了表示她在乎他，关爱他，所以，在他钻进洞里时，她也想陪伴左右，随时给予援助。

更糟的是，女人以为，她不断地向他提问，询问他的感受，男人就会好过得多。恰恰相反，女人的喋喋不休使得男人更加烦躁不安。女人只是下意识地以自己认为恰当的方式去帮助男人，她的出发点是善意的，可结果却非常糟糕，起了反作用，好心办了坏事。

男人与女人都得停止那种自以为是的做法，不要再把自己的想法强加于对方头上。他们要开始学习对方与自己到底有何不同，对方是如何思考、感受和反应的。

当男人钻进“洞穴”里

男人钻进“洞穴”，或是缄口不言，多半是出于以下原因：

1.他需要集中精力好好思考，试图解决问题。

2. 他现在还没找出问题的解决方法。男人从来不会说：“哎呀，我现在还想不出办法来，请容我钻进“洞穴”里好好想想吧。”要知道，别的男人都默许他的做法，不会大惊小怪。

3. 他情绪消沉，或者正在承受压力。在那样的时刻，他特别希望能够一个人独处，不受打扰，让自己清醒冷静下来，重新恢复控制能力。他不想做或者说任何他以后或许会后悔的事情。

4. 他需要找回自我。这种情况经常在男人陷入狂热的爱情时发生。他们一度会迷失自己，一心只挂念着心爱的女人。可是，男人也会感到被感情束缚得透不过气来，变得软弱无力。在那一刻，他想重新为他们的感情定位，看看彼此之间应保持什么样的距离。要是他们贴得太近，那无形的警报器就会发出警报，提示他钻进“洞穴”。等他再度重返人间时，又会变得容光焕发，神采飞扬，重新对女人充满柔情蜜意。

为什么女人要滔滔不绝

女人一生说话的时间是男人的几倍。女人对着丈夫滔滔不绝，无所不谈，恨不得一刻不停。女人开口说话，有着许多不同的理由。有趣的是，女人开口的原因，与男人保持沉默的原因如出一辙。在面对同样的情况时，女人滔滔不绝，男人却只字不谈。下面，我们归纳了几种女人渴望开口交流的原因：

1. 传递或者收集讯息（这往往是男人说话的唯一理由）。

2. 探寻她想表达的真正内容（男人在这个时候，反而会沉默不语。女人则习惯边说话边思考）。

3. 让自己感觉好受一些，或者成为别人注意的中心（男人在这种情景下，会钻进洞里，一个人冷静下来）。

4. 建立亲密感。与他人分享内心的情感，是她发现自我的一个途径（与女人相反，男人以保持沉默来发现自我，他害怕没有距离的亲密，他认为这样会失去自我）。

男人与女人真是太不一样了！如果对彼此的差异一无所知，火星人与金星人就会陷入无休止的猜疑和争吵之中。

“洞穴”里的“火龙”

女人对男人的怪癖总是困惑不安，但不管怎么样，女人要记住这个原则，在男人还没有准备好之前，不要企图强迫他开口。有一次，在我的研讨班上，我们讨论这个话题时，一个印第安裔的听众讲述了一个故事。她的妈妈曾经告诫过她，在结婚以后，要了解男人有一个习惯——他在抑郁寡欢或者遭受压力时，喜欢钻进“洞穴”里休养生息。她只需在原地耐心等候，最后男人肯定会从洞里出来的。母亲还警告她，女人千万不要尾随男人进入“洞穴”里，否则“洞穴”里的守护神——一头凶猛的火龙就会喷出万丈火焰，把她烧焦！

女人千万不要尾随男人进入“洞穴”里，否则“洞穴”里的守护神火龙会喷出火焰，把她烧焦！

女人跟着男人进入他的“洞穴”里，干涉他的私人天地，愤怒之火就开始弥漫于两人之间。女人不知道，男人这时最需要的便是独处的空间，他不愿意开口谈论内心的感受。女人对男人的行为困惑不解，坐立不安。自然而然，她就想追问男人到底出了什么事，想把他从洞里拉出来，嘘寒问暖一番，帮他解决难题。

于是乎，我们经常可以看到这样的情景：

女人问道：“你怎么啦？为什么这么不开心？”

男人却闪烁其词地说：“没有啊，不用担心。”

可是，她却依然感到他的焦虑。她不懂为什么他要隐藏自己的情绪。女人不能容忍男人自己一个人躲在洞里自行其是，她要把他拉回现实世界。

她不依不饶地继续发问：“到底发生了什么事啊？我感觉你很

不对劲儿!”

男人不耐烦地说：“没什么啊!”

她继续问下去：“怎么可能没什么！肯定你遇到什么麻烦了！你现在在想什么呢?”

男人坚持说：“我这不是好好的吗？别理我了，让我一个人待一会儿吧!”

女人委屈地嚷道：“你怎么能这样对待我？你有事情总是不和我沟通。我根本不知道你的真实感受是什么。你肯定不爱我了，我感觉你根本不信任我，把我拒之千里!”

突然间，男人忍无可忍，爆发起来。他咆哮如雷地吼出一些以后会后悔不已的激烈言辞。他内心的火龙喷出长长的烈焰，把女人瞬间给烧焦了。

火星人终于开口了

女人不经允许便去干涉男人的内心世界，或者错误地解读了他的心事时，男人内心的那条火龙就会喷出烈焰，瞬间把她灼伤。其实，在那个时候，男人也许正在“洞穴”里闭关，或者在去往“洞穴”的路上，根本不想理会任何人。如果你多余地去追问他的理由，他准会斩钉截铁地回答：“没事儿!”或者“我这不是好好的吗?!”

男人这种简洁的回答，是对女人发出的警告信号：我需要单独待一会儿，请暂时远离我！男人不太可能直截了当地对女人说：“我现在很不开心，想自己一个人独处一段时间。”而是沉默不语。

下面我们列举了六种情况，这些都是男人发出的简明扼要的警告信号。女人要学会识别男人发出的信号。

男人常见的六种警告信号

当女人询问男人“到底发生了什么事?”时：

男人的说法	女人的说法
“我没事!”　“一切都正常!”	我知道哪儿不对劲了。你能告诉我吗?
“我很好!”　“事情很顺利!”	可你看起来很不开心。说说看,哪儿出问题了?
“没事啊!”	我知道你遇到麻烦了,我很想帮你。能不能告诉我呢?
“一切都很好!”“我很正常!”	你能肯定吗?我是真心想帮你解决问题的。
“没什么大不了的事!”	我知道你遇上棘手的事情了。我们一起讨论一下吧!
“没问题!”	你一定有问题!不要瞒着我,我真的很想帮你!

如果一个男人说出上述言简意赅的话语，这多半表示他需要独处的空间，他不希望女人去打扰他。从前，善解人意的金星人为了避免误读火星人的语言，引发不必要的争吵，她会悄悄掏出《金星人火星人互译辞典》，查阅一番，做出判断。可想而知，如果没有这本工具书的帮助，金星人得犯多少错啊!

男人在说“我很好”的时候，女人得明白，这是一种暗号，表示：“我能自己把事情处理干净。我不需要别人帮我的忙。拜托千万不要试图帮我出主意。相信我，我自己能搞得定!”

女人要是对男人的真实心声一无所知，在听到情绪消极的男人说“我很好”时，她的感受便是他不愿意说实话，他在伪装他的感情，否认他的问题。女人试着刨根问底，找出问题的症结所在。

下面，我们再列举一些生活中非常常见的例子，用《金星人火星人互译辞典》来剖析一下这些话语背后的真正含义:

1.“我很好!”

男人的真实意思是："我真的很好，我能解决我的烦恼。我不需要你帮忙，不过，还是要谢谢你的关心！"

女人误读为："我根本不在乎你，我没什么不开心的。"或者"我不愿意告诉你我遇到的麻烦，说真的，我不相信你会站在我身边帮助我！"

2. "事情很顺利！"

男人的真实意思是："我有能力解决我的烦恼和问题。你根本没必要干涉我的事情。除非我开口请求你，否则请不要多此一举地帮我！"

女人误读为："我根本不关心到底发生了什么，这些问题对我根本无关紧要。如果你为此烦恼不安，这也不关我的事！"

3. "没什么事！"

男人的真实意思是："没什么是我自己一个人解决不了的！不要请问我了，我自己能处理好的。"

女人误读为："我也不知道到底哪里出了问题。我需要你帮我找出是哪个环节出了岔子。"于是，她开始连珠炮似的发问，直至最后男人怒不可遏，大发雷霆。

4. "一切都很好！"

男人的真实意思是："我是碰到麻烦了，不过错不在你，你没有任何责任。请不要为我担心，不要再问我发生了什么事，也不用给我出主意。你就当什么也没发生过就行了。"

女人误读为："事情不是好好的吗？"或者"这次总算没有惹出大麻烦来，不过你要记住，这都是你的错！这次就算了，下次不要再犯错了！"

5. "没什么大不了的事！"

男人的真实意思是："我有能力控制事情的局面，根本不会失控的。你不必为此忧心忡忡，整天谈论它。这会让我更加心烦意乱。我会解决问题的！"

女人误读为："你老是这么小题大做，真让我受够了！不要再这样一惊一乍，反应过度了。"

6. “没问题！”

男人的真实意思是：“我很高兴能帮你解决这个问题！能为你效劳，是我最开心的事！”

女人误读为：“这根本没什么大不了的。你怎么会认为这是个问题，还跑过来向我求助？”接下来，女人就会絮絮叨叨地向男人询问问题出在哪里。

有了这本《金星人火星人互译辞典》，当男人吐出那些简短的词句时，女人就能解读出他们的真实心声。有时候，男人的真实意思和女人的想法是正好相反的。

男人躲进洞里，女人怎么办?

我在研讨会上提到“洞穴”和火龙的故事时，女性听众都急不可耐地想知道怎么样才能缩短男人待在洞里的时间。我没有马上回答这个问题，转向男性听众征询他们的意见。令人意外的是，他们都说，女人越是想让他们赶紧从洞里出来，他们在洞里闭关的时间就越长。

男人还时常抱怨道：“要是我感觉到我的伴侣很不喜欢我待在洞里时，我就更不想离开“洞穴”。”而女人却想让男人知道，待在“洞穴”里不顾伴侣感受如何，是非常错误的，可女人的这种做法反而会把男人推进“洞穴”，不愿意离开。

下面，我会告诉女性读者们，在男人躲进洞里时，有六种方法可以帮助他。要是你使用了这六种方法，没准就会大大缩短他待在洞里的时间：

如何帮助“洞穴”里的男人

1.不要否认或拒绝他想独处的需求。

2.不要轻易给他出主意，放手让他自己解决问题。

3.不要过多地询问他的感受，反复追问他的想法。

4.不要坐在洞口守着他，等着他从洞里出来。

5.不要为他担心忧虑，或者对他怀有歉意。

6.找一些有趣的消遣让自己的心情好转起来，转移注意力。

你实在憋不住了，想和男人倾诉，不妨等他出门时，拿出信纸给他写封信。如果你想寻求精神安慰，可以约上你的好友说说心事。

男人特别渴望能在自己的爱人面前做一个顶天立地的男子汉，他希望爱人能够信任他，相信他能解决所有难题。男人从女人的信任中得到属于自己的荣誉、骄傲和自尊。他要女人知道，他能搞定一切，不必为他操心！

可是，让女人别为自己的伴侣担忧焦虑，那真是太难了。与自己的爱人休戚与共，这是女人的天性，她为爱人牵肠挂肚，是她表达爱与关怀的方式。女人认为，当爱人陷于困境，忧愁烦恼时，自己却兴高采烈，毫不介怀，这样的做法太不妥当了。男人的想法与女人恰好相反，他不想让女人陷入自己的烦恼中。男人以为，女人如果能够笑颜常开，他需要担心的事情就会少一些。心爱的女人快乐幸福，男人才能感受到她的爱。男人不希望自己的爱人总是愁眉苦脸。女人的喜悦甚至能让男人尽快走出阴霾，重见阳光。

男人表达爱的方式，是让对方不必操心。于是，他经常会对女人说："要是你爱我，并且尊重我的话，还有什么必要为我忧心忡忡呢?"男人也喜欢这样宽慰别人："别担心，你会处理好这些事情的"，"这与你无关，全是他们的责任，你无须为此担忧"或者"事情会好起来的，不用太放在心上！"男人劝解他人不必忧愁烦恼，或者减轻他们的忧虑，这是他们展示爱心的特有方式。

我花了好多年时间才明白这个道理。以前，我妻子不高兴时，她希望我感同身受，和她一起操心和忧虑。当时我并不知道男人与女人的区别，所以，我对她所担忧的事情轻描淡写，认为这是小题大做，根本不值得过分关注。我的好意劝解却常惹得她更加生气。我没有意识到，在妻子的眼里，这样做等于漠视她的感受。

男人躲进“洞穴”的终极目的是为了解决一桩难题。他的伴侣如果泰然自若，不以为忤的话，他需要操心的事情就少了许多，也就是说，他能更快地从“洞穴”里全身而返。男人知道自己的爱人幸福快乐，他就会平添无限力量，征服一切困难！

在男人闭关修炼的时候，女人完全可以找些消遣来打发时间，同时也可以减轻男人的负担。我推荐女人做以下的事：

1.读一本书。
2.听听音乐。
3.从事园艺活动。
4.健身锻炼。
5.做做按摩。
6.参加一些心灵修炼课程。
7.好好享受美食。
8.与闺蜜聊天。
9.写写日记。
10.外出购物。
11.祈祷或冥想。
12.散散步。
13.在浴缸里洗一个泡泡浴。
14.去看心理医生。
15.看看电视或录像带。

火星人特别希望金星人能够自寻开心，自得其乐。在金星人看来，在伴侣烦恼之际，自己还能维持快乐的心境，殊非易事，但她还是努力去做到了。每次火星人钻进“洞穴”里隐居起来时，金星人都会重振精神，找点事情打发时间，她要么去购物，要么结伴远足。我妻子邦妮一不开心就会去购物。她一看到我躲进“洞穴”里，也会采取这一方式来排解压力。看到她能这样，我心里的压力也减轻了不少，感觉好过多了。我无须为自己火星人的特性心怀内疚。我们始终尊重对方的差异，邦妮坚信，我一定会从洞里再度出来，对她的感情会更深厚。

我待在洞里的那段时间里，邦妮很知趣，她明白那不是谈话的好时机。等我的注意力再次回到她身上时，她立刻明白我从“洞穴”里重返人间了，这时候，我们可以恢复以前的谈话了。有时，她会轻松地告诉我：“要是你想和我说话，就直接告诉我！我很乐意听到你的想法和感受。”她以这种随意而没有压力的方法来试探我的态度，让我很容易接受。

如何有效地帮助火星人

男人不喜欢女人不请自来的援助，或者多此一举的同情，这让男人感到自己是个无能的弱者。男人渴望能证明自己。脱离他人的干涉而独立解决问题，男人视之为无上的荣光，带给他极大的自豪感（与之相反，女人希望自己能得到他人的帮助，她视之为一种荣幸，倘若有人在背后关心她，支持她，她会格外的感激和骄傲）。因此，男人喜欢听到女人这样说：“我相信你能解决掉这些棘手的问题，如果你需要我，请开口向我求援，我将会不遗余力地帮助你！”

女人刚开始学习如何支持男人时，确实会遇到不少困难。有些女人误以为，她们必须在男人犯错时，直言不讳地说出来，或者随时向男人提供各种建议，唯有这样做，才能维持一段完美的感情关系。女人们不知道怎样才能鼓励男人主动开口向自己求助，怎么才能做到既不吹毛求疵，也不过分干涉，使男人愿意接受她的好意。如果女人认为男人举止不雅，或行为不当，径直说出她的观感，无须做出对和错的判断，这样，男人会容易接受得多。

如何向男人提出批评性的建议

女人向男人指指点点，指手画脚，可男人却非常反感和排斥，进而对女人退避三舍。女人的好心好意却换来男人的回避和冷淡。这到底是怎么回事呢？女人们应该如何向男人进言呢？南希对这个问题曾经非常迷茫，她说：“我真不知道如何才能给男人提出合理化的建议。要是我看到他吃相难看，举止粗鲁，或者穿着非常不得体，我难道不应该提点一下他吗？他本来是一个非常优秀的男人，可在某些场合他的行为不成体统，像个傻帽儿，让人厌烦，这甚至破坏了他的人际关系，我该怎样告诫他不应这样做呢？可每次我满怀善意地向他提出来时，他却非常生气，甚至和我顶嘴，或者干脆不予理睬！这时候，我倒好像是个不知好歹的傻瓜了！”

其实，除非男人向你征询意见，否则你最好还是噤口不言，少批评和挑剔他为妙。相反，女人不能仅仅考虑自己的想法，用自己的心态去衡量男人，她应该学会用爱来接纳他的一切，无论是优点还是缺点，这都是男人身上特有的一面。男人渴望女人的接纳与包容，而非她居高临下地教导和训斥。只有男人感受到女人的接纳时，他才会真正地思考和倾听女人到底想要什么。男人一旦发现女人企图改造他，他马上会逃之夭夭，根本不会向她征求建议和意见。在一段恋爱关系中，男人拥有了独立自主的安全感后，才会敞开心扉，和女人坦诚相对。

女人应该耐心地等待男人改变和成长，相信男人能够做得更好。倘若她感到男人有不尽如人意的地方，她应该直接把自己的真实感想告诉他，但是，切忌批评和斥责男人。女人需要懂得提意见的技巧。

下面，我们列出四种女人向男人提出建议的方式，以供女性读者参考：

1.你可能不喜欢男人的穿着打扮，但你不能直接命令男人应该穿什么衣服。你可以把自己的看法告诉男人：“我不太喜欢你那件衬衫，今天晚上你能不能再换一件？”男人如果愿意接受你的意见，那是再好不过了。要是男人听了以后，面露愠色，恼羞成怒，你就得尊重男人敏感的自尊心。你最好向他道歉："对不起，我不是想教你怎么穿衣服，我知道，你有自己的审美观。"

2.如果他是那种特别敏感的男人（有不少男人是这样的），你就更需要小心翼翼地处理好了。找一个更合适的场合和时间告诉他，要委婉地说："你用蓝衬衫来搭配绿裤子，我觉得那样穿不太好看呢，下次你可以试试用蓝衬衫配灰裤子，这会悦目得多。"

3.直截了当地对他说："今天能不能和我一起逛街？我想帮你挑点衣服，添置些行头！"如果男人不愿意去，你也不必烦恼，要知道，这可能是男人不喜欢你扮演一个什么都管的母亲的角色，你最好还是打消改造他的念头。如果男人乐意和你采购，你可以趁这个机会为男人挑选真正适合他的衣服，但是，千万不要画蛇添足地说教。对于那些敏感的男人，女人要谨记这一点。

4.女人可以事先做一番铺垫。对男人说："有件事我不知道应不应该告诉你。"停顿一下再接着说："我很怕这会冒犯你，不过，我觉得还是应该说实话。你试着站在我的立场上，看看怎么说才能让你更容易接受呢？"女人这体贴善意的话语会让男人心里温暖极了，他做好心理准备接受女人接下来的"打击"，最后，他宽慰地发现，这并没有什么大不了的，在她的眼里，他依旧是一个值得去爱的好男人。

我们再看一个例子。倘若女人不喜欢男人在饭桌上粗鲁的动作，她应该找一个合适的场合，婉转地劝告他："为什么你不使用那套漂亮的银餐具呢？"或者"为什么不用你的杯子喝水呢？"在人多的场合，哪怕再看不惯男人的举止，最好什么也不要说，忍耐下来，装作看不见。改天，找个机会再慢慢和男人讲道理："在孩子面前吃东西，应该做个好榜样，为什么不用你那套银餐具吃饭呢？"或者"我特别不喜欢别人用手抓着吃东西。下次和我一起吃饭时，能不能用你的银餐具吃呢？"

如果你心爱的男人在公共场合举止失仪，让你十分尴尬，下不了台，你也得找个无人的场合再和他交流。不要居高临下地喝令他“应该怎么做”，而是用一种满怀爱意的方式来帮助他改进自己。你可以委婉地告诉他：“那次聚会时，我不太喜欢你在那里大着嗓门说个没完。亲爱的，答应我，下次能不能稍微低调点呢?”如果男人听到你的批评，面露不悦，你应该向他道歉，尊重他的个人感受。

在后面的章节里，我们会更进一步地探讨批评的艺术。对于女人来说，这是一项必须要掌握的学问。在下一节，我们还将告诉你，什么时候才是向男人提意见的好时机。

当男人不需要你的帮助

女人发现男人做得不对或者陷于困境，她马上热心地过来指手画脚，出谋划策。可惜事与愿违，男人很不喜欢这种做法。他以为，女人不信任他有解决问题的能力。他感到自己似乎窒息了。他不喜欢被女人控制，他觉得女人这样做，有如一个严厉的母亲管教不听话的孩子，而且，女人还试图塑造他，指挥和控制他，这感受太糟了。

但这并不意味着男人不需要爱和安慰。女人要明白这个事实，要是她们能够放弃未经同意便给男人出主意的做法，男人会心怀感激，并会更加爱她。男人需要的爱与关怀，与女人所理解的完全不同。男人强烈的自尊心使得他们很反感女人的越界行为，他们讨厌被女人管教。只有男人直接开口向女人求援时，她才应该帮助他。假若女人真的忍不住要帮助男人改正身上的缺点，也得采取迂回委婉的做法，在不伤害男人自尊心的前提下，与男人交流，让他了解你良好的出发点，乐意接受你的建议。

男人只有在确信自己能独立处理问题时，他才会开口求助。女人如果总是越俎代庖地替他做一切事情，男人反而变得没有安全感，散漫懒惰，什么都提不起劲来。所以，男人也从来不主动去帮助别人，除非别人开口请求他。

男人遇上困难时，他习惯自己一个人处理问题，在男人看来，这关系着他的能力、自信与尊严。只有这样做，他才称得上是一个顶天立地的男子汉。要是女人未经同意，在不恰当的场合和时间，径自上前指挥和帮助男人，他就会感到自己被女人冒犯和羞辱。

我们可以举个例子。男人正在拿着刀切一只复活节火鸡，这时，女人站在一边指手画脚地出点子，指挥他应该怎么切，拿什么工具更加顺手等等。女人的絮絮叨叨把男人惹恼了，他很讨厌女人连这样的小事都不信任他，于是，他更加固执己见，执意要按自己的方法来做，把女人的话当成耳旁风。这事要是换成女人，结果就大不相同了。女人在切火鸡时，要是男人在一旁教她怎么才能更容易切开，她准保觉得自己正被男人呵护和爱护，她心里暖洋洋地，沉浸在爱的喜悦里。

有的女人喜欢建议丈夫去咨询专家，她以为这样可以让男人少走些弯路。女人是出于好意，可是男人却觉得这严重冒犯了他的男性尊严。我记得有一次有个女人向我求教，为何她丈夫会对她怒不可遏，大发雷霆。原来，有一天晚上在他们做爱之前，她问丈夫是不是温习了我教给他们的关于如何提高性生活质量的方法。可想而知，这位敏感的丈夫多么生气啊！他觉得妻子在藐视他的能力，这是对他最严重的侮辱。尽管他认为那些方法很有用，但女人也不必时时提点他应该做什么，更不能强迫他必须按照我的建议去做。他要女人明白，他知道怎么做，他能掌控事情的进展。

男人渴望被人信任，而女人渴望被人关爱和珍视。比方说，男人关心地向女人嘘寒问暖："你怎么了，亲爱的？要不要我帮忙？"他的声音里带着温柔的关切之情，这令女人无比欣慰和满足，让她有了被爱的感觉。但是，如果女人以同样的体贴与关怀去问候男人："亲爱的，发生了什么事？"没准男人会觉得自己被冒犯和轻视，心里产生严重的抵触情绪。男人以为，女人对他不放心，质疑他的办事能力，甚至认为他是个"窝囊废"。

男人很难区别"体谅"和"同情"究竟有何不同，他们不喜欢充当弱者的角色，憎恨别人同情和怜悯自己。假若女人向男人道歉："对不起，我伤害了你。"男人会大度地说："没关系，这没什么大不了的！"然后，他谢绝了女人的支援，自己独立承担一切。与此相反，女人却很愿意得到男人的帮助，从中女人感觉到男人是真的在乎她，看重她。我们可以总结这一点：男人必须学会关心女人，女人必须学会信任男人。

男人很难区别"体谅"和"同情"究竟有何不同，他们不喜欢当弱者的角色，憎恨别人同情和怜悯自己。

让人窒息的关怀

我和邦妮结婚不久时，发生了这样一件事。每次我要出门到外地授课时，邦妮都会细心地查问我的行程，询问我几点钟起床，飞机几点钟起飞。然后，她在脑海里盘算一番，告诉我预留的时间不够，肯定赶不上飞机。每次她这样子做都搞得我恼火万分。她以为这是在帮我，可我觉得她在多管闲事！我没有感受到她的关心，倒是认为自己受到了冒犯！要知道，在与她结婚前，我在世界各地奔波授课，整整十四年里，从来没有误过一次飞机！

然后，有一天清晨，我准备出门时，她又像往常一样事无巨细地盘问我："机票带好了吗？钱包带上了没？钱带够了没？袜子都装在箱子里了吧？你打算住哪个旅馆？"我知道她是在关心我，但是，她的关心却让我喘不过气来，我感到她不信任我。

我和邦妮交流了我的想法。我告诉她，她这样婆婆妈妈地管教我，事无巨细地耳提面命，让我非常不舒服，我很讨厌她像一个严厉的母亲那样说教和管束，我需要的是她无条件的爱与信任。我说："如果我真的误了飞机，我肯定会吸取教训，下次会调整时间，安排好行程。要是我忘了拿牙刷和刮胡刀，我也会处理这些琐事的。我打电话给你时，不必啰啰唆唆地向我汇报我忘了拿什么东西。"我让邦妮知道，尊重我的真正需求，而不是从她的主观意识出发，把她喜欢的方式强加于我，这样才能真正地帮助我，支持我，我才能感受到她的爱。

没有人喜欢被唠叨。没有人觉得唠叨是爱，男人更是如此。因此，切忌用唠叨和抱怨把他紧紧束缚起来，否则将会扼杀你的爱情和婚姻。

一个成功的小故事

有一次，我要去瑞典讲授关于男女情感关系的课程。到了纽约我才发现忘了带护照。我打电话回加州，告诉邦妮我把护照忘在家里了。她的反应令我非常安慰，她的表现充满了爱意与关怀。她没有指责我丢三落四，不负责任，而是以开玩笑的口吻说："天哪，不会吧，约翰，你真是太冒险了。现在该怎么办呢？你还能去瑞典吗？"

我让她把护照传真到瑞典大使馆，这问题就解决了。她配合得很好，事情处理得很麻利。她再也没有像以前一样给我上课，教训我应该提前做准备。她甚至为我能如此完美地解决问题而感到骄傲。

做出小小的改变

有一天，我注意到了一件小事。我发现，当我的孩子们向我请求帮助时，我总是不假思索地脱口而出："没问题！"这是我习惯的表达方式。我的继女朱丽很奇怪地问我："爸爸，您为什么老是说'没问题'呢？"我以前真的没有深入考虑过这个问题，可是，这次我猛然发现了自己身上根深蒂固的火星人习性。警醒到这一点以后，孩子们再开口求助时，我换了种说法："我很乐意做这件事！"这既能表达出我的真实想法，而且，也能让我的金星人女儿感到我真的很爱她们，愿意为她们做任何事！

这个例子体现了处理情感关系时一个非常重要的秘诀。小小的改变并不需要我们做出巨大的牺牲，但它却像润滑剂一样，使我们的感情生活更加美好。这是火星人与金星人和谐相处的奥秘。他们并不希望牺牲自己真实的性格，掩藏自己的本来面目去迁就和讨好对方，但是，他们却非常乐意做一些小改变，改善与对方相处和互动的方式。只要一句温暖的话语，改变一下说话的方式，就足以使感情增温，让两个人的心贴得更近！

只要愿意为对方做一些细微的改变，就能让两人的感情更加深厚，这是多么奇妙的事啊！要彻头彻尾地改造自己来适应对方，这就必须压抑自己的天性，背离真实的自我，日久天长，你会觉得这样做非常累。所以这么做并非上策。对于男人来说，在钻进“洞穴”之前，安慰女人说自己很快就会回到她身边，这并不需要男人违背天性，但却改变了女人的心情，让她有了安全感，在男人隐居于“洞穴”的时候，她会安心自在得多。男人需要明白女人需要男人的承诺，虽然有时并不见得有效。男人如果对男女之间的差别一无所知，那么他也就根本不会知道自己突然的沉默会引起女人莫大的恐慌。只要向女人做出保证，就能让女人安心很多。

如果男人根本不知道男女之间有如此巨大的差别，那么，在他进入“洞穴”以前，看到女人为此而郁闷伤心，他索性离开“洞穴”，陪伴她，讨她的欢心。这样做好吗？当然不好！这种委曲求全的做法违逆了火星人的本性，他会变得焦躁不安，过度敏感，暴躁易怒，脆弱不堪，怨气连连，或者态度消极。久而久之，他发现自己非常不开心，更不利于他们的感情生活。

男人在进入“洞穴”以前，看到女人郁闷不乐的样子，他可以抚慰她，轻轻地告诉她很快他就会恢复原样，他不必放弃计划，只需做出小小的改变，就能让事情缓和。他根本无须违背自己的天性，抗拒自己的本能。

如何支持金星人

上面我们已经讨论过，男人在钻进“洞穴”以前，最好能安慰女人说："我需要一些时间来思考问题。请不要和我交谈。等我处理完了，就会回来陪你！"他可能没有意识到，女人会把他的话理解为："我再也不爱你了！我根本不想听你在说些什么！我现在就要离开你，永远也不回来了！"为了打消女人的疑虑，让女人踏实安心，他必须给出强有力的正面信息，其实，这非常简单，男人只需向女人保证："我会回来的！"女人便会感到非常宽慰，她不会有被抛弃的感受——这恰恰是女人最害怕的事情。

简单的一句承诺"我会回来的！"事情就会变得简单得多。女人很容易缺乏安全感，有了这一承诺，她定然感谢不尽！

简单一句"我会回来的！"有着积极的意义，它带来了令人瞩目的奇迹。要是男人意识到女人如此看重它，他一定会不吝于表达，大声地对女人说出这句美妙的话语！

一个女人如果在幼年时失去了父爱，或者母亲被父亲抛弃，那么，活在童年阴影中的她，往往很难解开心中的结。她的内心深处充满了不安全感，时时刻刻恐惧自己被抛弃。因此，她对男人突如其来的逃离或沉默更是敏感在意。我们不应该责怪她需要男人做出承诺，就如同不能责怪男人有着想躲进"洞穴"的本能一样。

我们不应该责怪女人需要男人做出"我会回来的"的承诺，就如同不能责怪男人有着想躲进"洞穴"的本能一样。

假如女人从来没有被男人抛弃的经历，假如女人懂得男人躲藏在"洞穴"里只是一种本能需要，那么，她的烦恼就会少了许多。相应地，她需要男人做出的保证也会少很多。

在一次研讨会中，我特别向听众们提到这一点。这时，有个女性听众站起来说："我非常害怕我丈夫的沉默。我对此非常敏感。可是我从来没有过被抛弃和被排斥的经历。我的母亲也没有被我父亲抛弃。即便他们最后离了婚，在分手时也是心平气和的，这难道不是一段非常理想的感情关系吗?”

她微笑地讲述了这一切，可是，她很快意识到自己被欺骗了。她猛然醒悟，自己一直在逃避真相，哄骗自己。她和母亲都被父亲抛弃了，父母和平地分了手，不代表母亲没有受到伤害！她像母亲一样，竭力隐藏自己的感情，不敢直面现实。

在这个离婚已经司空见惯的时代里，男人更要对女人做出庄严的承诺。要及时地给予伴侣安慰和保证，男人就得做出小小的改变，女人同样也要这样做。

避免责备，有效沟通

女人在谈论自己的悲伤与不快时，男人时常为之困扰。他错误地理解了女人的做法，以为女人正在指责他，正在批评他做得不够到位。男人同样不知道男女之间的差别，他不理解女人喜欢谈论自己的感受和想法。这并不代表他有什么地方得罪了女人。

他误以为，女人向他倾诉自己的感情，这是因为他使得女人不开心，他做错了某事。女人抑郁不快，向他说出自己的忧虑，这只是一种情感的发泄，帮助她卸下心头的重担，让她的心情变好。可是男人以为，女人开口的目的只是为了批评他。她的抱怨在他的耳朵里变成了指责和批评。

女人如果明白男女的不同，她就会学着如何向男人表达情感，又不至于让他产生误会。她会选择恰当的时机，用更得体的措辞和语气来和男人沟通。女人明确地让男人知道，她没有怨恨或责备他的意思。在她准备向男人一吐为快之前，最好稍微想一下她要讲些什么，不要只图发泄情绪而忽略了男人的感受。

女人可以按下面的方式表达：

“能和你说说心里话，我真的很高兴！这让我好过多了！”

“把这件事告诉你，我感觉舒服多了！”

“这件事一直憋在我心里，现在和你谈了以后，我轻松多了！”

“我很高兴能说出心里的郁闷，这让我有如释重负的感觉！”

“我感觉好过多了，亲爱的，谢谢你！”

女人做出这一点小小的改变，事情就会变得完全不同了！

女人不必隐藏自己的真实情绪，她依旧可以向男人倾诉心怀，但在倾诉过程中，她告诉男人，他的支持和帮助让她好过多了，她非常感激他为她做出的一切！这化解了男人心头的阴影，让男人心生自豪，感到无比的振奋！比方说，女人向男人诉苦，痛陈工作中不快的遭遇，但她话锋一转，适时地表扬男人能够按时回家，替她排忧解难；女人抱怨屋子乱糟糟的，让人不舒服，但她插了一句谢谢男人及时修好了栅栏；女人诉苦说家里的经济状况不佳，收入太少，开销太大，但她却不忘了赞扬男人工作努力；女人在感叹为人父母的艰辛，却不时感谢男人勇于承担责任……可想而知，这些话比单纯的诉苦和抱怨要悦耳得多，这会减少许多摩擦，让两人的感情更加深厚！

分清责任

良好顺畅的沟通需要两个人一起努力。男人要谨记这一点，女人的倾诉只是一种情绪的宣泄，她把不满说出来，心情就会舒畅愉快起来。女人的倾诉并不代表指责和批评，男人不必对号入座，自寻烦恼；女人在一吐为快的同时，不要忘了表达对男人的感激和爱意，尽管女人有时牢骚满腹，但她依然深爱着这个男人。

比方说，在写这一章时，我妻子进来询问我的写作进度。我说：“我快要完成这一章了。你今天过得怎么样？”

邦妮唉声叹气地说：“别提了，今天我很不顺心。你也是那么忙，都没有时间理我！我们很久没有两个人单独相处了！”要是换了以前，我肯定会跳起来，忙不迭地为自己辩护，声明我们经常在一起；或者我会告诉她，截稿日期快要到了，我时间很紧，任务很重，请她不要再给我添乱！试想一下，这会造成什么后果！我们俩之间很可能会爆发一场争吵。

如今，我明白我们之间的差别，我理解邦妮别无他意，只是要倾诉一下心里的不快，她需要我的支持和理解，而不是辩解和反驳。我温柔地说道："亲爱的，我们确实是太忙了。快过来，坐在我腿上，让我抱一抱你。"

我们紧紧相拥，邦妮快活地说："亲爱的，你让我感觉舒服多了！"我给了她渴望的安慰和理解，她继续倒着苦水，抱怨她今天有多忙，整个人快累垮了！过了好一阵子她才打住话头。我接着说："等会儿我把保姆送回去，这样你在做晚饭以前能好好休息一会儿。亲爱的，别太累着自己！"

"你帮我把保姆送回去，"她感激地说，"你真是太好了！谢谢你！"她再次表达了对我的感激，我心里也非常得意，感觉自己在她眼里是一个可靠的伴侣。尽管邦妮依然身心俱疲，但她却得到了精神慰藉，心满意足。

女人很少表露感激之情，她们以为即使不开口表达，男人也应该心知肚明。其实，男人并不知道这一点。如果她开口只是抱怨和发泄，男人会误以为自己真的做错了什么，因此，女人要善于表达对男人的信任，适时提示她对男人的感激和爱，这样，男人在倾听过程中，才不会产生厌烦的想法。

男人与女人不同，他们只有在解决问题后，才不会沮丧消极。他们不喜欢大肆谈论自己遇到的麻烦。女人要让他知道，只要静静倾听，就是对她的最大的帮助。

女人完全不必抛弃自我，没有必要违背自己的本性，压抑自己的感情去取悦和讨好男人。但是，女人应该以一种更加婉转的方式去表达感情，她可以使用说话的技巧，不要让男人觉得受到人身攻击。只要做一点小小的改变，事情就会大不一样！

一句神奇的话

"这不是你的错！"只要当着男人的面，说出这句神奇的话，就能让他避免受伤。不要小瞧了这一句话，它威力无比。在女人滔滔不绝地倾述郁闷不快时，可以适当停顿下来，对男人说上几句这样的话："我很感谢你能在一旁听我诉说，如果你觉得我有指责你的意思，那并不是我的本意。这根本不是你的错！"

女人在倾诉的过程中，一定要留意听者的反应，因为"说者无心，听者有意"，她的话在别人的耳中，可能有着另外一番意味，会被误解为是指责和批评呢。

有一天，我的姐姐打电话给我，说到了她最近正在处理的一件麻烦事。我一边在听她诉苦，一边提醒自己没有必要为她出谋划策，她只是在发泄而已。此时，她需要的是我充满理解的共鸣和耐心的倾听。我听了十分钟，不时发出"嗯"、"唔"或者"真的吗?""是吗?"之类的声音，表示我正在聆听。最后，我姐姐如释重负地说："约翰，谢谢你听我说这个，现在我真的好过多了！"

女人在发牢骚时，只是为了宣泄。搞清楚这一点以后，我要做的事就容易多了。我知道她并不是在指责我，她责怪的对象另有其人。但是，轮到我妻子在抱怨，事情就没这么简单了，我很容易以为她是在数落我、指责我。所幸的是，我的妻子总是鼓励我，告诉我只需聆听就是对她的关心和支持。她的激励和夸奖使我乐于竖起耳朵，当一名理想的倾听者！

别让男人误会你

女人倾诉的时候，必须让男人确信："这不是你的错！"得让他知道，她并不是在挑剔和刁难他。若是女人真的想批评男人，必须等到自己心平气和，对男人充满爱意和关怀时，再和男人说话。我们不是说女人不可以发泄对男人的怨气，她完全可以找知心好友发牢骚，和她们直抒胸臆。如果对方不是她抱怨的对象，他们就有可能保持客观和冷静的态度，真正能够支持和帮助她。这样，她才能从怨恨的泥沼中爬出来，恢复愉快的心情，变得更加宽容。在第11章里，我们将谈谈金星人应该怎么和伴侣交谈，如何正确地发牢骚。

怎样不带怨恨地倾听

女人在心情不好时，只顾着自己发牢骚，这时，势必会伤害到男人。男人觉得她满腹怨气，似乎一切问题都由他而起，这样的误会妨碍了他们的沟通，不利于两人感情的发展。

试想一下，当女人抱怨道："我们每天总是工作、工作、工作！没有一点儿消遣和娱乐的时间！你这个人太没意思了，老是这么严肃古板！"女人这一番话，肯定会让男人如芒刺在背，以为女人正在责备他。

这时，我建议男人别急于反唇相讥，和女人进行一番辩驳。

相反，我建议男人这样说："听到你这样说我，我真是很难过。你的意思是不是这都是我的错呢？我是不是真的太古板了，不懂得生活？我们是不是应该出去放松一下，散散心？"

或者："听到你说我严肃古板，我们的生活单调无聊，我心里还真是挺不好受的。你是不是以为这都是我的过错呢？"

甚至，他还可以给女人一个台阶下，替她打圆场："亲爱的，你是不是说我工作得太忙，忽略了你？这是不是都要怪罪于我呢？"

或者说："亲爱的，你认为我们在一起根本没有快乐，这都是我的错，是不是这个意思呢？"

这样的话语不至于太刺耳太伤人，同时也体现了对女人的尊重，让女人反省一下，收回那些听起来很像责备的抱怨。她很快就会说："哦，不，我不是这个意思，我并没有在责怪你啊！"这样一来，情况很快就缓和下来了。

此外，我还建议男人要铭记一点：女人有权利在情绪不好时唠叨抱怨；要知道，一旦她从消极情绪里恢复过来，她就会重新抖擞精神，拨云见日。女人不习惯压抑情绪。我一直牢记这一点，这样，在遇到我妻子心情不佳时，我只需听她发泄，根本用不着帮她出主意。我发现，妻子发牢骚时，如果我很配合，她就会心存感激。哪怕她真的是有责怪我的意思，她也很快能停下来，不再对我大放厥词。

倾听的艺术

男人只要学会聆听女人的心声，理解女人的感受和需求，两人就能很容易达到心灵的契合。与其他艺术一样，“倾听”这项技艺同样需要反复练习与实践。每天回到家中，我都会特意找邦妮聊一会儿，听她谈谈今天做了些什么，心情如何，这等于在训练我自己倾听的技巧。

有时，邦妮的情绪相当糟糕，这很可能是工作压力大，事情很不顺心所致。起初，我以为她在责怪我，忍不住要反驳她。可以说，我遇到的最大挑战，就是要努力分辨邦妮话里的真实含义，不再从字面上理解邦妮的怨言。为了避免误解她，我时刻提醒自己，她是金星人，她说的语言与我完全不同！我不断地询问妻子：到底发生了什么事？为何情绪消沉，闷闷不乐？结果我发现，她生气的对象另有其人，我不是她烦恼的根源。坚持倾听了一段时间以后，邦妮开始感激我的体贴。即使有时是我惹得她郁闷不快，她的态度也改进不少，她不再对我吹毛求疵，而是变得更宽容了。

虽然倾听是一门需要多次训练的艺术，但许多男人过于敏感脆弱，在需要他们用心剖析女人的真实心声时，他们表现得战战兢兢，畏首畏尾。有时他干脆拒绝倾听，他礼貌地搪塞女人：“我们迟些时间再谈好吗？我觉得现在不是谈话的好时机。”

时间久了以后，男人发现除非他们想开口说话，否则他根本听不下去女人在说些什么。当想听听女人到底在说些什么时，却发现自己完全听不懂了。他越来越沮丧，这严重的挫折感让他更加退缩，更惧怕倾听。恶性循环下去，对男人和女人都没好处。此时，他应该得体地向女人解释：“我确实想听你把话说完，不过，现在我恐怕无法做到这一点。我需要一点儿时间，好好想一想，考虑一下你刚才提到的事。”

可以说，尊重彼此的差异，理解对方的需要，正是我和邦妮维系幸福婚姻的秘诀，我们的婚姻越来越巩固，原因在于我们俩都一起努力，从未放弃过交流。多年以来，我亲眼目睹了许多对亲密爱人坚持这一信条，尊重男女不同的事实，实现了顺畅的沟通，获得了甜蜜的爱情，美满的婚姻。

假如你和伴侣产生误解，发生冲突，请反复告诫自己：我们说着不同的语言！请务必花上一些时间，好好倾听你的伴侣到底想些什么，站在对方的立场去理解他（她）。倾听这门艺术，需要你花上大量时间练习不辍，才能得心应手地破译对方的语言和心声。但是，这真的值得你这样去做，你将收获良多！

第6章

男人就像橡皮筋

男人就像橡皮筋。在弹性范围内，把它拉得越长，它弹回来也就越快。用橡皮筋来比喻男人的“亲密周期”，是再恰当不过了。一根橡皮筋，猛然用力把它拉长，很快它又会自动反弹回来。男人亦是如此，起初他对女人情意绵绵，蜜里调油，忽然间他就烦躁不安，若即若离，甚至不愿和女人说话。过了一段时间，他就自动恢复原样，变回原来那个温柔的情郎。

女人如果远离一个男人，多半是因为她不爱他，不想与他发生任何瓜葛。男人若是做了什么对不起女人的事，伤害了她，女人也会躲得远远的，不愿接近他。

虽然男人也会因为以上原因离开女人，但是，就算女人没有做错事，有时男人还是想逃离。这并不由他的主观意识决定，也不是谁的过错，这是一种与生俱来的男性本能，是火星人根深蒂固的本性。

男人离开女人，是因为他们需要有独立的空间，他们不喜欢受到约束，被女人限制。偶尔的逃离，会使他怀念原先的亲密与缠绵，强烈地渴望女人的爱。他不由自主地返回女人那里，男人回来以后，他当做什么事也没有发生过，对女人的感情和他离开时一样，并没有疏远生分，也不需要重新培养感情。

即使男人深爱着女人，他也有着对她疏远冷淡的时候。

每个女人都应该知道的秘密

如果女人能够体察到男人有着这样一个“亲密周期”，许多问题就会迎刃而解，两人的感情也会更深厚，更巩固。要是对此一无所知，女人难免会对男人心生怨恨，产生不必要的困扰。我们看看玛姬的故事吧——

这些天，玛姬心烦意乱，情绪低落。她和男友杰夫已经约会六个月了。似乎一切都很美好。可是，玛姬发现，杰夫经常会莫名其妙就疏远她。她告诉我："这一刻他还热情高涨，爱意绵绵，可下一分钟他就变了另一个人似的，根本不想答理我。我试了很多办法让他回心转意，可好像都不见效。我真不明白我到底做错了什么。我是不是缺乏魅力，吸引不住他呢？"

杰夫疏远玛姬的时候，她太在意了，当然，这是很正常的反应，换了第二个女人，她也会疑窦丛生。玛姬以为是自己犯了什么错。她努力使事情好转起来，可是，她越靠近杰夫，杰夫离她就越远。

参加了我的课程以后，玛姬感到豁然开朗，她停止了自责，不再庸人自扰。她明白，杰夫离开她根本不是她的过错。几个月后，在另一堂课里，杰夫面谢了我，他感谢玛姬从我那里学到的经验。他告诉我他们打算结婚了。

玛姬醒悟了一个道理：杰夫就像橡皮筋一样，需要拉长一定距离，才有反弹回来的力量。只有经过从疏远到亲密的过程，杰夫才会产生足够的爱的能量。相反，如果如影随形和步步紧逼反而让杰夫感受不到自由，厌烦不已。

男人突然"变身"

男人有逃离的自由，才会有足够的动力去靠近女人。与此相反，女人却要求与男人形影不离，如胶似漆。结果在女人的高压之下，男人反而感觉不到他对女人强烈的爱情，以及与女人相守的欲望。这使得男人更急于逃离。

在研讨会上，我拿出一根橡皮筋做了示范。我用两手拉着一根橡皮筋，尽量把它拉长。这根特制的橡皮筋最多能拉长12英寸。这时，我突然松开左手，橡皮筋集聚了相当大的力量，"嘣"的一声弹了回来！

同样的道理，男人达到了离开的极限，就开始"变身"了。他独处了很长时间，就开始渴望爱情，留恋女人的温柔和亲密。他的脑海里都是昔日两人相处时的美好时光，他的态度在一瞬间就发生了剧变，如今，他全身都是力量，他对女人重燃爱火，原始的冲动又回来了！

这事搁到女人身上就没那么容易了。女人对男人的180度转变摸不着头脑。不管怎么说，她需要有一个和男人重新熟悉的过程。如果女人不晓得男女之间竟有如此天壤之别，她很可能就会把男人一把推开，根本不愿再理会他。如果女人洞悉了男人的“亲密周期”，她就会以宽容的态度来接纳他，欢迎他再度归来。她真的把男人拒之门外，男人就索性再也不回来了。

男人要体会女人的感受。在男人“弹回来”以后，女人得花点时间再次适应男人，她需要时间和男人交谈，才能再度敞开心怀。如果男人能够理解女人需要这种适应期，事情就会顺畅得多。不然的话，他就会变得不耐烦，甚至愤愤不平，再次产生逃避的冲动。

男人为何逃离

坠入爱河的男人，在享受两人世界的同时，也会时常回想起独处的自由和美好。可是，等到男人满足了自由和独立的需求以后，他转身又怀念起往昔的亲密和甜蜜来，男人就是在“亲密”与“独处”之间来回转换，这是男人的本性所致。

男人就是在“亲密”与“独处”之间来回转换，这是男人的本性所致。

我们再来看看杰夫和玛姬的情况。杰夫深深地爱上了玛姬，他就像一根被拉到最长的橡皮筋，怀着强烈而冲动的力量。他竭尽全力去赢得玛姬的爱，努力给她留下好印象，让她欢笑。杰夫的行为也得到了玛姬的反馈，她同样爱上了杰夫，两人的心紧紧地靠在一起，这时，杰夫对亲密的需求完全得到满足了。

设想一下，这根橡皮筋发生了什么变化？它变得软塌塌的，缺乏弹性和力度。它的伸缩性能已经荡然无存。男人陷入了爱情之中，得到了亲密的满足以后，就类似这根松弛下来的橡皮筋。

在暂时满足了亲密的需求以后，他现在转而渴望独立与自由。他责怪自己没有了自我，只沉湎于两人的小天地。说实话，男人也说不清楚他的周期性变化缘何而来，他为什么突然有了逃离的欲望。

为什么女人会抓狂

杰夫不做任何解释，便离开了玛姬，享受一个人的自由自在天地。玛姬对此又担忧又恐惧。她能做的事就是采取“盯人”战术，她紧逼着杰夫，不让他躲开。她把这一切都归罪于自己，以为自己做错了什么，杰夫才会疏远她。她担心杰夫从此一去不复返。

让事情更糟的是，她产生了一种无力感。她认为自己没有能力再把杰夫拉回来，因为她根本不知道自己哪里得罪了杰夫。玛姬不明白，这是男人的“亲密周期”在作祟。她追问杰夫原因，可杰夫却含糊其辞，什么也不肯说。而且，他还特别反感玛姬提到这件事。他躲得更远了。玛姬自然以为杰夫不再爱她了。

他们为何怀疑爱情

如果对“亲密周期”一无所知，男人和女人都会怀疑起彼此的爱情。玛姬不知道她妨碍了杰夫寻找自我，她下意识地断定杰夫不在乎自己，甚至他可能已经见异思迁，不爱她了。杰夫呢，在两人的关系中他失去了暂时逃离的自由，他就也没有了再度靠近和亲密的欲望。于是他很容易就认定自己对玛姬失去了激情，不再爱她了。

后来，玛姬学会改变了。她放手让杰夫保持一定距离，保留“个人空间”，这时，她惊喜地发现杰夫居然自己回来找她了！她学着在杰夫逃离的时候，不再追逐，步步紧逼着他。她相信杰夫对她的情意始终未变，一切都很正常。这样，每次杰夫都会自动返回。

玛姬原来的恐慌完全消失了，被积聚的信任所取代。随着她的不断实践，她有了更多的心得。在杰夫逃离的时候，她不再像以前那样亦步亦趋，如影随形，她充满自信，相信杰夫会回到她身边。两人的关系进入了一个良性循环，她越是信任杰夫，杰夫便越渴望与她亲近。杰夫也发生了巨大的变化，他不再对自己的逃避怀有负罪感，他意识到，这是男人正常的心理反应，是正常的情感变化。如今，他对两人的关系充满了信心和憧憬，他越来越信守承诺，最后，他愿意与玛姬结婚，与她白头偕老。他们的爱情，最后结出了丰盛的果实。玛姬与杰夫成功的秘密，在于他们洞悉了一个道理：男人的感情就像一根橡皮筋。

为何女人会误解男人

许多女人不知道男人的感情就像一根橡皮筋，所以，她们误解了男人的反应。女人时常困惑地对男人说："让我们好好谈谈吧！"可是，男人厌烦地背过身去，根本不予理会。正当她想敞开心扉、靠得更近时，男人却拔腿飞奔，离她而去。我最常听到的抱怨便是："每次我想和他好好谈一下，他总是躲开我。我感觉他似乎对我没有一丝感情，不在乎我的感受！"女人错误地得出了这个结论：男人根本不想和她说话。

"橡皮筋原理"圆满地解释了为何男人一方面对女人怀有深厚的感情，另一方面却莫名其妙地离女人而去。男人疏远女人时，他并不想交谈。这会儿，他需要的是独立自由的感觉，他不需要照顾任何人的感受，也不必承担任何责任。这是完全属于他自己的时刻。等他从自己的小天地返回时，他自然就会想说话，想交流。

为了维系与女人的感情，他需要感受到女人的情绪变化，体谅她的情感波动，替她解决问题，满足她的需要，因此，男人势必要牺牲掉一部分自我。因此，他的周期性逃离能够让他重建自我，找回自由的感觉。

为了维系与女人的感情，男人或多或少都要牺牲一部分自我。

对男人而言，逃离意味着“我需要一点个人空间”，或者“我需要一点自己的时间”。不管他们怎么描述，男人在逃避的那一刻，他满足了自我的需求。

男人要逃避女人，并非有意的，而是一种受本能驱动的行为。男人要是靠得太近，他就开始失去自我。到了一定的临界点以后，他开始感受到对独立自主的渴望，于是，他便不顾一切地逃开了。而且，女人过分的控制欲使男人走得更远。女人了解这一过程之后，她便懂得如何看待男人突如其来的冷淡和逃避了。女人恋爱时要让自己有一定的心理弹性，既能享受爱情的亲密，又能接受爱人的疏离。

女人靠得越近，男人躲得越远

许多女人发现，当她想和男人说话，或者想和他更加亲密无间时，男人马上就会躲得远远的。这到底是为什么呢？原因通常有两个：

1.女人选择了错误的时间。每次她想和男人亲近，提出“让我们好好谈一谈”的要求时，正好是男人意欲逃离的时刻。如此一来，她就会得出这样的结论：“他根本不想和我说话！”或者“他根本不在乎我，他的心里没有我！”

2.女人敞开心扉，把最隐私的感情与男人共享，渴望和他融为一体时，却引发了男人逃离的欲望。男人与女人卿卿我我之时，他体内的警钟就会大声作响，提醒他保持自我的平衡，男人会不由自主地撤出来，飞速地离开女人。哪怕在两人最亲密缠绵的时候，男人的热情也会突然降到零度，因为此时，他感到自己需要保持自我，需要有独立自主的控制能力。

在男人离开女人的时候，女人陷入了迷茫恐惧之中，不知所措。她的每一句话，每一个动作，似乎都能诱发他加速逃离。在了解了“橡皮筋原理”以后，一切都很好解释了。男人对女人的爱促使他想接近女人，与她亲密无间，可如果靠得太近了，男人又转而追求自由自在，独立自主。

男人并不是有意要伤害女人，忽视女人的感受。男人的情感变化依循着“亲密周期”而变。他在两个极端之间来回摇摆着。在他需要亲近时，他也会随时产生逃离的念头。

与男人谈话的时机

在男人逃离的时候，不要试图与他交谈，追着他逼迫他开口。在他只想独处的时候，并不是说话的好时机，那样只会让他厌烦不堪，让他一个人待着好了。过一段时间，他就会自动回来的。到时候，他满怀着强烈的爱意回到你身边，事事以你为先，似乎什么也没有发生过。这时候，你就可以和男人深入地互诉衷肠了。

在“黄金时刻”来临的时候，男人有一肚子的话要向女人倾吐，可女人却未必想和他互动了。这到底是为什么呢？我以为，主要是由于以下原因：

1.最后一次女人想和男人说话时，男人却逃之夭夭，因此，女人开始恐惧和男人交谈。她误以为男人根本不在乎，不想听她讲话。

2.女人生怕惹恼了男人。因此，她等着男人先开口，给她一个台阶下。在女人看来，如果她突然离开男人，在两人重新会面时，她肯定会对自己的不辞而别作一番解释。女人以为男人也应当这样做。女人需要一个“过渡期”，她在等待着男人倾吐自己的烦恼。可是，此刻男人却根本没有任何烦恼，他早把自己之前的逃离忘到了九霄云外。

3.女人有太多的话想问男人，可是，她却竭力隐藏自己的恼怒，表现得不那么突兀。为了礼貌起见，她不想谈及自己，只好追问男人此刻的感受与想法，可是，这样做却是极为错误的。男人根本没有什么可以交代的，于是乎，女人得出了一个错误的结论：男人关上了那扇沟通之门，他不想和我说话！

可想而知，女人对男人的种种误解，将带给她无数的懊恼和沮丧！

怎样让男人开口

女人渴望倾诉和亲近时，她不能指望男人首先开口。女人应该把主动权掌握在手里，由她开始交流，而不是消极被动地等待男人先打开话匣子，这样可以避免陷入尴尬的境地。女人应该勇于分享自己的感受，男人才会跟上她的步伐，积极地响应她。

相对于女人而言，男人比较慢热。女人可以顺畅地表达感情，男人却经常有爱说不出。刚和女人认识时，他往往表现得比较木讷，惜字如金，随着两人逐渐相互了解，男人才慢慢和女人敞开心扉，倾心交谈。男人有需要时才会开口，女人对此缺乏了解。女人喜欢把自己的感受和心情与人分享，要是有了愿意聆听的听众，她更是滔滔不绝，可男人却很少这样做。但这并不意味着男人拒绝和女人交流。我们常见到，当女人把自己的各种心绪向男人和盘托出时，男人会渐渐受到感染，乐意将自己的所思所感和女人交流。

比方说，女人在谈话中，抱怨今天在工作上遇到的诸多麻烦，这时，男人也会加入其中，倾诉在职场中遭遇的困惑。这样一来，两人感觉彼此间的距离拉得更近了，有了更深的共鸣。同样地，女人谈论孩子的时候，男人自然而然也会把自己的想法和女人沟通，在交谈过程中，两人变得更亲近。倘若女人自始至终既没有责备和抱怨，也没有施加任何精神压力，男人当然会卸下包袱，和她说出心里话。

不要制造压迫感

毋庸置疑，女人向男人倾吐感受时，男人自然会应和对答。可是，男人却特别害怕女人制造压迫感，女人咄咄逼人地强迫男人开口，男人的脑袋顿时一片空白，他张口结舌，实在不知道应该向女人交代些什么。就算有话要说，他也起了逆反心理，很抗拒和女人交谈。

男人很反感女人强迫他说话，可是，女人却时常不知不觉地制造了紧张的气氛，让男人戒备万分。有的时候，男人只想保持沉默，思考一会儿，可这时女人却以为男人有了心事，她不断地要求男人“交代问题”，她的语气中带着强烈的质问和审讯的意味，可她自己却没有察觉。男人在高压之下不胜其烦，产生了抗拒心理，他干脆噤口不语了。女人忘记了男人来自火星，火星上的人类在有需要时才会发言，他们反感别人没完没了地强迫他们开口。

女人以为：他要是不肯和我说话，那准是不爱我了！要知道，女人要是讨厌起谁来，她自然而然不想和这个人说话。她据此认为，男人对她失去了感情，所以才咬紧牙关，不想交流。男人的沉默更加激起她的怒火，女人越想越委屈，不由自主地把怨恨和不满都写在脸上，这样一来，男人更加抗拒交流，两人之间矛盾丛生，影响了感情。殊不知，男人需要女人的接纳与包容，假若他体会到了女人的善意与理解，他就会毫无保留地尽吐胸臆。要是他感受到的是女人的高压和抱怨，他索性采取逃避的态度，把女人拒之门外。

在男人学会交流以前，他必须首先掌握倾听的技巧。倘若女人对男人的倾听报以感激，他就会受到莫大的鼓励，不知不觉中，他就由倾听者转化成了倾诉者，推心置腹地与她倾心交谈。

如何开始和男人交谈

我们在上面说过，女人越是想撬开男人的嘴，男人就越是反感和抗拒。大多数的男人在女人强迫他说话时，就会不假思索地想要逃离。因此，直接强迫他说话并不是一种明智的做法。特别是在男人处于“逃离期”时，他只想一个人独享安静的空间，你的喋喋不休只会为他平添烦恼，让他避之不及。女人必须得放弃紧追在男人屁股后面强迫他说话的做法，她不妨反躬自问：“我怎么样才能与我的伴侣亲密无间，情投意合，毫无隔阂地交流呢?”

在一段感情关系中，女人应该扮演主动交流的角色。渐渐地，她的心态便会成熟多了，她会坦然地接受男人，在男人想和她沟通时，她欣然加入其中，与他畅诉衷肠；当男人急欲逃离时，她不会大惊小怪，自寻烦恼。

男人在你身边寻求爱和亲密时，聪明的女人不会冲动地向他连珠炮似的问上一千个问题，更不会硬是要他马上开口交谈，相反，她自己主动向男人分享各种感受，她鼓励男人多多倾听，宽慰他：“如果你想和我说话，我当然求之不得；如果你不想说，只要倾听，我也会心存感激!”女人感恩的态度对男人是一种莫大的激励。

比方说，玛姬想和杰夫谈心，她说：“杰夫，你能不能听我说一会儿话？我今天过得非常不顺心，很想找个人倾诉一下。这样我心里会好过得多。”玛姬在长篇大论地抒发不满时，突然停顿下来，满怀感激地说：“我真的特别感谢你能听我诉诉苦，你是一个出色的听众。你的倾听，对我真是太珍贵了！现在，我感觉好过多了!”

男人渴望女人的欣赏与鼓励，失去这些，他也就没有了维系感情的力量，他以为倾听不过是鸡毛蒜皮的小事，不足挂齿。他意识不到，倾听对女人来说比黄金还要宝贵。女人天生就知道倾听的意义是何等的重要，可是，她却指望一个从来没有经受过训练的男人懂得这个道理，这就好比希冀男人成为女人一样荒唐。受过情感指导与培训的男人，掌握了倾听的诀窍，他的聆听得到女人的夸奖与赞赏，最终，他也能成为一个非常成功的倾诉者，迫不及待地想与爱人分享一切。

当男人不愿意说话时

桑德拉和拉里已经结婚二十多年了，可是，最近他们的婚姻却濒临破碎。桑德拉动了离婚的念头，但拉里仍想把婚姻维系下去。

桑德拉满怀怨愤地控诉拉里："我怎么会和这样一个男人生活了二十年？他口口声声说还想和我生活下去，这简直是太荒唐了！他从来没有珍惜过我，我想和他说话，他却转身就走。他一直像一块冰一样冷酷无情，他只关心自己，从来没有在乎过我。我根本没打算原谅他，我不想再继续婚姻了。我厌烦了必须得围绕着他转的日子，我受够了！"

其实，两个人的婚姻出现了问题，桑德拉也有责任。她把一切都归罪于丈夫，是相当不公平的，她看不到自己也有做得不够的地方。她竭尽全力去维护两人的亲密关系，去沟通和对话，可是，拉里却避之唯恐不及，对她的努力视若无睹。

她参加了我的研讨会，在课上，听到了我讲述的"橡皮筋"理论后，她流下了激动的泪水，原谅了她的丈夫。她开始醒悟到这不光是"他"一个人的错，这是"他们"共同犯下的错。她开始反省自己是如何把丈夫一点点推开的。

正如桑德拉所言："我还记得，在我们结婚的第一年里，我曾经想和他深入交流，我似乎要把多年积压于心的想法和感受都倒出来，可是，拉里总是走开，不理睬我。我沮丧无比，以为他不爱我了。这样的情形发生过几次以后，我放弃了沟通的努力。我不想再受到伤害，我从来没有想过，也许换个时机他会非常愿意听我倾诉。要是我能选择恰当的时机，他就不至于逃避，而是耐心地听我说话。我没给过他机会，我们的感情日渐淡薄，两人形同陌路。那时候，我就是想不通，为何男人从来不主动开口，非得我去逼着他呢？"

“独角戏”式的单向对话

在和桑德拉长谈几次以后，我发现，原来过去桑德拉和丈夫之间的谈话是典型的“独角戏”式对话。在开始交谈时，她不是只谈自己的心情，而是甩出一系列问题让拉里回答，拉里言简意赅的回答让她十分恼火。当她真的谈到自己的时候，拉里还是爱理不理、不置可否的样子。桑德拉认为，拉里是个极端不合格的伴侣，他既缺乏爱心，又封闭自己，根本不在乎自己的伴侣。

我们看一看，以前桑德拉与丈夫之间典型的“独角戏”式的单向对话：

桑德拉：你今天过得怎么样？

拉里：还凑合吧。

桑德拉：发生了什么事情吗？

拉里：和平常差不多。

桑德拉：这个周末你打算做什么？

拉里：我也不知道，你呢？

桑德拉：我想邀请些朋友来家里一块吃饭，你看好吗？

拉里：我不晓得。对了，你知道电视节目单搁哪儿了吗？

桑德拉变得不耐烦起来：你怎么从来不好好听我讲话？

拉里语塞了，开始沉默寡言。

桑德拉：你还爱我吗？

拉里：当然啦，否则我怎么会和你结婚呢？

桑德拉：你这个人真是不可理喻！你就是这样来爱我的？我们从来没有好好地谈一次话。你瞪着眼睛干坐在那儿，却一个字也不肯多说！你到底有没有在乎过我的感受呢？

每当这时，拉里就会站起身来走开，把桑德拉一个人留在那儿。等他回来时，他却表现得若无其事，好像什么事也没有发生过一样。桑德拉也会掩饰自己，尽量淡化不愉快的回忆。可是，她心中的温暖与爱情却渐渐地熄灭了。表面上她假装自己还爱着拉里，但是，在内心深处，她的怨愤与委屈却与日俱增。到某个临界点，她的情绪就会爆发一次，她又开始唱起了“独角戏”，用激烈的措辞和语气责备着拉里。如此周而复始地循环了二十年以后，桑德拉非常疲倦，她认为拉里根本不爱她，于是决定结束婚姻，不再和拉里生活下去。

彼此支持，不必强行改变

在研讨会上，桑德拉说：“在过去的二十年里，我想尽各种招数想让拉里开口交谈。我多么希望他能够敞开心扉，毫无保留地把各种感受向我尽情倾吐！我盼望着他能展示自己脆弱而真实的一面。我并不知道，这样做会令我渐渐失去他。上个周末，我和丈夫深入而亲密地交流了一次，在以前的二十年中，我们从来没有这样做过。那一天，我们心心相印，毫无隔阂。我感觉他依然深爱着我，关心着我。这是我多年的夙愿。我觉得他已经变了个样。过去我们都有做得不对的地方，我们欠缺的，就是彼此支持，相互鼓励。”

以前，桑德拉老是没完没了地抱怨拉里的沉默不语。她以为，正是拉里的沉默让他们的关系日益僵化，严重影响了两人的亲密关系。通过参加我的研讨会，她开始学会单纯地分享，她不再强求拉里必须做出反馈。她认识到，沉默也是一种回应。她理解了火星人特殊的“亲密周期”，在拉里进入“逃离期”时，她允许丈夫保持沉默。而且，她学会欣赏拉里的安静无言。得到了妻子的理解，拉里很快转变成一个忠诚、热心的倾听者。

拉里也在练习倾听的技巧，他逐渐明白了倾听便是最好的支持，他不再急着给桑德拉提出解决问题的方法。事实上，对于女人而言，男人的倾听比开口说话意义更重大。而且，让男人学会倾听，比让他开口倾诉容易得多。男人一旦发现他所爱的人欣赏和感激他的倾听，他就会受到感染。如果他感觉不到压力，他就会迅速敞开心扉，展示真实的自我。女人不用强迫他说话，男人自然而然就会开口畅谈。当然，女人要无条件地接纳男人。女人要记住，男人是来自火星的生物，决不能在他身上寻找金星人的影子！

如果男人从不逃离

丽莎和吉姆结婚两年多了。两人感情深笃，形影不离。可是，最近吉姆却越来越烦躁不安，态度消极，他时常向丽莎大发脾气，让丽莎很是不解。

一次心理咨询时，丽莎困惑地对我说："吉姆现在越来越乏味无趣了。我用尽各种办法想取悦他，让他开心起来，可是，我的好心全泡了汤！我约他去餐馆吃饭、逛商场、外出旅游、参加晚会或者看看话剧什么的，他却懒洋洋地提不起劲。我们老是窝在家里看电视，吃东西，睡觉和工作，哪儿也不去！我试图压抑自己的情绪，继续去爱他，但心里还是非常不痛快。过去，吉姆是一个多么迷人的男人，充满了浪漫情调。可惜时过境迁，如今我感觉自己在跟一根木头生活！我真不知道如何是好。"

在了解了男人的"亲密周期"以及"橡皮筋"理论以后，丽莎和吉姆都明白了症结所在。他们离得太近了，整天黏在一块，根本没有自己的私密空间。他们应该适当地分开一会儿，让彼此保持新鲜感。

要是一个男人从来不离开女人，整天相依相伴，他就会变得焦躁不安，消极沮丧，而且，还动不动就大发脾气。吉姆从来没有想过要离开丽莎，让他自己一个人待着，他就会有负罪感，觉得这样做很对不起丽莎。他以为，因为他爱丽莎，所以他必须时刻和丽莎待在一起，分享一切。

丽莎也和吉姆有着同样的想法。在咨询过程中，我问丽莎，为什么她非得整天陪着吉姆。丽莎说："要是我自己一个人去寻开心找乐子的话，我怕吉姆会生气。有一次我自己一个人去逛街购物，把他一个人留在家里，他对我很是不满。"

这时，吉姆插话了："你搞错了。那天我根本没有对你生气，我不高兴的原因是在一笔业务里我损失了一些钱。我清楚地记得那一天，我突然发现家里只有我一个人，我觉得非常自在惬意！唉，我不敢告诉你这个，因为我怕这会伤害到你的感情。"丽莎说："我当时还以为，我扔下你一个人出去，你会心烦意乱呢！我看到你那么冷淡，还以为自己犯了大错！"

学会独立

认识到问题的症结所在以后，丽莎转变了态度。她驱散了以往的消极想法，不再担心吉姆。吉姆的偶尔离开，不仅让他心情舒畅了许多，还让丽莎学会了独立与坚强。彼此贴得太紧密，就会想要分离。彼此保持相对自由的空间，对感情关系更为有益。丽莎开始学会更细心地照顾自己，疼爱自己。而且，她结交了许多知心好友，与她们一起发掘出许多生活的乐趣，从而成功地转移了情绪。

她不再把全部的注意力都放在吉姆身上，自然，以往的怨气与委屈也就烟消云散了。她认识到，过去她对吉姆的期望值太高了。她剥夺了吉姆逃离的自由，造成了许多问题。她明白吉姆有时也想要一点自由，需要有独处的空间，这并不代表她失去了爱情。过度的贴近挤走了爱情中仅存的空气，于是，爱情也就窒息了。她为爱情做了太多的牺牲，可惜事与愿违，她的爱让吉姆感到窒息，她的过度依赖更是让吉姆十分压抑。

丽莎开始自己找些消遣，不再整天都要求吉姆陪着她。她独立处理了许多事，有时她会和她的闺中蜜友们一道吃晚饭打保龄球。或者自己一个人去参加派对。她开始懂得经营自己，安排自己的时间。

如此简单的奇迹

在丽莎学会独立以后，她惊喜地发现，他们的关系有了改善。吉姆的注意力又重新回到了她身上。吉姆发现丽莎比以前更有趣，更有活力。吉姆又变回以前那个英俊迷人的绅士形象，他开始主动与丽莎约会，和她一起共度良宵，做各种快乐的事。吉姆又重新获得了爱的激情与动力！

在咨询中，他坦陈："在丽莎开始独立之后，我感到前所未有的轻松。我觉得我又爱上了她。在她离开时，我对她牵挂不已。能重新恢复过去的感觉，我感到非常幸运！我都快忘了我们刚刚认识的时候是什么感觉了！我似乎永远达不到丽莎的要求，她总是指挥我干这个干那个，而且还问我一连串的问题，让我非常烦恼！"

丽莎说："我意识到过去我一直在有意无意地责备和挑剔吉姆。我指责他是我所有烦恼与不快的根源。可现在，我明白了一个道理，我的幸福掌握在自己手中，我要对自己负责，不能依靠他人来寻找快乐。如今，我看到吉姆又重新充满活力和激情，回到过去生气勃勃的状态，这真是个奇迹！只要我自己做一点小小的改变，就能实现这个奇迹！"

阻碍"亲密周期"的行为

女人无意中会做出两种破坏"亲密周期"的行为。它们是：一、在男人逃开时，紧紧地尾随其后；二、因为男人的逃离而惩罚他。

下面的清单，列举出女人在男人逃离以后，不断地追踪男人，防止他再次逃开的常见情形：

追逐行为

1.身体方面

男人从女人身边逃开后，她在后面穷追不舍，跟在男人屁股后头形影不离，男人去哪儿她就跟到哪儿。吉姆和丽莎就是这种情况，为了看好吉姆，丽莎从来不去做自己真正想做的事，这样她就能整天和吉姆待在一起。

2.情感方面

男人逃离时，女人的全部精神都跟随着他。她为男人牵肠挂肚，忐忑不安。她很想让男人感受到自己的幸福与关爱。她以为是自己造成了男人的逃离，她对此心怀歉意。其实，女人处心积虑的关注，会让男人有窒息之感。

另一种阻止男人逃离的行为，是彻底否定他想独处的自由。她认为，男人不能抛下她一个人过，她通过感情的操控努力地把男人拽回身边。

甚至，她还会上演“苦情戏”来阻止男人离去。在男人离开时，女人表现出一副可怜兮兮的样子，以勾起男人的同情心和负罪感，这样一来，男人可能会于心不忍，不再离开她。女人希望能用这种方法来绑住男人，可是，这种“苦肉计”却让男人感到自己被女人牢牢控制住了，无法动弹。

3.精神方面

女人试图用质问的方式来引起男人的负罪感，她向男人抛出一连串尖锐的问题：“你怎么能这样对待我？”“你到底是怎么回事？”或者“你难道不知道，你离开我对我是多大的伤害吗？”等等。

为了把男人拉回身边，女人甚至不惜放下身段，千方百计地讨好男人。她以为，只要自己做到无懈可击，男人就没有理由离开她了。女人牺牲掉自我，只为了换取男人留在她身边。

她在男人面前表现得战战兢兢，如履薄冰。她生怕自己得罪了男人，他就一去不复返了。因此，她压抑了自己的真实感受和需求，一味地迎合男人，取悦男人。

一种在不知不觉中破坏男人的“亲密周期”的行为便是惩罚他。这是女人对付男人的常见手段。下面，我们列举了几种非常典型的惩罚行为：

惩罚行为

1.身体方面

在男人渴望回到女人身边，再次得到她的爱时，女人将他拒之门外，甚至还拒绝男人的性要求。她不允许男人对她有任何身体接触，或者靠得太近。她还有可能会对男人大打出手，或者摔打东西，借此发泄男人的离去给她带来的愤怒和失落。

如果男人因为逃离而受到处罚，他会惊恐不已，在未来的日子里，这种潜在的恐惧会阻止他再动离开女人的念头。于是，他与生俱来的“亲密周期”就被打破了。结果，男人内心暗暗滋生着怒火，丧失了与女人更加亲密的冲动。而且，一旦他再度离开，他也许就不会再返回了。

2.情感方面

男人回到女人身边以后，发现她愁眉苦脸，抑郁寡欢。她不肯原谅他的冷落和忽视。他试着做一些事情去哄她开心，可一点儿也不奏效，男人碰了一鼻子灰。于是，男人感觉他不能满足女人的需求，他索性放弃了。

男人回来以后，女人尖刻的言语，刺耳的声调，受伤的表情，这一切都让男人心生畏惧。既然不能满足女人的需求，达成她的愿望，他干脆就拒绝亲近，放弃爱情。

3.精神方面

男人满怀着爱意回到女人身边，迎接他的却是她的冷漠。女人板着一张面孔，冷若冰霜，拒绝和男人说话。男人之前的离去让她愤怒不已，因此，她要用“冷战”来惩罚男人，不给他亲近的机会，拒绝他的关心和帮助。

她不再相信男人的心仍然在她身上，她不再对男人诉说她的感受。她认为男人不“乖”，就得像犯了错的狗一样要关禁闭！

可是，女人的行为却起了反作用。要是男人害怕受到惩罚，害怕失去女人的爱，他宁可违逆自己的本性，留在女人身旁。可是，他会开始质疑这段感情的价值，他认为这份沉甸甸的爱是种负担。他在潜意识里认为女人终将会放弃这段感情。

男人的过去如何影响“亲密周期”

男人的成长过程中不乏“亲密周期”被阻碍和破坏的记忆。他亲眼目睹了自己的母亲是何等憎恨父亲的冷落和忽视，因此，他会对逃离心生畏惧。这种类型的男人，甚至不知道他需要偶尔逃离。他很可能还会不知不觉地找各种借口，否定男人拥有离开的权利和自由。

这样的男人，时常显得有些女性化，他悄悄压制了男性的本能反应。他生性敏感，总是竭力去讨好别人，因此显得格外善解人意，招人喜欢。可是，他少了点儿男人的阳刚之气。他对逃离的行为有着不必要的负罪感。他从来都不知道自己的恐惧感从何而来，他丧失了欲望、力量和热情，开始变得消极倦怠，过度依赖。他害怕一个人独处，也不敢进入“洞穴”。他以为自己不喜欢孤独冷清，其实，究其根底，这是他害怕失去爱的表现。幼年时，他看到过母亲是怎样拒绝和排斥父亲，母亲甚至还拒绝他。这景象深深刻在他脑海里，无法忘怀。

正如有些男人不知道如何离开，另一些男人则不清楚如何返回，如何再度靠近女人。这种类型的男人大多有“大男子主义”倾向。他不明白应该如何重新点燃爱火，给予女人爱与关怀。在内心深处，他判定自己是一个不值得他人去爱的糟糕男人。他害怕靠近和关心别人，用一副无所谓的样子来掩饰自己。他不敢想象如果自己付出真心的话，别人会不会接受他的诚意。无论是敏感柔弱类型的男人，还是“大男子主义”类型的男人，都缺乏积极的态度，对于“亲密周期”，他们从未有过美好的经验。

男人和女人都应该正视“亲密周期”，了解它的奥秘。有些男人对自己躲进“洞穴”的行为心怀内疚，对自己不由自主的反弹行为也非常困惑，他不明白为何此刻他只想加速逃离，可下一刻他又渴望尽快回到女人身边。他们误以为，肯定是自己哪里出了差错，某个地方不对劲了。要是男人和女人都洞悉了“亲密周期”的奥秘，他们就会对以前的种种矛盾与不快感到释然了。

明智的男人和机灵的女人

男人一旦了解了女人是如何制约和影响“亲密周期”以后，他就会格外地重视聆听。他发现，只要能够尊重和倾听女人，就能为女人注入一剂“强心剂”，加强她对爱情的信心。女人不再疑神疑鬼，怀疑他会变心，或者对她失去兴趣。在他不需要独处的时候，聪明的男人能够不失时机地对女人嘘寒问暖，倾听她的感受和想法。

男人逐渐学会把握自己的亲密周期，在他要离开时，他向女人做出承诺：“亲爱的，现在我需要独处一段时间，等我把事情处理完了，我们再好好待在一起，没有什么能打扰我们。”或者在女人说话时，他如果想回避，他会这样表达：“我需要一些时间再好好考虑一下，亲爱的，让我静静地想一想，我们稍后再讨论这件事，好吗？”

> 他开始能够把握自己的亲密周期，在他要离开时，他向女人做出承诺。

当男人回来后想继续刚才的话题，女人却开始试探他刚才到底发生了什么。这种情况会时常发生，要是男人拿不定主意，他可以这样回答："我也不能肯定地回答你，亲爱的。我只是想一个人待一会儿罢了，没什么大不了的。现在我们开始谈谈那个问题吧。"

他非常清楚女人渴望他能当一名忠实的听众，在他不需要逃离的时候，他要花更多的时间去聆听女人。更为重要的是，他知道，倾听会帮助他明白自己的真实需求。

在谈话的过程中，一个机灵的女人不会强迫男人开口说话，压迫他把心中的想法和盘托出。她可以询问男人有没有在听她说话。她关注的重点转移以后，男人的压力就得以释放了。她学会对男人坦诚相待，以她的温柔和宽容接纳男人，避免颐指气使地压制男人。

她相信，如果她能包容和接纳男人的一切，男人就会变得更有自信。她从来不会追踪或惩罚男人。她知道，有时她的柔情蜜意反而会让男人有逃离的念头，但不久，男人就会自动回到她身边，积极地响应她的爱情。睿智的女人从不轻言放弃。她会聪明地给爱情多一点儿新鲜空气，最终，她的守望和宽容会赢得男人最忠实最热烈的爱情。

男人来自火星　女人来自金星

Men Are From Mars Women Are From Venus

第7章

女人就像波浪线

女人坠入爱河以后，她的情感就像一根波浪线，上下起伏，不断波动。

女人的情感波浪线处于上升阶段时，一切都是那么美妙，她满怀爱意，温柔体贴，希望能够带给别人幸福；可一旦波浪线开始下滑，她顿时感到心灵空虚，人生苍白，急欲寻求更多的爱来填充心灵的空洞。这是女人最渴望爱的时分，也是她重新梳理爱情的时刻。

情感波浪线上升之时，女人为了爱而做出一定程度的牺牲，她压制自己的负面情绪，忽略自己的真实需求，以讨对方的欢心。可是，当情感波浪线下降时，她开始体会到之前竭力隐藏的不快与郁闷，以及不被满足的需求所带来的心灵痛楚。一旦什么事情有违心意，她马上就变得消极沮丧，无法自拔。在那个阴云密布的阶段里，她渴望别人能耐心地倾听她的诉说，并报以理解与同情。

我妻子邦妮向我描述过波浪线下降时的情形，她说："这就有如正在进入一口暗无天日、深不可测的黑井一般。"女人进入情感的"深井"时，她整个人都沉湎于以前没有意识到的自我世界，被各种黑暗和散乱的情绪淹没了。她以为自己从此就是孤零零的一个人，失去他人的关爱。可是，在她到达了波浪线的谷底，似乎就要崩溃的当口，倘若她得到了伴侣的爱情和支持，她的情绪又开始反弹，从波谷开始向波峰攀升，她又回复到那个乐观积极的形象，眨眼间，她的心情彻底康复，给予男人更多爱作为回报。

女人坠入爱河以后，她的自尊有如一根波浪状线，不断地上下起伏。情感的波浪线开始下滑时，也恰好是女人重新梳理爱情的时刻。

在一段感情关系中，女人若是自我感觉良好，全身散射着热

妻子的心情起伏，肯定是他做错了什么事。他徒劳地劝慰她不必如此沮丧悲观，可玛丽觉得丈夫根本不理解自己，因而更加心烦意乱。

比尔诉苦道："我真不理解我的妻子是怎么回事。以前她慷慨地对我付出爱，还不求回报地关心他人。可是，突然之间她就变得斤斤计较，认为自己付出得太多了，而且，她开始对我十分反感。我思前想后，觉得这不是我的过错呀！我反复向她解释，可我们却大吵一场，最后闹得很僵。"

比尔和大多数男人一样犯了个错误，他阻止了妻子"下沉"或"触底"。他企图把妻子从坏情绪中拯救出来，把她拉上"深井"。他不知道妻子在下降的阶段需要尽快触底，只有这样她才能很快就好转过来。她根本不需要男人多此一举地把她拉上来。

玛丽在心情沮丧的阶段，首先表现出来的便是心烦意乱，焦灼不安。比尔没有耐心地倾听她诉说，在她身边默默支持她，而是做出火上浇油的举动，他试着向玛丽解释："事情没你想的那么糟，你根本不必如此苦恼！"

女人最难以接受的，便是在波浪线处于向下阶段时，有人告诉她不应该"下降"。哪怕一个男人根本不知道女人为何烦恼，他也应该慷慨地给予女人爱情，细心地呵护和支持她。

男人为何困惑

比尔清楚了女人的情感就像一根波浪线以后，他依然感到困惑不解。下一次，他妻子似乎又要陷入"深井"时，他压抑住想"拯救"她的冲动，不再去打扰她，而是在一旁静静地聆听，向玛丽展示他的关怀与理解。可是，他耐着性子听了二十分钟后，发现妻子仍旧沉浸在悲伤沮丧的情绪里无法自拔，比尔不禁恼火起来。

失望至极的比尔对我说："起初，我认真地倾听她发牢骚，抱怨不休。玛丽也愿意向我推心置腹，说出心中的真实感受。然而，她的情绪却越来越糟。似乎我越是听她说话，她的情绪就越是低落。我劝她不必自寻烦恼，根本没什么大不了的，她却冲我叫嚷起来，结果，我们吵了一架!”

我们看到，比尔虽然也在倾听玛丽说话，可他还是改不了要“拯救”和“矫正”她的老习惯。他很希望玛丽尽快好起来，可他不知道，女人在进入“深井”以后，即便有了男人的安慰与支持，她也不可能马上摆脱掉忧愁和烦恼，恢复往日的欢颜。但是，女人对他的表现却并非无动于衷，她很感激男人的倾听，他所做的一点一滴，她都看在眼里。他的帮助和关爱能让玛丽尽快“触底”，然后她的波浪线开始回升，她的心情也会逐渐好转。

比尔很困惑茫然，他的倾听似乎并未给女人带来宽慰。在他眼里，她好像仍然沉湎于坏情绪中，越陷越深。要澄清这种误会，男人就得建立起一个观念：有时候他的支持与关怀并不会让女人立刻雨过天晴，反而会让她更加焦灼和烦恼。如果男人明白，在波浪线回升以前，它必须首先“触底”，他就会恍然大悟为何他的努力没有任何效果。他只需心平气和地等待女人再度好转，就这么简单。

有时候他的支持与关怀并不会让女人立刻雨过天晴，她反而会更加焦灼和烦恼。

比尔对女人有了全新的认识，他变得更加善解人意，更富于耐心。他充分意识到，女人的坏情绪完全没有规律，根本无法预测她什么时候又会进入“深井”。而且，每次的情况还不一样，这次她可能陷得比上次更深一些。

理解女人的需要

在一次研讨会上，汤姆向我抱怨他的伴侣："我们刚刚认识的时候，苏珊看起来是那么坚强独立。可是，随着我们关系的发展，她的本来面目就暴露出来了。她突然之间变得非常脆弱，时时要依赖我，要我承诺永远爱她。我反复强调我对她的爱，她在我心目中的地位无与伦比。我们不停地交谈，终于解决掉了她心中的不安。可是，过了一个月，她好像又旧病重犯了。她又开始疑神疑鬼，缺乏安全感。她似乎把我之前的山盟海誓忘得一干二净。我又气恼又困惑，最后，我们大吵了一场。"

汤姆惊奇地看到，许多处在感情关系中的男人都有类似的经历。要是明白了"波浪线理论"，这个问题就非常容易解释了。汤姆最初遇到苏珊时，她正处在波浪线上升的阶段，因此，她表现得乐观开朗，善解人意，讨人喜欢。随着感情的进展，苏珊对汤姆的爱与日俱增。她的情感波浪线达到顶点以后，突然开始下降，这时，她非常害怕失去汤姆的爱。她变得惴惴不安，缺乏安全感。于是，她要求汤姆对她全心全意，坚定不移。

这是她心情变坏、进入"深井"的阶段。汤姆不明白她身上发生了什么变化，在深入坦诚地交流以后，汤姆向她展示了自己的爱与坚持，苏珊感觉好过多了。汤姆的话驱散了她心头的阴霾，她如释重负，心情开始好起来。

经过深入地交谈，汤姆以为他已经解决掉了他们之间的问题。可才过了一个月，苏珊又开始心情变糟，以前的坏情绪又回来了。这次，汤姆变得非常不耐烦了。他理解不了苏珊，而且也没法接受她这个样子。他以为，一个月前他对苏珊做出了爱的承诺，已经足以让她安心，可苏珊似乎根本不信任他的承诺。汤姆气恼不已，他拒绝再去关心苏珊，态度也变得消极而恶劣。最后，他们陷入了无休止的争吵中。

如何安慰女人

参加了我们的研讨会以后，汤姆意识到苏珊的情绪波动并不是无病呻吟、无理取闹。他理解了苏珊的心情为何如此变幻莫测，她的脆弱与不安是自然而然、不可避免的结果，不过，这种状态并不会永远持续下去。只要处理得当，她沮丧低落的情绪就会迅速消退。在苏珊心烦意乱的时候，对她做出爱的回应，固然能够对她有所帮助，但这不可能一劳永逸地解决问题。汤姆的想法过于天真，所以导致了许多误会。

如今，汤姆开始学会正确地支持处于困境中的苏珊，这不仅能让她尽快走出“深井”，驱散忧郁，治愈心中的伤痕，而且还能避免无谓的争吵。我们建议汤姆可以采取以下的措施：

1.男人对女人的爱不足以一次性解决掉所有的问题，但是，却能让正在进入“深井”的女人得到安慰，让她有了坚实可靠的安全感。还有，期望女人永远保持情意绵绵的状态，这种想法天真而不切实际。女人时好时坏的状态会不断地出现，每次他都应该义无反顾地支持她。

2.女人进入“深井”，不见得是因为男人做错了事。男人要想真正地帮助到女人，他就不能阻止女人进入“深井”。不过，他可以在这些艰难的时刻及时向女人伸出援手。

3.女人的“波浪”在“触底”以后，必然会再次反弹，这是由女人的天性所决定的。男人没有必要去“拯救”她。她盼望的是男人的爱、耐心与理解。

当“深井”中的女人缺乏安全感时

在一段恋爱关系中，两人越是亲密无间，情意深笃，女人就越有可能发生情绪波动，在这一期间，她需要得到男人的承诺和支

地帮助情绪低落的女人。结果，他收获的是和谐默契的感情和长久稳定的关系。理解和倾听能使他巧妙地绕过婚姻的暗礁，抵达幸福的彼岸。

当然，他也会遭遇女人情感的“暴风骤雨”，或者爱情的“干涸期”，但是，在他的努力和守望中，他会赢得更多的感情回报。一个缺乏经验的感情“新手”同样会经历女人情绪波动的洗礼，但是他不知道爱和支持的艺术，不清楚如何帮助身陷困境的女人，最后，他们的感情慢慢消退，两人之间出现了一道鸿沟。

当她身陷“深井”，而他藏身“洞穴”

哈里斯埋怨道：“我参加了研讨会以后，将我学到的经验在家里实践了。刚开始很有效，我们的关系有了改善，两人变得融洽又默契，我觉得自己仿佛到了天堂。可是，突然之间，我妻子凯茜就变了一个人。她没完没了地抱怨我老是在看电视，那模样好像在管教一个不听话的小孩！结果，我们大吵一场，闹得不可开交。我真不明白怎么会这样。刚开始时我们可是很顺利的呀！”

这是一个男人在“洞穴”中藏身，而同时女人在“深井”中下沉的典型案例，是“橡皮筋”理论和“波浪线”理论同一时间作用于男人与女人身上的结果。哈里斯参加了我的研讨会以后，对凯茜和家人投入了更多的关心，凯茜对他的改变难以置信，她惊喜异常，非常感动。两人从来没有如此亲密过，这美好的状态持续了好几个星期。此时，凯茜的波浪线也到达了顶点。然后，有一天晚上，哈里斯非常渴望一个人安静地待一会儿，好好看看电视，这时，凯茜大发雷霆了。

原来，在他想暂时逃离的时候，凯茜大为受伤。她的情感波浪线急剧下降，她以为，哈里斯又故态复萌，那几个星期是她梦寐以求的时光，她与哈里斯是那么和谐融洽，现在她感到一切都结束了，之前的美妙时光不过是一场短暂的美梦。她仿佛回到了童年，变成一个脆弱无助的孩子，别人把糖塞在她手里，一会儿又把糖取走了。哈里斯的逃离给她的打击太大了，她不由得怨愤气恼，和哈里斯吵了起来。

火星人与金星人的不同逻辑

哈里斯很难理解凯茜的患得患失，他搞不懂为何凯茜会有被遗弃的感觉。火星人的逻辑是："过去的几星期里我的表现，值得嘉奖！难道我就不能有一点私人时间干点儿什么吗？为什么一直得迁就你的心情呢？为什么我必须把所有时间都留给你呢？你应该对我有信心，我给你的爱和支持从来都没少过呀！"

而女人的想法正好相反。金星人的逻辑是："过去的几个星期里我们确实过得非常愉快！我对你更加坦诚相待，我们之间从来没有这么亲密过！现在我更感觉到，失去你的爱，是多么令人恐惧的事情！我刚开始打算对你付出更多，你却拔腿跑开了！你之前是不是在捉弄我呢？这是不是一场黄粱美梦呢？"

为何过去的感觉又回来了

凯茜以前从来没有充分信任过哈里斯，为了避免受到伤害，她隐忍了许多年，把自己的真实感受闷在心里，从来不表露出来。在哈里斯开始改变的两周里，她又惊又喜，沉浸在爱的喜悦中，她从来没有如此美好的体验。她开始对哈里斯敞开心扉，毫无保留地奉献自己的爱。渐渐地，旧日的伤口开始愈合，阴影慢慢消散。

可惜好景不长，哈里斯很快又要离开她，这唤起了她昔日痛苦的记忆。那时候，她父亲整天忙于工作，根本抽不出时间陪伴女儿。她看到哈里斯在电视机前一动不动时，她突然感到历史又在重演，过往没有发泄和释放的愤怒郁闷顿时占据了她的大脑。倘若她童年从没有过如此灰暗的记忆，也许她还能心平气和地接受哈里斯对她的冷落，而此时，凯茜过往的情感经历又一次浮现，她敏感而

实际。

哈里斯偶尔的逃离，触发了凯茜的情感波浪线急速下降。我们看到，她过往未处理妥善的情感问题再次出现了。她并不是单纯地对哈里斯看电视的行为有着过激反应，这是陈年旧疾的集中爆发，她被哈里斯冷落忽视了这么多年，心里早就充满了委屈和怨愤。他们的关系迅速白热化，两人争吵了两个小时，非常失态，之后，彼此都不愿意和对方再说一句话。

要是他们能够全面地考虑问题，深入地思索他们的关系，就可以避免发生这些冲突与误会了。哈里斯的逃离正好激发了凯茜的情感清理程序。她需要大声宣泄她的所思所感，尽情倾诉心中的怨恨与委屈，她不必为此承担任何指责。哈里斯应该体会到，她争吵的目的是为了表达自己的心声，为了争取他的聆听。他知道他应该满足凯茜的需求，这样，凯茜也会相应地给予他偶尔抽身逃离的自由。

男人满足了女人渴望别人倾听的需求以后，女人也相应地给予他偶尔抽身逃离的自由。

凯茜也理解了哈里斯的本意，他不是有意要伤害她，破坏她的信心。而且，她还明白了男人的“橡皮筋”现象，他暂时逃离以后，又会回到她身边，他们会变得更亲密无间。她清楚了在感情关系中，如果两个人靠得太近，男人就会有逃离的欲望，他需要保持个人的空间，女人必须理解男人这个需求。女人要体会到她的受伤情绪会让男人有被控制和操纵的感觉，男人不喜欢女人居高临下地对他发号施令，指挥他应该怎么做。

男人不想倾听时应该怎么办

哈里斯向我诉苦道：“其实，我也很想努力去听凯茜说话。可是，有时她一开口我就想钻进‘洞穴’里闭门不出，遇到这种情况应该怎么办呢？要知道，我一听到凯茜唠叨，我就心烦意乱，焦躁不安！”

我反复向他解释，这种反应非常正常。女人的波浪线下降之时，正是她的倾诉欲最旺盛的阶段，她急着把自己的负面情绪全部发泄，于是，这难免会激发男人的“橡皮筋”向外延伸，他忍受不了，他一心只想躲起来！此时，他没有办法满足女人的需求，只能令她更加失望。听到这里，哈里斯深有同感，他点头说道：“正是这样！每次我想自己一个人待一会儿时，正是她话最多的时候！”

当男人急着想逃离，而女人渴望能倾诉的时候，男人硬逼着自己去听女人说话，只能使事情更加恶化。在那么短的时间内，男人要么就是误解了女人的话，越听火气越大；要么就是疲惫不堪，不时走神。然后，女人看到男人心不在焉的模样，心里就更来气了。如果男人实在无法全神贯注地倾听，对女人报以理解、共鸣与尊重，他可以采取以下三个步骤。

男人需要逃避时，可以采取三个步骤支持女人

1.接受你的极限

首先，男人要认识到自己的接受能力有一定的局限，不可能任何时候都全心全意去倾听对方。而且，男人有权利暂时逃离，要满足自己独处的需求，在这期间，你可以停止付出。不管你有多爱你的伴侣，你也不可能强迫自己随时聆听她的话。因此，在你实在无能为力时，不必强行要求自己。

2.理解她的痛苦

你必须知道，现在她需要的关怀与爱，远比你能够提供的要多得多。她的痛苦是那么强烈，她强烈地渴求你的爱，她的心变得脆弱敏感，非常容易产生被遗弃和冷落的感觉。你要求更多的个人空间，这没有错；她要求彼此之间靠得更近，这也无可厚非。你也许会担心她从此不会再原谅你，信任你，但只要你能做到切实地理解她的痛苦，对她的悲伤沮丧的心情表现出感同身受的同情，女人就

们甚至连房租都付不起。那时，我的妻子潘恩经常对我长吁短叹，抱怨生活的艰辛。说实话，我非常理解她的心情。可如今，我们俩都有了成功的事业，变得富有了。她怎么还是不满意，时时抱怨和诉苦呢？别的女人处在她的位置，早就心满意足了。财富的增加并没有带来幸福，我们老是吵架。可过去我们还是穷光蛋的时候，我们的感情却很好。而现在，我们打算离婚算了！”

其实，克里斯不明白女人就像一根“波浪线”。他刚和潘恩结婚时，她的情绪就有着时起时落、忽好忽坏的变化。在那个时候，克里斯耐心去聆听妻子的诉苦，对她的苦闷和烦恼感同身受。他们的经济状况不好，克里斯以为，妻子的心情并非无病呻吟，是完全真实可靠的，因为他也有着同样的感受。可如今他们已经富裕起来了，感情却发生了质的变化。他们的感情越来越疏远，婚姻也即将结束。

金钱并不能满足感情需求

火星人很容易把金钱当做解决所有问题的不二法宝。在克里斯与潘恩贫困潦倒，努力谋生时，克里斯非常容易理解妻子的烦恼，他认为贫穷是一切烦恼和不幸的根源。如果他们能够挣到更多的金钱，妻子所有的烦恼就都能够化解掉，她就能快乐起来。那时，潘恩也认为克里斯体贴周到，理解自己。

后来，他们的财务状况大大改善了，不再捉襟见肘，然而潘恩仍然充满烦恼与怨怼。这时，克里斯非常困惑。他认为，现在潘恩没有理由再对生活不满，她应该知足才是。可在潘恩眼里，丈夫不再关心她的感受，变得不在乎她了。

克里斯并不清楚，金钱不是万能的，不可能完全消除潘恩的沮丧情绪。潘恩的波浪线下降时，克里斯却认为潘恩的烦恼不过是庸人自扰，无病呻吟。这时，他们开始陷入争吵中。

他们一文不名时，潘恩烦恼的主要原因是金钱。等到他们不需要再为金钱而忧虑时，潘恩的注意力开始转移到别的事情上面，这些问题她以前从来没有机会关注过，这是再自然不过的事情。

富裕的女人同样需要理解

我记得在一篇文章里读过这样一段话：“只有一个阔绰的心理医生，才能理解和同情富有的女人。”通常人们认为，如果女人拥有了金钱，她就再也没有任何忧虑与不快。她所有的负面情绪只不过是矫揉造作的无病呻吟。她不应该再有情绪的波动。她没有权利在别的领域提出更多的要求。我们经常看到，女人拥有了金钱，她的丈夫就变得自以为是，认为她不应该再有任何不满，因为她不必再为物质匮乏而忧虑。因此，在富裕的家庭里，男女情感问题一点儿也不比贫穷的家庭少。

人们总是对富有的妇人抱有一种成见，认为她们不应该再愁眉苦脸。我们必须指出，这种想法是不切实际，而且缺乏同情与理解的。不管女人拥有何种社会地位、特权和财富，她都有权利忧愁、烦恼、沮丧，她的情感波浪线都会起伏波动。没有什么可以阻止她们的周期性情感变化。

过去，克里斯一直努力带给妻子幸福快乐。他们过着清贫的生活时，他能够耐心地倾听妻子的感受。如今生活富裕了，他应当继续关心妻子，设身处地地为妻子考虑，不能仅用金钱来解决感情上的问题。金钱并不是让妻子快乐的唯一条件。只有给予妻子理解与关爱，才能为她带来真正的幸福与满足，从容地踏上一条通往幸福彼岸的捷径。

感觉，才是最重要的

在女人处于困境时，给予她支持和理解，就能驱散乌云，让她笑容重现。心情沮丧时，她需要在“深井”中释放积怨，净化情感。这种做法健康自然，无可厚非。

无论男人还是女人，都会有这样的感觉：自己不断地付出再付出，却得不到对方的回报。他们觉得自己的爱从来没有被对方承认和感激。其实，事情的真相在于他们采取了错误的方式去付出，结果，对方毫不领情。

在一段感情关系里，男人总是把自己想要的东西送给女人，女人也是如此，以自己的需求来满足对方。他们都以为对方的情感需求与自己的一样。因此，各种矛盾也就在所难免了。

比方说，女人以为如果爱一个人，就得以全副身心去关注他，事无巨细地关心对方，以此表达自己的爱。男人不喜欢被女人控制和操纵的感觉，他需要个人空间，女人觉得男人根本忽视了她的爱与付出，心里又委屈又怨恨。

男人也从自己的角度出发，在女人陷入困境时，男人倾向于把她的问题尽量淡化，他轻描淡写地劝慰她："没什么大不了的，你根本不值得为此伤心苦恼！"男人这种大事化小的态度却让女人非常郁闷。她认为男人从来没有体会过她的痛苦。或者他干脆不去打扰女人，他误以为女人需要独处的机会，安静地思考一下自己的问题，就像他自己一样。我们不得不遗憾地说，男人自以为是的支持和关怀，在女人眼里却是藐视、冷落和不在乎。她因而伤心失望，气愤难平。

我们已经讨论过了，女人心情沮丧时，需要别人的倾听和理解。如果男人对于女人的情感需求一无所知，他就很容易陷入误区，搞不明白为何自己的努力总是徒劳。

十二种爱的需求

我们复杂多样的情感需求，大致可以归类为十二种不同的爱的需求。男人与女人各自有着六种最基本的情感需求，它们的重要性都不相伯仲。通常来说，男人最需要的是信任、接纳、欣赏、崇拜、认可和鼓励，而女人最渴望的是关爱、理解、尊重、忠诚、体贴和安慰。如果能够洞悉这十二种爱的需求，就能够彻底了解伴侣的心理，真正满足他/她的需求。

仔细阅读这份清单，你就能明白为何你的伴侣总是对你的表现不满。更为重要的是，在你不知道如何与异性交往、相处时，这份清单可以为你指点迷津，改善你们的情感关系。

男人与女人基本的情感需求

女人	男人
关爱	信任
理解	接纳
尊重	欣赏
忠诚	崇拜
体贴	认可
安慰	鼓励

明白你的基本需求

每一个男人和女人，都需要了解以上十二种基本的情感需求。但是，我们还必须有这样一个认识，承认女人有这六种基本的情感需求，并不意味着男人与这六种需求无缘。男人同样需要关爱、理解、尊重、忠诚、体贴和安慰。我们在这里说的是“基本需求”，意思就是说男人和女人这六种不同的基本需求是占据他们各自心理首位的，要先满足了它们，才能再去满足其他需求，接受和欣赏其他的情感方式。

要先满足了基本类型的情感需求，才能再去满足其他需求，接受和欣赏其他的情感方式。

人能得到持久不断的爱，她就能体会到男人对她的安慰。

男人常常有这样一个错误观念，他误以为只要一次性地满足女人所有的情感需求，她便心满意足，明白她会一直拥有男人的爱，从此别无他求了。事实并非如此。男人要记住，如果想满足女人的第六种情感需求，他就必须保证不断地支持和安慰女人。

男人常常有这样一个错误观念，他误以为只要一次性地满足女人所有的情感需求，她便心满意足，明白她会一直拥有男人的爱，从此别无他求了。

相应地，男人需要的是女人的鼓励。女人的鼓励能促使男人充分展示他的能力和优秀品质。倘若女人的态度里包含着信任、接纳、欣赏、崇拜和认可，男人就会受到极大的鼓舞与激励，他将回报给女人更多的爱、信任和理解。

男人得到了第六种情感需求——女人的鼓励时，他就会展示出最美好的一面。若是女人对伴侣的情感需求一无所知，只从自己的角度出发，给予男人过多的关心而非充分的信任，就会挫伤男人的尊严，最终损害两人的感情。下面，我们将讲述一个故事，也许你从中能悟出某个道理。

穿着闪亮铠甲的骑士

每个男人在内心深处都有一个幻想，他变成一位顶天立地的英雄或骑士，穿着闪亮耀眼的铠甲，为自己心爱的女人，赴汤蹈火，奉献出一切。假如他得到女人的信任与崇拜，他就感到自己的存在有了价值。于是，他变得更加温柔体贴。假如他感受不到女人的信任和接纳，他就会垂头丧气，情绪消极。他生命中似乎失去了光彩和力量，一段时间内，他不会再接近女人，为她付出真心。

试着想象这样一幅景象吧：一名穿着闪亮铠甲的骑士，正策马驰骋在原野里。突然，他听到公主凄厉的求救声。他快马加鞭，朝公主飞奔而去，很快就抵达了公主的城堡下。此时，一条凶猛的火龙盘旋而上，正准备攻击女人。这名骁勇强壮的骑士拔出了佩剑，把火龙斩成了两截，公主得救了！于是，他也俘获了公主的芳心。

这时，城门打开了。安然无恙的公主和城堡里的人都涌出来热烈地欢迎骑士。人们纷纷颂扬他见义勇为的行为，称赞他是一名英雄。骑士与公主也倾心相爱了。

一个月以后，骑士暂别了公主，继续远游。在返回的途中，他听到心爱的公主又在呼救。原来，另一条火龙又在袭击城堡。骑士再一次拔出利剑，准备把火龙斩杀。

公主突然在城堡里叫了起来："请不要用剑！要用绳套！要听我的！绳套比你的剑更管用！"

她扔下一根绳套，比画着动作，向骑士示范应该怎么使用。骑士虽然不太情愿，但还是听了公主的话。他把绳套朝火龙的颈部抛去，牢牢地套住，然后用力一扯，火龙便一命呜呼了。城堡中的人们欢呼雀跃！

在庆功宴会上，骑士却闷闷不乐，他感到这次自己没有成功感。究其缘由，这次他用的是公主的绳套而不是自己的宝剑，因此，他认为自己没资格得到城堡里的人给予的信任和赞美。最后，骑士的心情变得灰暗沮丧，他甚至忘了把自己的铠甲擦亮。

又过了一个月，骑士再度出门远游。公主看到他只拿了宝剑，便提醒他一定要带上自己为他准备的绳套。当他回到城堡时，他看到又有一条火龙正威胁着城堡和公主的安全。他奋勇上前击杀毒龙，可是，他突然犹豫起来："我是该用宝剑呢，还是用绳套？哪一种方法更有效更快捷呢？"在他犹疑不决的当口，火龙突然喷出一道火焰，把他的右臂给灼伤了。他惊惶失措地抬起头来看公主，公主正挥舞着双臂对他大叫：

"要用毒药！"她叫道，"这次绳套不管用了！"

她扔给骑士一瓶毒药，他把毒药倒进火龙的口中，火龙便给毒死了。人们尽情欢呼起来，可骑士却羞愧万分。

男人最常犯的错误	为何女人感受不到男人的爱
他从来不倾听她的心声。她说话时，他不时走神，从来不询问女人的感受。	男人对她视若无睹，态度冷淡。在她说话时，从来不集中精神，对她毫不在乎。
不管女人说什么，他仅从字面上解读女人的意思，而且试图纠正女人。他认为女人是来向他讨教解决问题的方法。	他根本不理解她，对她一无所知。
他听女人讲话时，面有愠色。	他从来不尊重她的感情。
他认为女人的烦恼都只是小题大做，无病呻吟。他觉得孩子或工作更重要。	在女人看来，她在男人心目中的地位微乎其微，不值一提。这让她伤心和失望。
她情绪低落时，他却在百般辩解，振振有词，而且他还反复劝说女人不必沮丧。	男人不重视她的感觉。相反，男人认为女人在无理取闹，因此，不给她支持与安慰。
听完女人的话以后，他却不置可否，转身离去。	她严重缺乏安全感，从来没有得到自己渴求的安慰与扶持。

当爱情冷却时

假若男人和女人只给予对方自己所需要的东西，爱情便会渐渐冷却。比方说，女人最基本的情感需求是关怀和理解，她往往可能将自己最渴求的关怀与理解给予男人。对于男人来说，这也许等同于无端干涉他的自由，怀疑他的能力。男人以为女人根本不信任他。要知道，男人最需要的是女人的信任，而不是关怀。

于是，男人对女人的无动于衷，又让女人满腹委屈，她认为男人根本不感激她的苦心，自己的努力都付诸东流。男人当然是爱女人的，但是，他给予女人的却不是她真正想要的东西。他们都陷入了一个怪圈——他们辛苦了半天，却彼此都满足不了对方的要求，这不能不让人惋惜和遗憾。

碧丝抱怨道："我总是在付出又付出，却没有得到任何回报！亚瑟根本不感激我的努力。我是这么爱他，他却从来没有在乎过我，爱过我！"

亚瑟也在诉苦："她从来没有对我满意过！我做的事情她都视而不见！我真不知道怎么办才好。我想尽一切办法讨她的欢心，她却从来没爱过我。我是很爱她，可这根本没有用！"

碧丝与亚瑟已经结婚八年了。他们的婚姻生活并不愉快，两人都身心俱疲，决定放弃这段婚姻。令人不解的是，两人都声称自己为对方做得太多，而对方毫不领情，从不感激。碧丝认为自己付出了太多，而亚瑟却以为自己才是最辛苦最卖力的一个。事实上，他们都在努力经营这段婚姻，只不过他们使用的方式不对，因此，两人感受不到对方的支持与爱。

他们彼此相爱，但却不了解对方真实的情感需求。碧丝想当然地把自己的需求强加于亚瑟，亚瑟也从自己的角度出发，他给予碧丝的，只是他自己需要的感情。结果，两人筋疲力尽，却一无所获。

在感情关系恶化以后，许多人选择了结束婚姻。事实上，理解并满足伴侣的真实需求，感情是可以持久而深厚地维持下去的。换句话说，重要的是给予的正确方式，而不是给予的量，这样我们的感情才能渐入佳境，最终白头偕老。了解男女的十二种基本的情感需求以后，你就能明白为何你的伴侣不认可你的付出，你应该怎样才能正确地满足对方的需求。

男人在听女人说话时会生气，也有可能是因为他不知道怎么解决问题，让局面好转。不过，即使她不能马上由阴转晴，回嗔作喜，你的聆听也能使她的心情好很多。	假若她对你提供的解决方案不予好评，千万不要责备她。她根本不需要你帮她出主意，她的心情不会因此而好转。要尽量避免给她出谋划策，她最渴求的是你的倾听和理解。
你不必为了当一名好听众，一味地赞同她的观点。你可以保留自己的意见，用温和的方式向她传达。	如果你实在想表达自己的观点，也得先让她把话说完，不要轻易打断她的话。而且，你最好再复述一遍她刚才说过的话，让她确信你倾听了她的心声。不要抬高声调，语调尽量保持温和平静。
你不必完全理解她的真实意思。你有可能对她的某些意思困惑不解，但这并不妨碍你去聆听女人。	你可以告诉她你并不完全理解她，但你会尽力去做。你不必完全听懂女人的意思，不要对女人妄下判断，或者责备她的话不知所云，难以理解。
她沮丧难过的心情不一定是你的责任。即使有时她的话里似乎透着责备你的意思，但她只是想让你理解她而已。	在她感受到你的理解和体贴以前，不要急着为自己辩解。以适当的方式和温和的措辞来表达歉意。
如果女人真的想激怒你，多半是因为她对你失去了信任。其实，在内心深处，她是一个脆弱敏感的小女孩，生怕受到别人的伤害。她渴望着你的善意和理解。	不要和她唇枪舌剑地争辩谁对谁错，非要争个是非曲直。另外找个时机，等到两人情绪平静稳定以后再作讨论。试着给她写封信来表达自己的想法。我们在第 11 章将详细讲述写信的技巧。

给予男人所需要的信任、接纳、欣赏、崇拜、认可和鼓励。这是一种良性的感情循环。

给予男人力量的艺术

男人掌握倾听女人的艺术，可以极大地改善感情关系，满足女人最基本的情感需求。同样地，女人也必须掌握给予男人力量的艺术。女人学会激励男人，成为他的力量源泉，男人就有可能发挥其最大的能力，倾其所有，为女人付出。男人从女人身上获得了他所需要的信任、接纳、欣赏、崇拜、认可和鼓励时，他全身就充满力量。

前面我们讲述过穿着闪亮铠甲的骑士的故事。从这个故事里，女人能够汲取宝贵的经验。许多女人好心好意地帮助男人改进缺点，却在不知不觉中削弱了男人的力量，伤害了男人的自尊。任何企图改造男人的行为，都会夺走他渴求的信任、接纳、欣赏、崇拜、认可和鼓励。男人最基本的情感需求得不到满足，他就会失去对女人的爱慕与眷恋。

女人以爱的名义改造对方，长此下去，只能让男人逃离。给予男人力量的秘诀在于不试着去改变他或提升他。当然，你希望他能变得更优秀的想法无可厚非，不过，你不能过于急功近利，用强迫的方式去改造他。只有他自动自发地向你请教时，你才能给予意见和建议。

> 给予男人力量的秘诀在于不试着去改变他或提升他。

充分信任，不提建议

在金星上，人们以为提供建议是充满爱心的行为。可是，火星人却持有截然相反的看法。女人必须铭记，除非男人开口要求，不要擅自为他出谋划策。要让火星人感受到你的爱意，就必须充分信任他，让他独立解决问题。

我们在这里并不是要求女人必须压抑情感，只是任何改造男人的行为，都会弄巧成拙，而且，还起着反作用。

女人若是爱上了一个男人，她就会处心积虑地去改善他们的感情关系，她的首要目标便是要改进男人。很多时候，女人会有这样的心理：我改造他，是给他压力，给他动力。她开始漫长的改造工程，企图一点点改变男人的习惯。但是，不根据实际情况，一味地制造压力，只能适得其反。

为什么男人抗拒改变

女人爱上男人以后，经常费尽心思地按照心中理想男人的形象来打造男人。她以为，她的出发点是好的，她正是基于爱才要改造男人。她想让男人变得更优秀更出众。可是，女人的改造在男人眼里却是费力不讨好。男人从中体验到的是怀疑和拒绝。他感到女人要控制和操纵他。他以为自己不够完美，因此女人才会在他身上动刀。他根本体会不到女人的爱。他最基本的情感需求得不到满足，因此，他也丧失了在爱情中成长和提升的机会。

有一次，我在研讨会上询问在场的几百名男士，他们是怎么看待女人企图改造男人这个问题的。我得到的答案是：女人越想改造男人，男人就越是抗拒。

我们还经常遇到这样的情况，女人经常误解了男人的抗拒行为。女人以为，男人不够爱她，所以才拒绝改变。可事实却是：男人以为女人不够爱他，所以才去改造他！男人若是得到了女人的信任、接纳和欣赏，他就满足了基本的情感需求，最终，他会心甘情愿地为女人改变，在爱情里成长与提升。

男人两种不同的行为模式

世上有两种男人。一种男人坚决抵制和抗拒女人的改造，他态度强硬，针锋相对，女人休想让他改变一星半点。另一种则是在表面上依允了女人的意见，同意进行改变。在女人的耳提面命中他能够维持一段时间，但不久以后他又会回复原状了。男人要么主动、坚决地反抗，要么被动、消极地反抗，两者必居其一。

男人若是感受不到自己所需要的爱，他就会自觉或不自觉地重复那些不被女人赞同和允许的行为。在他的内心深处有一种无法遏制的冲动，女人越是挖空心思要改造他，他就越是岿然不动，或是和女人唱反调，除非他能体会到女人无条件的接纳和爱。

女人要想让男人改变，首先就得给予他信任与接纳。否则，男人就会以自卫的态度和你对抗到底。他需要女人接受他的本来面目——“无论你是什么样子，我都爱你不变”。唯有如此，男人才会心甘情愿地主动寻求改变。

男人拒绝改造

正如男人总是要劝导女人不必悲伤沮丧，女人也从来不放弃改造男人的企图。正如男人总是错误地想“拯救”女人，女人也总是错误地想“改造”男人。男人特别反感女人指手画脚，教导他应该怎么做。

男人用火星人的视角看待世界，他们的座右铭是：“除非这件东西有了破损，否则不用去修理它。”女人若是按照自己的方式去改造男人，他接到的讯息是：“你身上全是毛病，所以我得好好修理你！”可想而知，男人受到了严重的伤害，由此产生了戒心与敌意。从女人那里他根本感受不到爱与接纳，他当然要抗拒女人的改造。

男人需要女人全盘接受他的一切，不论是优点还是缺点。当然，我们得承认，接受男人的不完美，这殊非易事，特别是我们知道他还有改进的潜质，还能做得更好。女人要懂得，帮助男人成长的最好方法，便是不去干涉他，不去对他实施改造。

女人应该谨记的原则	应该做些什么
记住，在男人情绪欠佳时不要喋喋不休地追问，否则他会感觉到你想改造他。	除非他乐意交谈，你才能与他沟通自己的想法。你可以稍微透露出交流的欲望，但不能过于强烈。
不要以任何方式改造男人，他需要的是你的爱，而不是你的拒绝，这样他才能获得进步。	充分信任他，他可以按照自己的方式成长和进步。诚恳地表达自己的感受，但不要强迫他做出改变。
你擅自做主，给他出谋划策时，他会感到你不信任他，试图控制和操纵他。	试着耐心地等待，你要相信，他可以凭借努力，学会自己做出改变。除非他开口要求，否则你绝不轻易为他提出建议。
男人变得强硬固执，坚决抵抗你的改造，这是因为他很害怕承认自己的缺点，以为自己浑身都是毛病，配不上你的爱，因此，他宁可采取回避的态度。	告诉他，他无须变得完美无瑕，你会无条件地爱他。学会原谅他，豁达地接受他的一切（参见第 11 章）。
如果你做出某些牺牲来促使他改变，他会感到莫大的压力，且很可能恼羞成怒，拒绝改造。	试着自己一个人做些事情，不要以他为中心。切忌总是把快乐建立在他的身上。
你可以表达出自己的愤怒或沮丧，但不要强迫他因此而改变。你越是接受男人，他越是愿意倾听你的心声。	在表达负面情绪时，要让他知道，你不是要求他改变，而是希望他能体会到你的心情。
你指手画脚地给他出主意，会弄巧成拙，使他产生被控制和被操纵的感觉。	尽量放松，不必太过紧张。学会接受他的不完美，承认他的缺点与不足。尊重他的想法，不要时时把自己的观点强加给他。

女人要懂得，帮助男人成长的最好方法，便是不去干涉他，不去对他实施改造。

男人与女人学会相互扶助，给予对方真正需要的爱，这样，他们才能在爱情里逐渐成长，共同进步。女人只有不再挑剔男人，不再对男人吹毛求疵，接受他的一切，她才能体会和欣赏到爱情的和谐与温暖，并得到内心的宽慰和平静。唯有真正了解了伴侣的六种基本的情感需求，你才能有的放矢，成功地给予对方爱与帮助，你们的感情才会保持融洽和亲密。

男人来自火星 女人来自金星

Men Are From Mars Women Are From Venus

第9章

如何避免争吵

在一段感情关系里，男人与女人面临的最大挑战便是如何解决争端，消除分歧。

在感情关系中，沟通是最重要的一环，它的地位无与伦比，不容忽视；争吵却是最具破坏性的因素，因为我们越是爱某个人，靠近某个人，我们就愈是可能动辄得咎，伤痕累累。

在感情关系中，沟通是最重要的一环，它的地位无与伦比，不容忽视；争吵却是最具破坏性的因素。

一对没有肉体关系的男女，在争吵时，更容易客观冷静。可是，那些有肌肤之亲的男女，却特别容易伤害对方，因为他们太看重和在乎对方，很容易就把问题扩大化。

记住这一个最基本的法则：尽量避免争吵。你们可以商量和讨论，把自己的观点以温和的方式表达出来，但千万不要激烈地争辩。在争论时，感情很容易失控，使用的言辞也很少经过深思熟虑，双方有可能口不择言地攻击对方。

有些夫妇总是在大吵大闹，渐渐地，他们不再相爱了。可是，有些夫妇是另一个极端，他们为了回避争吵，息事宁人，宁可压抑自己的真实感受，掩饰自己的想法。结果，他们原本积极的情感被掩藏，他们的爱也被阻隔住了。第一种夫妇展开的是常规性的战争，而第二种夫妇则进行“冷战”。这两种情况都不可取。

其实，避免争吵并不难，只要你以坦诚、包容的态度去与对方交流，即使你表达的是自己的负面情绪，也不容易引起口角纷争。我们应该时刻铭记：男女来自不同的星球，有着不同的思维方式和情感模式。如果能够重视有效的沟通，就可以做到避免争吵，同时又不压抑消极情绪，隐藏和掩盖各自冲突的观点。

我们争吵时会发生什么事

不恰当的沟通方式，要比单纯的意见不合和观点分歧更具有伤害性。争论本身应该不会造成任何伤害，相反，它只是反映了我们不同的意见和观点。任何夫妇都不可能避免意见分歧。如果争论方式有误，就很容易演变为无休止地争吵。因此，我们可以看到，许多伴侣为某个问题争吵不休，五分钟后，他们争论的焦点发生转移，开始指责对方说话的方式太过恶劣，结果，没完没了地打嘴仗。

我们越是深爱一个人，与他有着亲密的关系，就越是不能体谅他的消极情绪，客观地接受对方的观点。有时，我们在内心里已经暗暗同意对方的观点了，但是，我们还是会拼命为自己找理由，继续嘴硬地和他争论到底。

我们不知不觉中伤害了对方。本来只是些鸡毛蒜皮的琐碎问题，如果接受彼此的差异，理解对方，就很容易顺利解决。可我们却把问题扩大化，最后，小小的口角上升至一场两败俱伤的“恶战”。

化解争吵的解决之道，在于能够拓宽自己的视角，尊重不同的意见。不过，要做到这一点，首先还需要相互接纳和认可。恶劣的态度，尖刻的言辞，不屑的表情，都有可能伤害到对方的自尊心，使局面恶化。争吵，慢慢杀死了原来繁盛茂密的爱情。

许多伴侣为某个问题争吵不休，五分钟后，他们争论的焦点发生转移，开始指责对方说话的方式太过恶劣，结果，没完没了地打嘴仗。

为何争吵会带来伤害

其实，争吵的方式比争吵的内容，更伤人。尤其是男人感到自己的尊严被挑战，他马上会集中全副精神，警戒地捍卫自己的立场，以至于忘记要以爱的姿态与对方交流。

男人冷淡无情、漠不关心的态度，无意间严重地伤害了伴侣。可是，男人还经常茫然不觉，他一味地劝导女人不必伤心烦恼，这让女人更加恼火。他误以为女人反对的是他的观点，其实，他缺乏爱意的表达方式才是惹恼女人的真正原因。男人读不透女人的心，他一而再，再而三地解释，却忘了试着改变态度、变更语调，把话说得更好听一些。

男人假若不能安抚女人受伤的情绪，女人的痛楚就会更深。男人对这些细节并不敏感，于是，他并不知道女人如此委屈哀怨的原因是什么，更不知道何时开罪了女人。

女人也不知道自己是如何伤害了男人。女人一旦感受不到男人的爱与关怀，她的语调便不由自主地变得尖酸，充满了怀疑和排斥。要知道，男人最难以承受被自己心爱的女人排斥。

通常来说，女人对男人的行为举止挑剔个没完，大放厥词，这是引发争吵的最主要原因；其次，女人不请自来地给男人出主意，也会导致无谓的口角。倘若女人在传递对男人的负面看法时，没有同时展现信任与接纳的态度，男人的反感情绪就开始产生了。女人根本不明白她的不信任态度深深地伤到了男人。

为了避免争吵，我们必须明白一个事实，我们表达的方式比表达的内容更有可能伤害到对方。吵架需要两个人，但停止争吵只需其中的一方做出努力。避免争吵最好的措施便是把争吵扼杀在萌芽状态。在意见不合，有可能转化为争吵时，一定要铭记尽量缓和语气，理解对方的立场。此时，可以停下谈话，采取“冷处理”的措施。可以反思一下自己刚才的态度，试着站在对方的角度思考一下，真正地体会对方到底是怎么想的，再以尊重、信任的态度重新开始讨论。“冷处理”的措施能够让彼此冷静下来，重新回到问题的核心，不再计较对方的表达方式。

四种避免争吵伤害的方法

为了避免争吵带来的伤害，人们经常采取四种方法来捍卫自己，它们分别是：吵架、逃避、掩饰以及忍耐。但是，这四种方法往往只有短期效应，长此以往，反而会带来不利的后果，使感情出现裂痕。下面，让我们详尽地分析一下这四种方法：

1. 吵架

吵架来源于火星。当一场原本正常的讨论变得失去理智、爱意与关怀时，火星人就开始唇枪舌剑地吵起来了。他们马上摆出一副随时准备攻击的姿态。火星人信奉“最好的防御就是攻击”，他们不停地指责、批评，往对方头上扣帽子，竭力证明对方是错误的。在争吵过程中，火星人还提高嗓门，大声吼叫着宣泄不满的情绪。男人真实的动机，不外乎迫使女人爱他、支持他，而不是为难他，与他作对。如果女人做出让步，他们就以为自己占了上风。实际上，他们才是情感关系里的失败者。

威胁和压迫的方式只会削弱和损害一段感情关系。

威胁和压迫的方式只会削弱和损害一段感情关系。以强有力的手腕去压制对方，迫使她接受你的观点，只会让你的伴侣心生怨恨，最终对你的感情也会越来越淡薄。我们可以看到，经常争吵的怨偶逐渐丧失了坦诚相待的机会。女人出于畏惧而闭口不言，她不愿再对男人开诚布公；而男人在发泄完怒火以后，不会再像以前一样对女人关怀备至。不久，他们原先的亲密无间也就荡然无存了。

2.逃避

逃避也源自于火星。为了避免发生冲突，火星人一遇到剑拔弩张的场合，就躲进“洞穴”里不肯出来，这种情形与“冷战”比较相像。火星人既不说话，也不解决问题，这种消极的态度不能与我们上面谈到的“冷处理”相提并论，“冷处理”措施指的是两人暂时停止讨论，等心平气和以后，再以爱和理解的态度重新商讨问题。逃避则是躲开以后拒绝再度交流，两者有本质的不同。

这一类火星人很害怕面对争端，因此，他们宁可放低姿态，避免再谈到任何可能引发争论的话题。他们处理感情问题时总是显得战战兢兢，如履薄冰。有些女人总是抱怨自己在感情关系里小心翼翼，生怕得罪对方。其实，有些男人也会发生同样的情况，他们根本没有意识到自己会这样。

为了避免吵架，有些夫妇竭力掩饰分歧，不去讨论可能存在争端的问题。但是这种方式带来的负面作用是，把真实的爱与关怀也葬送掉了。尽管他们不会大吵大闹，直接伤害对方，但是，他们的爱也会在虚伪的掩饰里慢慢死亡，这不亚于一种间接的伤害。

这种逃避赢得了暂时性的平静与安宁。不过，由于某些问题未被讨论，某些感情未被倾听，女人的怨恨与委屈也在暗中滋生着。长此以往，爱的激情逐渐冷却，爱的感觉慢慢淡去。要知道，激情与爱，正是两人走到一起的根本原因。女人为了减轻心灵的痛楚，采取诸如拼命加班、暴饮暴食或者其他方式来麻木自己的感情。

3.掩饰

这种方法源自金星。金星人为了息事宁人，假装什么事也没有发生。她彬彬有礼地微笑着，态度友善亲切，好像对一切都想得开，她过得非常幸福，非常惬意，生活没有什么不如意。可是在暗地里，这类女人却是满腹怨恨，无法释怀。毕竟，她为伴侣付出太多，得到的却又太少。这种怨恨与委屈的状态阻碍了爱情的自然流露。即使她爱着对方，她也不愿去表达。

男人和女人都常把“一切都很好！很顺利！”这样的话挂在嘴边。不过，含义完全不同。男人这样说，真实的意思是：“我自己能完成这件事，请不要插手！”或者“我知道怎么做，不会有什么问题”，或者是“我自己一个人就能解决问题，不需要你来帮忙！”而女人这样说，只是为了避免发生冲突与争吵。

为了尽量不吵架，女人还自欺欺人地相信什么也没有发生，一切无恙，可事实是问题越发变得严重。她牺牲自我，否定自己真实的需求、情感和愿望，只是为了避免和男人发生争执。

4.忍耐

这种方法同样源自于金星。为了避免争执，女人忍气吞声，做出让步，她们默默地忍受男人的刁难指责。在短时间内，这种做法貌似充满爱心与包容，两个人关系默契而和谐，但是，女人在长久的忍耐中丢失了自我，心中的怨气会逐渐积累。

有一个男人向我抱怨他的妻子：“我非常爱我的妻子。她给予了我需要的一切，满足我所有的愿望。可是，我唯一不满的是，她从来没有真正地快乐过，整天愁眉苦脸的。我实在不理解她为何会这样。”在过去的二十年里，他的妻子一直在婚姻生活里压抑着自己，以博得他的欢心。他们从来不吵架，假如你问他的妻子他们的关系如何，她会笑容满面地回答：“我们的感情非常好，我丈夫很爱我。我们唯一的问题只在于我自己。我总是郁郁寡欢，真不知道是为什么。”我们深入观察以后就会发现，她为了取悦男人而长期压制自己的感情，隐瞒自己的真实感受，因此，她感受不到真正的幸福和快乐。

这一类型的人为了取悦伴侣，总是从伴侣的角度出发，反复揣测他们的心意，并按对方的意愿来塑造自己，扭曲自己。他们不惜一切代价，对伴侣百依百顺，放弃自己的本来面目，去避免发生任何争执。在长久的忍辱负重的过程中，他们逐渐丧失了自我，因此变得极端的不快乐。任何形式的自我封闭和过度隐忍，都会造成心灵的创伤。

在上述四种方法中，你或许已经使用了一种或多种。人们总是不断地变换使用这几种方法，最终目的是保护自己免受伤害。不幸的是，暂时被掩盖的问题迟早都会爆发，最终两败俱伤。试着以宽容与尊重的态度去理解伴侣，你才会慢慢发现避免争吵的有效策略，让潜在的争端消弭于无形，做到“防患于未然”。

我们为何争吵?

男人与女人争吵的话题多种多样，涉及金钱、性爱、决策、时间安排、价值观、育儿和家务等等。如果不能保持冷静平和的心态，正常的讨论随时有可能转化为激烈的争吵，在大吵大闹时，我们急于口不择言地争个高低长短，谁也感受不到对方的爱。要知道，情感上的痛苦源于没有感受到爱，而且，一个精神痛苦的人很难再去为别人付出爱。

女人并非来自火星，她们不知道男人处理分歧与争端的习惯。男人并不擅长处理各种冲突，他愈是接近一个女人，就越是不会正确处理两人的分歧。如果女人不喜欢他为她所做的事，他就很容易往心里去，把问题看得很严重，甚至误以为女人对他没有感情。

如果女人能够满足男人的情感需求，男人就能在爱情里获得自信，最终能够成功地处理分歧与争端。反之，被剥夺了爱的男人，会变得态度恶劣，脾气暴躁，他锋芒毕露，咄咄逼人，性格上的弱点全都暴露出来了。

表面上，他争论的是某些两人不能达成一致的问题，但究其根底，他如此富于攻击性，是因为没有感受到女人的爱。如果一个男人为了金钱、时间安排、照顾孩子或其他问题和女人争论不休，我们最好能够细细审视其深层原因是什么。以下的清单，列举了男人与女人争吵的真正动机，以及避免吵架的解决方案——

男人争吵的秘密

他争吵的潜在原因	避免争吵的方法
我不喜欢她对我做的事挑三拣四，无论是大事或小事，她都批评个没完。我感到自己动辄得咎，不被接纳！	他需要女人接受他的本来面目。可是，他总是感觉到女人妄图教育他、改造他。
她喋喋不休地指挥我应该怎么做，这种感觉相当郁闷。我感觉不到她的认可。相反，我认为她像管教小孩一样教训我。	他需要得到女人的认可，放手让他自己做事。但他经常感受到的却是女人的藐视，不在乎他的付出。
她把不幸的根源归咎于我，这让我非常生气。我感受不到她的鼓励，从来没有感觉到自己能够成为她生命中的骑士。	他渴望女人的激励，这会让他充满动力，浑身是劲儿。
她老是怨天尤人，抱怨自己做得太多，抱怨生活不如意。总让我觉得自己没有能力给她带来幸福！	他渴望得到女人的欣赏和赞扬。可事实上，他得到的却是女人的责备、否定和拒绝。
她老是提心吊胆，担心会出什么岔子。我感受不到她的信任！	女人需要男人给她带来足够的安全感，男人也渴望为此得到积极的肯定。女人的重视与感激，会让他欢欣鼓舞，信心倍增。
她总期望我能按她的意愿说话行事。我感到自己不被认可和尊重！	他需要女人不去干涉他，认可他的本来面目。否则，他会感到女人试图控制他，强迫他说话。这让他倍感压力，有几乎窒息之感。而且，他感觉自己永远无法满足女人的要求。

我说的话似乎总能伤害到她！我失去了她的信任和理解，被她拒之门外。	男人期盼能得到女人的信任与接纳。他认为女人缺乏宽容与理解，感到自己经常被女人排斥与拒绝。
她总强迫我猜测她的心思，读懂她在想些什么，这真是太累了！让我感到无能而沮丧！	男人期望能获得赞美与认可，可女人常让他觉得自己一无是处，充满自卑！

女人如果能够体悟到男人真实的情感需求，尽量满足他，男人就会更好地处理各种冲突，避免与女人发生争吵。自然而然地，他能够耐心地倾听女人的心声，并且以尊重的口吻进行讨论。这样，原先存在的意见分歧和消极情绪，都可以慢慢地消除，不必升级为剧烈火暴的争吵。

对于某些伤害性的争吵，女人同样也负有责任。不过，女人有着与男人不同的动机与理由。表面上，她可能争论的是家庭财政、责任感等问题，但实际上，男人应该知道，以下原因才是她的真实动机：

女人争吵的秘密

她争吵的潜在原因	避免争吵的方法
我不喜欢他总是把我的感受和要求轻描淡写，认为这些都不值一提。我感到自己在他心中没有地位，不值得他关注！	女人非常需要男人的珍视与爱惜。若是男人对她视若无睹，不予重视，她整个人就会沉浸在失望与痛苦中，难以解脱。
我交代他要做某件事情，他经常忘得一干二净。他似乎从来不把我放在心上。我好像在卑微地乞求他帮我做事一样！	女人希望男人能重视她，可是，她经常感到，她在男人心目中的地位微乎其微，无足轻重。在他的事务日程表上，她似乎排到了最后一位。

他老是责备我愁眉苦脸，郁闷不乐！似乎我必须完美无瑕他才会爱我！可我根本不是个完美的人。	她期盼着男人能够理解她的苦闷，并做出爱的承诺——“哪怕你并不完美，我依旧爱你不变！”在内心深处，她有着深深的自卑感和不安全感。
我特别讨厌他抬高嗓门，大声列举他为什么是正确的理由。这让我感觉自己一无是处，他根本不尊重我！	她需要男人的理解与尊重。可实际上，她经受到男人的冷落、欺压和排斥。
当我问他我们应该如何做决定时，他老是摆出一副高高在上，傲慢自大的姿态。我似乎在浪费他的时间，是个没用的废物！	女人渴望得到男人的安慰和承诺，希望男人能够在意她的感受，体贴她的心情。可是，她感受到的，却是他的忽视与批评。
对于我的问题与看法，他从来都没有反应，不予置评。我感到自己好像根本不存在似的！	她渴望男人能够倾听她，在乎她的感受。可是，她经常受到男人的冷落或责备，这让她沮丧又孤独。
我不喜欢男人告诉我不必难过，他还说我不该生气，不该自寻烦恼。我认为，他从来不尊重我的感受，也不支持我的想法。	女人希望男人能够理解她的心情，对她的烦恼与痛苦感同身受。可是，男人却从来不体谅她的感受。
我不喜欢他老是让我要保持冷静客观。这让我感到自己没有感情，像一个木头人一样！	她需要男人的尊重与珍爱，尤其是在她与男人分享内心的感受时，男人应该充分地表现出关爱与理解。可是，她却常遭到男人的冷落，这使得她严重缺乏安全感，似乎没有人来保护她。

这些痛苦的感受与体会都是真实存在的，让女人受到了严重的伤害。可是，他们却未能通过有效的交流消除存在的问题。相反，等到她心中的怨气累积到一定程度，一场恶吵势必会爆发出来，最终，他们的心中筑起了一道高墙，妨碍了两人的感情。有时，这些不满与怨恨会通过语言直接表达给对方，但更多的时候，却是由脸部表情、说话声调以及肢体动作等传递出来的。

男人与女人都需要深入了解彼此，清楚对方的“软肋”在何处，不要一味抱着怨恨和反感的态度。只要你试着用一种体贴对方感受的方式去进行沟通，这些问题就会得到圆满的解决，潜在的争吵也会被化解。男女之间能够以真诚的态度交流，而不是无意义地发泄，就能够避免一切伤害性的争吵。

解剖你们的争吵

对于男女之间的争吵，很有必要像外科医生一样进行一次解剖，检视病因，找出症结所在。

有一次，我与妻子邦妮外出野餐。在美美地享受了一顿美食之后，我心情舒畅，不禁和她谈起了最近的投资计划。当我谈到准备把我们的积蓄投入一项相当有风险的股票投资时，邦妮感到惴惴不安，变得非常不高兴。可是，我只是打算考虑一下这项投资，没有真的要把钱投进去。但邦妮不了解我的真正想法，她以为我根本没有考虑过她的意见，只是一意孤行地去冒险。于是，我们开始吵起架来。

我以为她不同意我的投资选择，于是我据理力争，要让她相信我的判断。我们两个人的怒火也愈来愈盛。邦妮表面上辩解的理由是，我选择的股票风险很大，实际上，她之所以发火，是因为我在考虑投资计划时，没有事先征询她的意见。而且，我没有尊重她“生气”的权利，她更加不能接受。我暴跳如雷，大吼大叫，情绪非常激动，这时，邦妮首先冷静下来，向我道歉。她说她没有理解我，信任我，是她的不对。我也同样平静下来了，这才发现自己刚才的失态。

后来，等我们都回复常态以后，两个人开始反思这件事。邦妮提出了一个问题："每次我们吵架时，起因都是我为了某件事而生气。接着，你又为我的生气而恼怒，最后，肯定是我先向你道歉。有时我真的希望你能向我让步，向我说声对不起！"

突然之间我明白了我们常争吵不休的真正理由。我总是期望邦妮先道歉是有点儿不公平，尤其是在我首先激怒她以后。这个崭新的视角改变了我们之间的关系，减少了我们之间的摩擦。后来，我在研讨会上和听众分享了我的体会，我发现，有许多女性与邦妮有着同样的想法和感受，这肯定是一个非常普遍的现象。下面，让我们来分析一段典型的争吵的来龙去脉：

1.女人为了某件事非常恼火，大发脾气。

2.男人忙不迭地解释，提醒她不该生气或发火。

3.她感到男人否定她的感受，不认同她有生气的权利，于是更加恼怒（此时，让她更生气的是男人的态度，而不是原先导致她发火的原因）。

4.男人觉得女人听不进他的话，于是，火气又升级了。他责怪女人不该生气。在两人停止口角以前，他期望女人能主动先对他道歉。

5.女人主动表示歉意，心里却在疑虑着刚才的争吵。另一种情况是，女人更加火冒三丈，小小的口角最终升级为大吵大闹。

在深入"解剖"了一场争吵以后，我学会了如何更加公平冷静地处理两人之间的矛盾冲突。我意识到女人来自金星，于是，我不再责怪邦妮发脾气，而且努力去理解为何我惹恼了她，给予她关心与体贴。哪怕有时她误解了我的意思，我也会尽量地安抚她心中的伤痕，向她表达我的歉意。

在邦妮开始生气时，我学会了倾听她的心声，试着理解她烦恼的真正原因是什么。我温柔地向她道歉，这样做的效果非常明显，我们吵架的次数减少了许多。

我必须承认，有的时候向邦妮道歉不是一件容易的事情。有很多次，我深呼吸了一下，就是说不出来，我闭上眼睛，试图去感受邦妮的想法和她生气的真正动机。于是，道歉就容易多了：“亲爱的，都是我不好，让你这么不高兴，我真的很抱歉!”这么一句简单的话，抚慰了女人的心，她感到了男人的理解与关怀，一场争吵也就消失得无影无踪了。

男人很少道歉，很少向女人说“对不起”。这是因为，在火星上，道歉就意味着你做错了事情，必须承担责任，弥补过错。

男人很少道歉，很少向女人说“对不起”。这是因为，在火星上，道歉就意味着你做错了事情，必须承担责任，弥补过错。可是，女人说对不起，并不是因为她真的认为自己做错了什么，而是想表达一种关切之情，她的真实意思是：“我真的很抱歉让你情绪不好，我能够体谅此刻你的苦恼!”对于很少道歉的男人来说，女人运用道歉来表达关怀的做法让他们感到惊讶。其实，只要说一声“对不起”，就能立竿见影地平息两人之间的矛盾，化解一场潜在的争吵。

大多数口角升级为激烈的争吵，多半是由于男人不认可女人的感受，于是，女人变得反应激烈，大发脾气。领悟到这一点以后，我渐渐不再坚持从男人的立场出发，试着多方面体会妻子的想法与情绪，而我妻子则在练习直截了当地表达自己的感受，不再处处与我作对。结果，我们之间的冲突消除了，取而代之的是爱与信任。信任与理解，使我们心意相通，情投意合。如果没有做出这些改变，我们很有可能仍然深陷在无休止的争吵与误会中，最终损害我们的婚姻。

大多数口角升级为激烈的争吵，多半是由于男人不认可女人的感受，于是，女人变得反应激烈，大发脾气。

要想化解伤害性的争吵，男人应该学会不再质疑和否认女人的消极情绪，要承认女人有生气的权利；而女人应该避免把自己的失望与沮丧传递给男人。

男人如何引发争吵

在多数情况下，男人引发争吵，是因为他们不认同女人的感受与想法。男人没有考虑过真正的原因是什么。他们这样做，完全是出于下意识的本能。

比方说，男人很想扭转女人的消极情绪，让她的心情好起来。他会说："哎呀，你根本不必担心这件事情嘛。"要是他对另一个男人说着同样的话，对方会感受到他的友善与关怀。问题是，在女人看来，这是男人对她的事情缺乏敏感度，毫不在意的表现，于是，女人感到被伤害了。

我们再举个例子。男人试图化解女人的忧愁烦恼，他这样劝慰她："这根本没什么大不了的，你何必要自寻烦恼呢?"然后，他替女人出谋划策，试着提供问题的解决方案，他期望以此减轻女人心灵的负担，让她心情愉快起来。可是，女人感受到的是，男人根本不理解和认可她的感受，也没有给予她应有的支持。

我们时常可以看到这样的情形。男人的某些行为惹恼了女人，他的本能反应便是去劝解女人，他使出所有的力气，要让女人明白她完全不应该为此生气。他告诉女人，她情绪低落，根本就是在庸人自扰。他振振有词地解释他的行为是如何的伟大、光荣、正确，根本不容质疑与否认，他极力证明女人的难过与不满没有依据。男人没有意识到自己的行为是在女人的伤口上又撒了一把盐。他的辩解让女人感到自己没有权利生气，没有资格拥有任何消极的情绪。女人认为男人千方百计地为自己开脱，根本不关心她的感受，只想逃避责任。

对于男人这些冠冕堂皇的理由，女人非常反感和厌恶。她首先需要男人去倾听，切实理解她为何会烦恼，认可她的感受。他不必极力辨解，为自己找一堆的理由，他只需要以理解的态度去聆听女人就可以了。男人只需关心和在意女人的感受，女人便得到了男人的支持。

要发生这种转变并不容易，不过，只要你肯多花时间练习和实践，就一定能够成功。通常来说，女人表达出沮丧、受挫和失望的情绪时，男人身体上的每一个细胞都会不由自主地找出一大堆理由来解释，他要证明自己没有做错什么事，无须承担责任，女人的烦恼与他毫无干系。男人并不是有意要让女人不爽，这是他与生俱来的火星人本能决定的。

男人要认识到，他身上的这种不由自主的反应伤害了女人，进而也妨碍了两人之间的感情。

女人如何引发争吵

有时候，女人同样成为引发争吵的“导火线”。女人很少明明白白地道出心中的感受。当她对男人感到不满时，她不是直截了当地将心中的失望直接向男人倾吐，相反，她拐弯抹角，使用各种含蓄隐讳的话语来“敲边鼓”。女人喜欢用诘问的语气来表达不满，其中有意无意地含有强烈不赞同的意味。哪怕有时她的真实意思并不是要责备男人，但她的语气让男人听了以后火冒三丈。在男人听来，女人在阴阳怪气地指责他。由此导致的结果，便是两人不断地争吵。

我们举一个例子。男人在约会中迟到了，女人非常不快，她的内心感受是：“我真不喜欢等你的感觉，你能不能早点儿到呢?”或者：“这么久都没来，我真担心你出了什么事。”等男人来了以后，她不是直接把自己的感受告诉男人，却抛出一连串火药味很浓的问题来质问男人：“你怎么能这么晚才到呢?”或者:

“你来得这么晚，我有多担心你，你知道吗？”又或者：“你为什么不打电话给我？”

当然，男人迟到时，女人询问他：“为什么不打电话给我？”以获得一个充分的解释，这种做法倒也无可厚非。可是，女人在等待了男人一段时间以后，她的心情变得非常糟糕，她的神情和语气也不由得带着怒气和烦躁，这揭示了一个事实：她并非要求男人提供迟到的真正理由，而是要男人知道，无论如何，迟到是她无法容忍的行为。

> 女人很少明明白白地道出心中的感受。当她对男人感到不满时，她不是直截了当地将心中的失望直接向男人倾吐，相反，她拐弯抹角，使用各种含蓄隐讳的话语来“敲边鼓”。

男人听到女人那些难以招架的问题，比如“你怎么能迟到呢？”或“为什么连电话也不打给我？”他感受到的并不是女人失望的情绪，而是女人对他的怨恨和否定。男人认定了女人在抨击和拒绝他，他就会本能地抗拒。他不由得摆出一副急于自卫的架势，和女人吵起来了。

女人往往没有意识到，她的否定与拒绝会带给男人多大的伤害。男人渴望得到女人的理解与信任。尤其是他深爱这个女人时，他更希望自己能被她充分地接纳。可惜，这种理想的状况只出现在两人初相识的时候。那时，女人处处表现出对男人的鼓励与认可，男人充满了自信，他雄心勃勃，要倾其所有给女人带来幸福。

即便女人曾经被其他男人甚至她的父亲伤害过，在两人的恋情开始时，她也会把自己的赞许与欣赏传达给男人。哪怕男人并不完美，她也会这样想：“他真是与众不同，和我以前认识的男人完全不一样！”

可惜的是，当情感关系变得更为亲密时，女人却不能维持以前的状态。她开始处处挑剔起男人的行为举止，觉得男人浑身都是毛病，需要加以修正和改造。当女人把之前给予男人的认可与欣赏收回来时，男人的痛苦也就可想而知了。通常来说，女人根本没有意识到自己为何要这样做。相反，她感到自己理直气壮，有充分的理由不再赞同和认可男人。我以为，女人之所以对这件事毫无意识，是因为她们认识不到这样一个事实：鼓励与欣赏对男人来说，比黄金还要宝贵，男人是多么需要她的爱与认同。

女人应该学会单纯地批评男人的行为举止，而不是去否定他的人格与品质。无论男人做错了什么，她依然要让男人相信她的爱与信任。女人可以就事论事地表达负面感受，但绝不可轻易否定男人，男人才能感受到她的爱意与信任，她的批评性的话语也会容易接受得多。可是，在大多数情况下，女人对男人的行为不以为然，认为需要加以修正与改造，于是，她的话语里也传递出了不予认可的意味。这打击了男人的自尊心，伤害了他的感情。

许多男人都羞于承认，他们非常渴望得到女人的认可。如果女人对男人嗤之以鼻，不予认可，他就会用假装不在乎她的看法来自卫。他摆出一副漠不关心、抽身远离的姿态，因为他丧失了女人的信任，情感需求得不到满足，他急于要弥补内心的伤痕。

我们可以看到，任何一段感情关系伊始时都非常甜蜜。那时，女人对男人怀着美好的憧憬，她以为，他是她生命中穿着铠甲的骑士。女人的认可与赞美让男人志得意满，自信从容。可惜好景不长，男人完美的一面不可能永久维持，女人很快就品尝到了失望的滋味。男人在女人心目的形象不再高大完美，他开始失去了女人的认同。突然间，他被女人贬低得一无是处，毫无价值。

女人的拒绝与否定让男人如芒刺在背，坐立不安。女人在批评和抨击男人的行为举止时，总是使用一种高高在上的训斥口吻，她们以为这能让男人学会接受教训。可惜事与愿违，这样做，只会使男人更加恐惧和怨恨。慢慢地，他们失去了爱的动力，不愿意再努力为对方付出。

认同与赞许男人，就是要在他的行为背后挖掘出善良美好的动机。甚至在男人表现得不尽如人意，缺乏责任感或者懒散消极时，女人依然对他满怀爱意，仍旧能在他身上寻找出优点。

女人应该记住，轻易地否定男人，会彻底地打击他的自信心。其实，女人应该懂得，就算你不同意男人的意见，你仍然可以表达出对他的认可。

男人何时最需要认同

男人和女人争吵的真正原因，并不是因为争论的焦点本身，而是男人感到女人不认可自己，对他缺乏信任与理解，又或者是女人不喜欢男人说话的语气和方式，心中压抑着愤怒与委屈。一般来说，女人不认同男人，是因为他忽视她的感受，说话的方式不温柔体贴，毫无爱意。倘若男人与女人都学会尊重对方，心平气和地进行沟通，求同存异地讨论问题，就能够避免争吵。

男人犯下了某个过错，或者忘记做某件事情，或者没有努力承担起某项责任时，其实心中也充满了内疚与恐惧，生怕女人因此而责怪、抨击他。此时，正是他最需要女人的爱与包容的时刻。他渴望得到女人的谅解与同情。如果女人不再认同与赞许他，他会陷入痛苦之中。可是，女人却不能体会男人的心情，女人根本意识不到自己在做什么。她只是要表达她的失望，可男人感受到的，却是女人不认同的态度。

女人不认同的态度经常溢于言表，她的眼神和语调都是那么刺人。虽然她的话语依然不乏爱意，但是，她的表情与语气却能够真切地伤害到男人。于是，他本能地采取自卫的态度，要让女人感到她是错的。他不顾女人的感受，和她争吵起来，以保护自己不受伤害。

> 男人犯错或者得罪了他心爱的女人时，他倾向于和女人大吵一场，以保护自己不受伤害。

男人犯错或者得罪了他心爱的女人时，他倾向于和女人大吵一场，以保护自己不受伤害。如果他让她失望了，他就竭力解释，希望她的情绪不必如此消极与低落，不必为此烦恼忧伤。他以为这样会让女人的感觉变好。可是，他不知道，如果女人沉浸在烦恼与悲伤中，她更需要的是男人感同身受的理解与共鸣，而不是质疑她的情绪与感受。

如何既表达不同意见而又避免争吵

无论是男人或女人，在表达异议、处理分歧与矛盾时，有着理想的“角色模式”作为参照物，那么，进展就会顺利得多。大多数的父母，要么是从来不吵架，要么就是动不动就拌嘴争论，永无宁日。在我们的记忆中，从来没有一个理想的可以模仿学习的情感对象。以下的列表，显示了男人与女人如何有意无意地引发争吵，以及针对性的解决方案。

在每一种争吵中，我都列举出女人质问男人的问题，并显示出男人如何解读女人的心声。然后，我会再举出男人如何进行反驳，以及女人的真正想法。通过详细的剖析，我们就能看出争吵的本质，从而能够做到表达不同意见的同时，又能成功避免争吵。

深入解剖争吵的本质

1. 当男人晚归时

女人的质问	男人的感受
男人晚归时，女人连珠炮似的发问："你怎么能这么晚才回家呢？"或者"你回来得这么晚，我有多担心你，你知道吗？"又或者"你为什么连个电话也不给我打呢？"	男人听到的潜台词是："你根本没有任何理由晚回家！你可真是个不负责任的家伙！相比之下，我比你强得多，我就从来不晚回家！"
男人的辩解	**女人的感受**
男人看到女人为此生气，开始为自己找理由辩解："路上一直堵车，我回不来！"或者是："生活哪能总是像你期望的那样！偶尔晚归一两次不成问题吧！"或者是："你总不能让我每次都按时，这根本办不到！"	女人这样解读男人的辩解："你何必这么大动干戈地吵闹呢？我晚归的理由既充分又合理。再说了，我的工作比你重要得多！你这个人要求太多了！"
给女人的忠告	**给男人的忠告**
为了减少误会，避免争吵，女人应该这样表达情绪："我真的不喜欢你这么晚回家。这让我又担心又难过。下次如果再出现同样的情况，能不能先打个电话给我？"	男人要对女人的情绪表示出认同。他应该这样说："我回来晚了，真是对不起，让你为我担心。"为了消除女人的火气，他应该多倾听女人说话，少插嘴争辩。试着理解女人的感受，以爱与关怀化解她的忧虑。

2.当男人忘记做某件事时

女人的质问	男人的感受
女人会大动肝火地质问他："你的记性怎么这么差？要我提醒你多少次你才记得啊？"或者是："你什么时候才能记住我说的话啊？"或者是："我交代你的事你每次都忘得一干二净，你让我怎么相信你呢？"	男人听到的潜台词是："你根本没有任何理由忘记我说的话！你这个人愚不可及，根本不能信任！我总是付出得太多，却什么也没得到！"
男人的辩解	**女人的感受**
男人看到女人为此生气，开始为自己找理由辩解："我手头的工作太多，所以就给忘了呗！有那么多事情要同时处理，一时忘记某件事很正常啊！"或者是："这本来就没什么大不了的事情，忘记了也不意味着我不在意这件事！"	女人这样解读男人的辩解："你真不该为这些芝麻绿豆大的小事情动怒。你的要求太多太严格，所以你的反应才这么过度。能不能学着现实一些啊，你又不是活在幻想的世界里头！"
给女人的忠告	**给男人的忠告**
为了减少误会，避免争吵，女人应该这样表达情绪："我真的不喜欢你又忘了做我交代的事情。"或者，她还可以采取其他积极的措施，对男人的失误只字不提，她可以婉转地提醒男人："要是你能够做某件事，我会特别感激你的！"(男人听到以后，就会意识到自己的疏忽。)	男人应该直截了当地承认错误："我忘了做某件事情了，很抱歉让你不高兴了。"然后，他应该倾听女人说出心中的感受，不应该阻止女人为此生气。女人能够痛痛快快地发泄一通，她马上就会感觉舒服多了，同时，她也能体会到男人的支持与关爱。

3.当男人从“洞穴”中返回时

女人的质问	男人的感受
男人从“洞穴”回到女人身边时，女人委屈万分地质问他：“你怎么能这么冷漠无情，对我不理不睬？”或者是：“你能体会到我的心情吗？”或者是：“我真想知道你内心深处到底是怎么想的！”	男人听到的潜台词是：“你怎么能够抛下我自己逍遥快活去呢？你这个人真是冷酷无情！选择了你真是个大错！我是伤害过你，但你做得更过分！”
男人的辩解	**女人的感受**
男人看到女人为此生气，开始为自己找理由辩解：“我很想自己独处一段时间，我只不过离开两天而已，这有什么大不了的呢？”或者是：“我不可能整天都围着你转，我就不能有一点自己的时间吗？”	女人这样解读男人的辩解：“你根本不必有被抛弃或者被伤害的感觉，这不是自寻烦恼吗？要是你这么想，我是一点也不会同情你的！我爱怎么做就怎么做，你根本没有权利干涉我！”
给女人的忠告	**给男人的忠告**
为了减少误会，避免争吵，女人应该这样表达情绪：“我知道有时候，你想自己独处一会儿，这个要求并不过分。你离开我时，我真的很难过。我只是想让你知道我的感受，这对我太重要了！”	男人应该温柔体贴地安慰女人：“我知道，我离开你时，你非常难过。让我们好好谈谈，你可以痛痛快快地说个够！”（女人若是感受到男人的倾听与在意，她就更容易接受男人的离开。）

4.当男人让女人感到失望时

女人的质问	男人的感受
女人非常伤心地质问他："你怎么能这样做呢？"或者是："为什么你总不能遵守你的承诺？为什么总是说话不算数？"或者是："你不是早说过你会办到的吗？"或者是："你什么时候才能吸取教训，不再犯类似的错误呢？"	男人听到的潜台词是："你真不应该老是让人失望！你真是白痴！从来没办成过一件事！如果你永远是现在这副样子，我怎么可能高兴得起来！"
男人的辩解	**女人的感受**
男人看到女人为此生气，开始为自己找理由辩解："哎呀，下次我就会做好了！"或者是："这有什么大不了的呢，值得你这么生气！"或者是："我真弄不清楚你到底想干什么！"	女人这样解读男人的辩解："你的烦恼与悲伤都是自找的，全是你一个人的过错。你要是还这么钻牛角尖，我可是一点儿也不会同情你的！"
给女人的忠告	**给男人的忠告**
为了减少误会，避免争吵，女人应该这样表达情绪："我真不想让自己失望。你该事先打个电话给我的。那样的话，我会感觉好些。当你不能办到某件事时，我感到非常难过，我希望你能理解我的心情。"	男人应该这样说："我让你失望了，真抱歉。现在让我们好好谈一谈。你感觉好些了吗？"接下来，男人要让女人能够畅所欲言地抒发心中的感受。女人若是看到男人在倾听，她就会舒服得多。在此之后，男人可以以实际行为安慰女人："我现在应该做点什么事才能让你好过些呢？"或者是："我现在怎么才能支持你呢？"

5.当男人不尊重女人的感受，因而伤害到她时

女人的质问	男人的感受
女人质问他："你怎么能这么说话呢？"或者是"你怎么能够这样对待我？"或者是："为什么你总不肯听我说话？"或者是："你什么时候真正关心过我的感受？"	男人听到的潜台词是："你真是个心肠恶毒的虐待狂！我这么爱你，我永远也不会原谅你这么做！你会遭到惩罚，我要把你赶出家门！这都是你的错，你罪责难逃！"
男人的辩解	**女人的感受**
男人看到女人为此生气，开始为自己找理由辩解："你看，我根本不是那个意思！"或者是："我当然一直在听你说话，现在我不是做得挺好的吗？"或者是："我从来没有冷落过你！"或者是："我根本没有嘲笑你，肯定你是误会了！"	女人这样解读男人的辩解："你根本没有权利生气。你这样想没有任何意义。你总是这么小心眼，这么脆弱敏感。你肯定是哪儿出了差错。有些事情，完全是你自己的责任。你真是个负担，和你在一起太累了！"
给女人的忠告	**给男人的忠告**
为了减少误会，避免争吵，女人应该这样表达情绪："我不喜欢你那样说话的方式，请你不要再这样了。"或者是："你做得太过分了，叫我如何接受呢？我想一个人呆一会儿。"或者是："我不喜欢这样的交谈方式，我们能不能换种方式说话？"或者是："我不该受到这样的待遇！我想休息一下。"或者是："你不要打断我，可以吗？"或者是："能不能让我把话说完呢？"	男人应该对女人表示歉意："我真的很抱歉，我不该这样对待你。"接下来，他可以深呼吸一下，好好地听女人表达情绪。或许女人依然余怒未消，她可能会说一些"你从来不倾听我"的怨言，但是，在她停顿时，你可以说："你说得对，有时我是没有好好听你说话。我不该这样对待你。过去的事情就让它过去吧，以后我们一定会处理得更好！"道歉是避免口角升级、缓和紧张气氛的好方法。要记住，容许女人拥有生气或懊恼的权利，会让她对男人产生更多的认同与接纳。

6.当男人仓促匆忙时，女人非常不高兴

女人的质问	男人的感受
女人会抱怨道："为什么我们永远都是这么匆匆忙忙的？""你为什么总是要到最后一刻才肯动弹？"	男人听到的潜台词是："你根本不应该把自己弄得这么仓促！提前做准备不好吗？你从来没让我开心过！我看什么也改变不了你，你这个人没救了！你既无能又冷漠，从来没在乎过我！"
男人的辩解	**女人的感受**
男人看到女人为此生气，开始为自己找理由辩解："这有什么大不了的，值得你对我发火？"或是："我们根本改变不了局面啊！"或是："何必这么提心吊胆的呢？一切都会好起来的！"	女人这样解读男人的辩解："你有什么资格抱怨呢？你应该对你拥有的一切抱有感恩的态度，你该知足了！你有什么理由抱怨呢？你把别人的情绪都弄得很糟糕！你真是晦气！"
给女人的忠告	**给男人的忠告**
为了减少误会，避免争吵，女人应该这样表达情绪："我真的很不喜欢总是这么急忙忙的，这让我很烦躁！"或者是："如果不那么仓促，我们会轻松惬意得多。下次你能不能提前安排旅行呢？我们原本不必手忙脚乱的。"	男人应该表示同感："亲爱的，我也同样不喜欢这样，下次我们应该提前准备，让时间充裕一些。"这样一来，男人就能表现出对女人感同身受的同情。在女人心情沮丧时，男人应该给予女人足够的支持与理解，此时，女人也能体会到男人的体谅。

7.在谈话过程中，女人感觉不到男人的支持与认可

女人的质问	男人的感受
女人会沮丧地质问男人："你为什么要这么说呢？"或者是："你为什么要用这种方式和我说话呢？"或者是："你到底有没有在乎过我说的话？"或者是："你怎么能那样说呢？"	男人听到的潜台词是："你根本没有任何理由这样对待我。我想，你肯定是不爱我了！你总是摆出一副事不关己、毫不在乎的态度。我付出了那么多，可从你身上却什么也得不到！"
男人的辩解	**女人的感受**
男人看到女人为此生气，开始为自己找理由辩解："你说的话根本没有意义。"或者是："我根本没有那个意思，你误解了我的话。"或者是："我早就听你说过这话了！"	女人这样解读男人的辩解："你没有权利为此烦恼，你这个人，既蛮不讲理又头脑混乱。我知道怎么做才正确。我比你强多了。是你先和我争吵的，我没有任何责任！"
给女人的忠告	**给男人的忠告**
女人可以这样说："我不喜欢你这样说话，我感觉你似乎在批评我！我没有理由接受批评，请你体谅我的心情。"或者是："我今天非常不顺心。我知道这不是你的过错。我需要你理解我的感受，可以吗？"她还可以忽略掉男人的话，直接向男人提出请求："我今天情绪很不好。你能不能听我说一会儿话？这能让我好受得多。"（男人需要女人的鼓励，这样他才有动力去倾听女人的心声。）	男人可以向女人道歉："让你感觉不舒服，我真的很抱歉！你是怎么理解我的话的？"让女人有机会好好回顾一下刚才你们的谈话。接下来，你还可以说："真对不起，我现在理解你为何不喜欢我那样说话了。"然后只需要停下来听女人说话即可。这是倾听的时刻。要压制住冲动，不要去和女人争辩她误解了你的意思。女人只要能得到倾听，她心灵的伤痕自然就会痊愈。只有以关心、理解和同情的态度去倾听，你的辩解才可能有效。

艰难时刻，更要支持对方

任何一段感情关系都必定会经历一些艰难的时刻。人生要面临许多波折和考验，其中包括失业、亡故、疾病等，甚至长期劳累、缺乏休息也会导致种种问题。在那些艰难的时刻，最重要的是满怀爱意地去支持对方，与对方沟通，使其尽快走出阴暗，重见阳光。此外，我们还必须认识到一点，我们的伴侣和我们一样，都不是完美无缺的人，身上难免有着这样那样的缺点。哪怕在极其细微的地方，也要以信任与理解的态度去进行沟通，那么，在面临重大挑战时，两人就能携手共渡难关。

上面我举的例子，都是男人在某些方面让女人失望，女人因此而懊恼、沮丧的情形。当然，女人也同样会惹恼男人，使他伤心和难过。我上面给出的建议，适用于所有人。你可以把我列出的建议告诉你的伴侣，征求对方的意见，请教对方：对于以上的建议，他（她）有何想法和感受？会做出什么样的反应？你们不妨深入坦诚地进行交流，加以实践，一定会受益匪浅。

当情绪平静下来时，你可以花一些时间和伴侣进行讨论，努力探求出言行举止背后的深层意义，寻找出彼此最能接受的表达方式，注意你的措辞和语气。记住，你们可以事先预备好一些表达方式，一旦发生冲突，这可以帮助你们缓解紧张气氛，避免伤害性的争吵。

不过，无论你如何改进你的表达与措辞，最重要的还是要心存善意与爱。我们必须认识到，措辞背后隐藏的情感比表面的话语更有力量。即使你使用了合适的表达方法，如果对方没有感受到你的爱、关怀与认同，你们的关系也会愈发紧张。正如我上面提到的，有时候，避免冲突的最好策略，就是适当地做出让步。在争吵即将爆发的当口，停下来冷静思考一下，有助于清醒头脑，重新以理解、信任、宽容和认可的姿态，再度进行交流。

一开始，让你在表达方式和行为习惯上做出改变，你会显得笨拙而不自然，甚至还有点做作的味道。许多人都持有一个错误的观念："爱就是想怎么做就怎么做。爱就是随心所欲，为所欲为。"这种观念只以自我为中心，毫不考虑伴侣的感受。其实，在坦诚地表达出心中的感受时，只要能选择正确的方式，就可以同时顾及伴侣，不至于冒犯和伤害到对方。如果你愿意按照我们上面的建议练习，你会掌握如何用爱与理解进行沟通，这对改善你们的感情关系将大有裨益。

若是你发现你的伴侣正在采纳我们的建议，这就意味着他（她）想改善你们的关系。起初，他（她）的表情可能显得不自然，而且也不像是发自内心的真诚。要知道，在短短几周内就想彻底改变以前的行为习惯，这是不可能办到的事。因此，你更加应该给予他（她）鼓励，欣赏他（她）为你所做出的努力，这样，对方才不会轻易就放弃。久而久之，他（她）的技巧运用会愈发熟练，渐入佳境。

以爱沟通，避免争吵

如果我们能够认识到伴侣的真正需求，并努力去满足他，就可以成功地化解那些伤害性的口角与争吵。下面，我要分享一个我自己的故事，在这个故事里，我的妻子直接倾诉了自己的内心感受，而我理解了她的情绪，满足了她的情感需要，最终我们避免了一场争吵。

我记得，有一回我和邦妮开车出去度假。我们开车到了很远的地方，度过了非常轻松愉快的一个星期。此时，我特别期望邦妮能高兴起来，对我们的假期说上几句赞美的话。可是，她却重重地叹了一口气，说道："我感觉，我的生活就像一场漫长而永无止境的磨难！"

我停了下来，深深地吸了一口气，然后再回答她："我明白你的意思。我有时也觉得自己累得好像只剩下一口气，劳累的工作把我都快给‘拧干’了！”我边说边比画着，好像正在拧一块湿抹布。

邦妮深有同感地点了点头。让我惊喜的是，她脸上马上绽开了笑容，转移了话题。她开始谈论这次度假中令人愉快的点点滴滴。如果倒退六年时间，这和谐的一幕绝对不会发生。依照我当时的脾气，我肯定会对邦妮横加指责。听到她说自己的生活就像一场漫长而永无止境的磨难，我免不了会泄气，会有不悦的感觉。我肯定会在字面上理解她的意思，我感到她在责备和埋怨我，是我给她带来了痛苦。于是，我马上摆出一副要干上一仗的样子，竭力解释我们过得非常幸福，生活中没有什么值得抱怨的。我们的假期过得如此愉快，她应该心怀感激，而不是悲观失望，怨天尤人。然后，我们开始争个没完，结果，整个假期真的变成了“一场漫长而永无止境的磨难”。

如今，我理解了邦妮只是要表达一种消极的情绪，这和我没有任何关系。于是，我不再非要和她争个青红皂白。而且，我还运用了一个比喻，她感到我学会了认同她的感受，她得到了她所需要的爱。我们不再吵架了。

男人来自火星 女人来自金星

Men Are From Mars Women Are From Venus

第10章

亮出你的打分

有些男人以为，只要他为女人做几件重大的贡献，送上几份贵重的礼物，比方说给她买一辆新款汽车，或者带她去度假，女人便会在她的心目中，会为男人打一个高分。男人还误认为，如果只是在细枝末节上努力，比方说为她拉开车门，送给她一束鲜花，或是给她一个深深的拥抱，在“情感记分榜”上根本得不了高分。因此，他花尽心思，把所有的时间、精力都集中在一些重大的事情上面。但是，这往往收效甚微。为何会出现这种情况呢？这是因为，女人有着与男人完全不同的计分标准。

在女人看来，礼物无论大小，无论贵重，其意义与价值都是一样的，在她的“情感计分榜”上，都只能计上1分。可是，男人却以为，小礼物计上1分，而昂贵的大件礼物却能计上30分。因此，他忽略了在细枝末节上呵护女人，却挖空心思地只想送给女人一两份大礼，心里还沾沾自喜，自以为能够彻底捕获女人的芳心。

在女人看来，礼物无论大小，无论贵重，其意义与价值都是一样的，在她的“情感计分榜”上，都只能计上1分。

要是不明白男女计分的差异，彼此就很容易产生误会，感到沮丧和失望。

我们可以来看看下面这个故事——

在一次心理咨询中，潘恩抱怨道：“我为我的丈夫查克做了许多事。但他却从来不关心我，总是冷落和忽略我。他心中只装着他的工作，根本没有我的位置！”

查克辩解道：“但是，我只有去努力工作，我们才能住得起豪华漂亮的大房子，才能去旅游胜地度假！我们有这么好的物质条件，你应该感到幸福和满足才是！”

潘恩说：“我根本不在乎是不是能住进豪华的房子或者外出度假。我需要你实实在在地给予我关心，为我付出多一些，可是你却办不到！”

查克反驳道："你的意思是说，你付出得比我更多喽？"

潘恩理直气壮地说："那当然！我为你做的事情数都数不清！我操持了所有的家务，洗衣做饭，打扫清洁，照顾孩子，整天忙不完！而你呢，只做了一件事——工作和付清账单。其他的一切都是我完成的！"

查克是一个事业相当成功的医生，像许多专业人士一样，工作需要他投入大量的时间与精力。他赚了很多钱。可是，金钱却没有让他的妻子潘恩获得幸福与快乐。查克看到妻子总是烦恼忧愁，心里着实困惑不解。

他以为，他每个月付清了所有的账单，就能让他在情感计分榜上至少应该得到30分。在他开设了自己的诊所以后，他赚的钱比以前多了一倍，那么，现在他的得分应该升至60分。他从来没有想过，在妻子眼里，他每个月只做了一项贡献，那就是付清账单，不管面额多少，只能得到1分而已。

查克以为，他们的得分是相等的，他对他们的感情非常满意，唯一遗憾的是妻子并不快乐。他责怪妻子要求太多，太过挑剔。结果，查克的态度让潘恩更加大动肝火。

他们听了我的情感关系课程以后，两人都发觉了自身的盲点，他们决定不再责怪对方，以爱和理解来解决问题。我们欣喜地看到，一桩原本可能破裂的婚姻得以挽救了。

查克开始明白，即使为妻子做一些小事，也能产生奇迹。他开始给妻子和家庭留出一部分时间，做一些让她高兴的小事情，于是，他发现他们的关系很快就改善了。原来，改变如此简单！只需在细节上动动脑筋，就可以让妻子笑逐颜开。

事实上，潘恩的怨气与苦恼是可以理解的。在内心深处，比起富裕的生活，她更加渴望得到丈夫的爱与关心。查克发觉，少挣点钱，把一部分精力投入在家庭中，妻子就会更加快乐。他知道妻子的计分标准以后，回到家中，他学会了如何当一名合格的丈夫，为心爱的女人带来幸福与快乐。

小事情带来的奇迹

男人可以做许多小事让女人开心，无须大费周章，女人便会在情感计分榜上为他计下分数。然而，有不少男人却质疑这些琐碎小事的意义，他们殚精竭虑地只想为女人做一些大事。

有些男人在刚开始恋爱时，也会注意到做一些小事让女人开心喜悦，可是，做了一两次以后他们就半途而废，不再坚持了。他们挖空心思要为她做出惊天动地的大事，送上一份价值不菲的大礼，却遗忘了在小事情上体贴女人，满足女人的情感需求。男人必须了解，女人时刻需要感受到男人的爱与支持。他必须把小事情和大事情同等相待，不可厚此薄彼。

女人在感情关系中，需要男人持续地做出示爱的动作，她才能感受到男人的爱意。仅仅一两次爱的表示，是无法满足女人的。男人总是希望一劳永逸地解决问题，一次性地让她感受到足够的爱与关怀，这是根本不可能的事。

男人很难理解女人的心思。对此我们可以做一个形象的比喻：女人对爱的需求，就好比汽车上的油箱，必须持续不断地往里加油，汽车才能正常运行。为女人做一些小事，就能得上好几分，往女人“爱的油箱”里加上好多油。油箱加满时，女人才能感受到爱。相应地，女人才能回馈给男人更多的爱情、信任、接纳、认可、赞美和鼓励。要让女人保持“油满”的状态，男人就必须不断地做小事来满足她。

以下我们将介绍101种为女人“爱的油箱”加油的办法。它们简单易行，却能给你们的爱情带来奇迹。持之以恒地遵照实行，就可使女人“爱的油箱”里装满燃料，产生强大的动力。

男人赢得高分的101种方法

1.到家后先不忙干别的事，先给她一个深深的拥抱。

2.询问她今天都干了什么，特别关注她原先计划做的事情。(比方说："你今天去看医生了吗？情况怎么样？")

3.学会倾听与提问。

4.学会克制自己不去给她解决问题，只需给予同情和理解即可。

5.主动抽出二十分钟时间去关注她。不要同时读报纸或做其他可能分心的事情。

6.给她送上一束鲜花。

7.提前几天计划好约会内容。不要等到星期五下午才问她想干什么。

8.如果总是她在做饭，偶尔你可以主动承担下做饭的任务。

9.赞美她的外貌，留意她的穿着打扮，不失时机地给予好评。

10.在她心情不佳时，认同她的感受。

11.当她感到疲惫时，主动去帮助她。

12.在旅行时预备出充裕的时间，这样她不必匆匆忙忙的。

13.如果你要晚归，给她打电话告诉她。

14.当她开口求助时，不管你同意与否，都不要让她有负罪感。不要让她觉得自己犯了错。

15.她感到自己受到伤害时，对她表示出感同身受的理解与同情，可以这样说："看到你受伤，我真的非常难过。"接下来，保持沉默，让她感受到你的体谅与包容。不要为她出主意，或者解释自己没有过错。

16.在你想逃离时，告诉她你只是需要一段独处的时间，你肯定会返回她的身边。

17.在你冷静下来，回到她身边以后，向她描述你遭遇到的困难，这样她不会胡思乱想，把事情想象得很糟糕。

18.冬天时替她生起火来，让她感受到你的暖意。

19.在她对你说话时，把报纸搁下，或者关上电视机，全神贯注地倾听。

20.如果一直是她在洗碗，那么，在她疲累时，偶尔你也去帮忙洗碗。

21.看到她情绪低落或者倦怠时，你应该不失时机地嘘寒问暖，询问她是否需要帮助。然后，帮助她完成任务。

22.出门时问一问她需要你捎带些什么，把它们记下来，到商店购买。

23.你打算出门或小睡片刻时，最好告诉她一声。

24.每天至少要拥抱她四次。

25.上班时间抽空给她打个电话，问问她在干些什么，或者和她分享一些令人兴奋的趣事，或者只是说一句“我爱你”。

26.每天对她说几句“我爱你”。

27.主动整理床铺，打扫卧室。

28.如果她帮你洗袜子，主动把袜子翻一个面，这样她就能省掉这道工序。

29.注意垃圾桶几时装满，主动把它倒掉。

30.出门在外时，要留一个能找到你的电话。在你安全抵达目的地时，要通知她一声。

31.帮她洗车。

32.和她约会时，把自己打扮整齐。

33.在做爱之前洗一个澡，如果她喜欢的话，可以洒点古龙水。

34.她生某个人气时，站在她那一边支持她。

35.帮她做一次背部、颈部或足部按摩（你也可以三样都做）。

36.营造温馨浪漫的氛围。

37.她在和你分享心情时，要保持耐心，不要频频看表。

38.她和你一起看电视时，不要把遥控器按来按去，不停地换台。

39.在公众场合表现出亲热的态度。

40.握着她的手时，不要显得软弱无力。

41.了解她喜欢的饮品，这样你就可以随时给她送上一杯美味。

42.外出用餐时多提供几家可供选择的餐馆，不要总是让她来决定上哪儿吃饭。

43.给她订一套她喜欢的戏剧、交响乐、歌剧、芭蕾舞或者其他文艺演出的月票。

44.主动制造某些你们都能盛装打扮的时机。

45.假若她迟到了或者突然改变了穿着的方式，请充分谅解她。

46.在公众场合中，要将注意力集中在她身上。

47.让她感觉到在你心目中，她的地位是最重要的。

48.给她买点儿小礼物，比方说一盒巧克力或者一瓶香水。

49.给她买一套漂亮的衣服（你可以向店员描述她的外貌和尺码，让他们帮你挑一套合适的衣服）。

50.在某些特别的时刻，帮她拍照留念。

51.和她外出度过一个愉快的周末。

52.让她看到在你的钱包里装着她的照片，并不时更换最新的照片。

53.你们一起住酒店时，可以让服务人员事先帮你们准备些特别的惊喜，比方说一瓶香槟酒，一杯亮晶晶的苹果汁或者一束鲜花。

54.在某些特别的日子，比如生日或者结婚纪念日时，给她送张卡片，写上几句祝福的话。

55.长途旅行时主动驾车。

56.在驾车时，如果她坐在相对危险的前座，你应该减缓速度，尽量安全行车。

57.留意她的感觉，并不时发表评论："你今天看起来心情不错"，或者"你看起来很累"，并及时询问她："你今天过得怎么样?"

58.开车出门时，事先弄清方向和路线，不要让她承担起指路的责任。

59.和她一起跳舞，或者两人同时参加一个舞蹈班。

60.给她写一首情诗，或写封情书，让她喜出望外。

61.温柔地对待她，仿如回到了你们最初相恋的时光。

62.主动询问家里有什么需要你修理的东西。可以问她：“有没有什么东西坏了，需要我来修理？现在我正好有空闲时间。”当然，不要做超出你能力限度的事。

63.帮她磨快厨房的菜刀。

64.买一些强力胶，把破损的东西粘好。

65.灯泡坏掉时及时更换。

66.协助清理和分类垃圾。

67.大声读出或帮她剪下报纸上她感兴趣的新闻。

68.工整地记下你替她做的电话留言。

69.保持浴室地板清洁，在洗完澡后，把地板拖干。

70.主动替她开门。

71.外出购物时主动提东西。

72.替她扛重的箱子。

73.旅行时负责照管行李，并把行李放进车里。

74.轮到她洗碗时，帮她擦干净污点，或者处理一些棘手的小问题。

75.在厨房钉一张“修理单”，让她做记录，以便你有空时进行修理。不要拖太长时间。

76.她为你做晚餐时，赞赏她的厨艺。

77.与她说话时，要保持眼神交流。

78.在你对她说话时，触摸她的手。

79.对她白天做的事、阅读的书或者接触的人表示出关注与兴趣。

80.在听她说话时，不时发出一些表示正在倾听的语助词，例如：“哦”，“唔”，“啊”，等等。

81.询问她的心情与感受。

82.假如她生病了，要及时问候她的病情，询问她：“你现在感觉怎么样？”

83.她疲惫时，及时递上一杯茶。

84.一起做好睡觉前的准备，一起上床就寝。

85.离开时与她吻别。

86.她在说笑话时，发出笑声，欣赏她的幽默。

87.她为你做事时，要在口头上表示感谢。

88.她剪新发型时，要及时留意并表示出赞赏。

89.时常享受二人世界。

90.在你们俩亲热的时刻，或者她与你分享心情时，不要贸然地去接听电话。

91.一起骑自行车，哪怕只是一段短短的路程。

92.准备一次野餐（记得要携带野餐垫布）。

93.在她清洗衣物时，把脏衣服放进洗衣机里，帮助她完成一些清洁工作。

94.把孩子留在家里，和她一起散步。

95.与她一起商讨问题，告诉她你尊重她的想法，也需要她尊重你的想法。不要永远牺牲自己做“圣人”。

96.你出门时，告诉她你很想念她。

97.回家时给她捎点她喜欢的甜点。

98.如果平时一直是她采购食物，偶尔你要主动帮她采购。

99.在某些重要的特殊时刻，不要吃得太撑，否则你很快就会昏昏欲睡。

100.询问她这个清单里还有哪些可以补充的事项。

101.用完洗手间时，不要忘记把马桶圈放下来。

小事情的魔力

男人为心爱的女人做一些小事，在点点滴滴的细节上满足她，让她欢欣愉悦，这足以产生巨大的魔力。女人爱的“油箱”就能时刻保持“油满”的状态。男人与女人的分数相等或接近，女人便会沐浴在爱里，充满了幸福，相应地，她也会回报给男人信任与接纳，为他奉献更多。

女人为男人做一些小事，同样可以撼动他的心，使他充分地感受到女人的爱意。点滴的关怀与体贴，能抚平他心灵的伤害，化解积累已久的怨气。男女双方在小事情上满足彼此的情感需求，女人就能感受到男人的爱，并回报给男人更多的爱，男人的体内就如同注入了无穷的力量，使他产生更多的激情。这是一个良性的循环，两个人都得到了满足与欣慰！

男人需要女人的鼓励

正如女人需要男人持续不断地为她做一些小事情，女人也需要男人对她每一点小小的付出表示出感激与赞许。女人的一个微笑，一声道谢，就意味着她在“情感计分榜”上为男人打下了1分。唯有得到了女人的感激与鼓励，男人方才有动力继续为女人奉献。他渴望与众不同的感觉，相信自己能创造奇迹。如果女人不知感恩，把男人的付出看成是理所当然的事，男人慢慢也就不再付出了。

不过，感恩并不需要夸大其词。比方说，在男人为女人倒了一次垃圾时，她不需要感恩戴德，只需一声轻轻的“谢谢你”，就能让男人心里感到一阵暖意，他会更愿意为你做一切事情。

必须接受男人的天性

男人一直苦心孤诣地要做一件大事情、送一份大礼来取悦女人，却忽视了在细微之处呵护与体贴女人。对于男人这个特点，女人如果能理解和包容，在男人无暇顾及太多的时候，她就不至于有受伤的感觉。她不再对男人怀有敌意与怨恨，相反，她积极地做出一些努力来推动男人改变。她会不断地告诉男人，她非常感激男人为她做的点滴小事，男人看到女人心胸如此宽阔，他会乐意为女人付出更多。

女人要清楚，男人关注大事而忽略小事，并不意味着他不爱她。不要和男人大吵大闹，或者惩罚他，而是主动开口寻求他的帮助，以便男人更加了解她的需求，更能投其所好地为她付出。给予男人足够的认同与理解，他就逐渐学会像重视大事一样关注小事。他会自动自发地在女人与家庭中投入更多的精力，努力创造幸福美满的生活。

调整精力与注意力

我清楚地记得，自己是如何把一部分精力与注意力转移到妻子身上的。邦妮和我刚刚结婚时，我是个彻头彻尾的工作狂。除了写书与开办研讨班以外，我每周还要进行50个小时的心理咨询。在我们结婚的头一年，邦妮就颇有怨言，她经常抱怨我把太多的精力都耗费在工作上面，冷落和忽略了她。

有时候，她会给我写上一封信，表达她的沮丧与悲伤。我们称这种信为“情书”。这是一封饱含着爱的信，其中也表达了各种各样的情绪，比如愤怒、悲伤、恐惧和哀愁。在第11章里，我还会深入地介绍“情书”的重要性，以及写情书的各种技巧。邦妮在信中，表达了对我的不满：

亲爱的约翰：

我写这封信，是为了与你分享我内心的一些真实感受。我并不是强求你应该如何行事。我只是想告诉你，我感觉如何，我的心情是什么样的。

你整天只关心工作，这让我非常生气。每天你回到家中，已经疲累不堪，一言不发，没有任何精力关注我了。我特别渴望你能抽点时间留给我，留给这个家。

我感觉，你似乎更在意你的客户。在你心目中，我的地位微乎其微，我伤心极了。我非常担心自己成为你生活中的负累，我更担心我成为你心目中最无关紧要的一员。所以我整天抱怨不休，让你心烦意乱。

如果这封信让你感到难过，我真诚地向你表示歉意。我知道你一直在努力让我幸福。为了这个家，你付出了太多。看到你工作如此努力，我心里充满了感激。

邦妮的信对我有如当头棒喝，顿时让我恍然大悟。的确，长久以来，我冷落了妻子的感受。我关注我的客户远胜于关注自己的妻子，每天晚上回到家中，我已经累得连话都不想说，根本谈不上关心她，这就难怪邦妮的内心会滋生出委屈和怨气了。

当男人超负荷工作时

当然，我漠视和忽略了妻子，并非出于我的本意。我并不是不爱她或者不在乎她，我的工作很忙，耗尽了我所有的精力，让我根本无暇再顾及她。我天真地以为，只要我卖命地工作，赚到更多的钱，在物质上创造出更好的条件，妻子就会感激我、爱我。可是，她的信却让我猛醒过来，意识到自己犯了多大的错误。于是，我开始计划要改变这种状况。

首先，我减少了会见客户的数量，原来一天我要见8名客户，现在我缩减为7名。我把邦妮当成我的第8名客户，而且是我最重要的大客户，需要我最高度的关注与照护。每天晚上我提前一小时回家。回到家中，我帮助邦妮做许多零零碎碎的小事情。这样做果然收到了立竿见影的效果。我让妻子更加幸福快乐，而我自己也得到了同样的回报。

我在家庭中投入更多以后，逐渐地感受到妻子给予我的感激与爱。我不再把事业成功当成我的终极目标，家人的幸福与快乐在我的心中占据了更大的分量。我学会了放慢节奏，不再急匆匆地生活。让我惊喜万分的是，在我与妻子的感情愈加深笃的同时，我的事业也得到了巨大的提升，尽管我不再像以前那样拼命地工作。

我发现，此时我的工作与感情得到了双赢。能够把这两件事同时处理好，给我带来巨大的愉悦与幸福。我深切地体悟到，事业的成功不仅需要个人的努力，同时也有赖于家人的支持与理解。我从家人那里获取了更多的爱，这让我信心百倍，充满力量，因此别人更加信任我的能力。

女人如何给予帮助

这一切的改变，与邦妮的贡献密不可分。她坦诚无私地向我分享她真实的感受，自信地要求我给予她更多的支持，在我为她付出时，她及时报以感激与欣赏。我慢慢感受到了为爱人付出时的快乐。我不再矻矻以求地追逐功成名就，这让我轻松自如了许多。我学会停下脚步，慢慢地欣赏风景。其实，幸福就是如此简单。

女人的打分

女人拥有一项超人的本事，在生活中，她能在细微的小事中挖掘出与重要大事同样的快乐。这对于男人来说，是一种福音。许多男人都挖空心思、竭尽所能地想做一番惊天伟业，他们以为，唯有如此方能赢得女人的爱。在内心深处，他们希望得到他人的认同与赞赏。他们不明白，即使他只是一个无名小卒，只要能在小事情上给予女人爱与关怀，女人一样会为他们计下高分。

> 许多男人都挖空心思、竭尽所能地想做一番惊天伟业，他们以为，唯有如此方能赢得女人的爱。

男人对成功的过度迷恋与追求，有时变成了一种病态。但是女人有办法治疗。女人只需开出简单的药方：对男人为她所做的事情，无论大小，都报以感激与欣赏。女人如果不理解这对男人具有重要意义，她就会保持沉默，任由怨恨与不满在内心悄悄滋生。

治疗怨恨的“流感”

女人特别在意细节小事，可是，矛盾的是，她们却又经常忘记对男人做的小事表示赞赏和感谢。若是她感到两人的得分并不平衡，或者是她根本没意识到男人非常在乎她的感激与欣赏，她就会三缄其口，仿佛男人做的小事根本不值一提。她认为自己付出的比男人多，因此，满心郁闷，患上了“怨恨流感症”，她不再去关注男人的付出，对男人所做的一切都视而不见。

怨恨的情绪，与感冒发烧一样，都是不健康的。患上“怨恨流感症”的女人，就算男人为她做得再多，她都视若无睹，无动于衷。而且，依她的计分标准，她付出得比男人更多，她才是一直得高分的人。

假如情感计分榜上的男女比分是10：40，女人的得分远超过男人时，她心中开始积累委屈和怨气。女人以为，自己的付出比收获多得多，她的心理失去了平衡。女人在付出过多时，心有不甘。不知不觉中，她把男人原来的10分一笔勾销，比分成了0 ： 40。

女人把男人的分数削减成零分，这对男人是非常不公平的。无论如何，男人还是付出了一些努力，他的得分应该是10分。可是，沉浸在怨恨和不满中的女人根本看不到男人的付出。男人回家时，她冷若冰霜，仿佛在谴责他的零分。

女人把男人的分数一笔勾销，是由于她感受不到男人的爱。他们的分数悬殊，这让女人感到她根本无足轻重。

女人的怨恨，造成的恶果是男人同样不再感受到她的激励与欣赏。他同样患上了“怨恨流感症”，失去了激情与动力。他再也不肯为女人做什么，他以为，自己付出再多也不会得到女人的认可。他们都陷入了恶性循环，男人的变化让女人更加绝望，更加怨恨，他们的感情进一步恶化。

女人应该怎么做

治疗“怨恨流感症”的药方，在于男人和女人都必须为对方着想，从对方的立场考虑问题，以理解的心态打开心中的死结。女人要对男人的付出表示感激与认可，男人要对女人及时给予支持与安慰。否则，他们的感情痼疾就会病入膏肓，再也无法挽救。

女人必须承担起一定的责任，作一番自我检讨。由于她付出得太多，使得情感计分榜上的比分出现了悬殊的状况。她不能只是坐着等男人来帮助她。她有责任把自己的需求告诉男人。而且，她要好好休息一番，不再过多地为男人操劳了。女人要谨记，不要强迫自己无休止地付出，有时候也要让男人上场，给他一展身手的机会。

有时候，满心怨恨的女人戴上了一副有色眼镜。她不给伴侣照顾自己的机会，只顾独善其身。男人想试着为她做点儿什么，她厌弃地一把推开男人，无论男人表现如何，她只会给男人计上零分。女人要明白自己犯了付出过多的错误，正确的方法是她不再对男人满腹怨言，指责不休，而是把“情感计分榜”清零，重新开始计分。让男人弥补自己的过错，不再计较过去的问题。这样，方能清除感情中的阻碍，彻底地治愈“怨恨流感症”。

男人应该怎么做

男人感受不到女人的认同与激励，他就懒得再去付出。要避免感染上“怨恨流感症”，男人必须认清一个事实：对于心存怨怼的女人，无论你做什么，她也不会为你计分的，也就谈不上怀有感激与认同的态度。

男人应该勇于承担起责任。既然过去是他有所亏欠，他就应该弥补女人更多的爱与支持。女人愿意再付出之前，她必须从男人那里得到更多，才能弥补她心灵的空缺。

为何男人给得更少

男人以在感情关系中表现得自私自利而臭名昭著。女人们一致断定男人只想获取而不想付出。或许，你有着同样的感情经历。女人总是抱怨伴侣在最初相识时满怀热情，温存体贴，可是，随着时间的推移，男人逐渐本相毕露，变得懒散消极。男人同样感到了女人的不公平对待。他们以为，刚开始时，女人是那样的善解人意，宽宏大量，可是，她们逐渐变成了一个满腹怨恨、苛刻挑剔的怨妇，让男人无法忍受！要是我们明白男女之间存在的差异，就很容易解答这个问题了。

下面，我们列举五种男人停止付出的原因。

1.火星人看重公平

如果男人把全部精力放在工作上，处心积虑地为家庭创造更好的物质条件，他便感到自己已经是一名成功人士，他会以为自己理应 在“情感计分榜”上得高分。于是，等他回到家中，往沙发上一坐，一动不动等着女人来“伺候”他。他以为，女人唯有这样做，才能赢得与他相等的分数。他根本不清楚，在女人的标准里，他只挣下了1分而已。男人以为，自己在工作上投入了那么多，不需要回到家中仍然保持着忙碌的状态，因此，他停止了付出。

男人有着一套自以为很公平的计分标准。他认为，“男主外，女主内”，女人应该全力以赴，承揽下家中所有的家务，才能挣出与他持平的分数。他显然忽略了一个事实，不论他的工作成就有多辉煌，在女人的计分牌上只能计下1分。我首先要给男人与女人以下的忠告：

给男人的建议：要记住，对于女人来说，大事情与小事情的重要性等量齐观。所有爱的礼物，无论大小，在她的心中都具有同样的价值。为了避免制造怨恨，男人需要随时随地为女人做一些小事情。即使是小小的付出，也会有不菲的回报。

给女人的建议：记住男人来自火星的事实，他们不会自动自发地做一些微小的事情。相较之下，他付出得少了一些，这不是他存心要伤害你，也不代表不爱你，只是因为他错误地认为自己已经给了足够的份额。女人千万别往心里去，不要和男人锱铢必计地核算谁付出得更多。她必须不断地鼓励男人，并给予支持，而不是心怀绝望地坐待男人的帮助，更不要等到两人分数悬殊时才开口要求男人付出。不要用强迫性的口吻命令他，要相信，男人非常爱你，他乐意为你做一切的事情，他只是需要你的认可和鼓励。

2.女人崇尚不计条件的爱

在爱情中，女人总是无私地奉献出自己的全部。只有当她感到自己付出太多，精疲力竭时，她才会猛然醒悟过来。

我们都知道，事实不是这样的。男人也会慷慨地为女人付出，但是，当他看到他的分数远远超过女人时，他就会停下来不再给予。男人倾向于一次性付出很多很多，然后坐等女人的回报。

女人深爱着一个男人时，她心甘情愿地为他付出，在奉献的过程中，她春风满面，态度和善。男人本能地以为，此时自己的得分远超过女人，女人这样做，正是为了赢取她的分数。男人永远从自己的角度出发，如果两人分数出现悬殊的局面，他的得分远胜过女人时，他就止步不前了。他很少像女人那样，会勉强自己不计回报地奉献一切。

如果他感到自己付出太多回报太少时，男人就会不再为女人鞍前马后地效劳了。笑容从他的脸上消失了，他似乎极不情愿看到自己的得分远超过女人，他认为自己无须给予更多。男人这个观念也使得他误判了女人。假如女人慷慨地为他付出一切，笑容可掬，毫无怨言，他就理所当然地以为他的得分极高。他不清楚女人拥有一项特殊的本领，哪怕她与男人的比分是30：0，她仍然能够继续为男人付出。

给男人的建议：要记住，女人面带笑容地给予与付出，并不意味着两人的分数持平。男人必须学会检视自己的得分，理解女人的感受。

给女人的建议：如果你在为男人付出时，感到自己付出太多，得到太少的话，那就果断地停下来，不要再为他任劳任怨地奉献了。放手让男人承担责任，让他为你做一些小事情。鼓励他在细小的事情上帮助你，并且要大方地表达出你的感激与欣喜。

3.向火星人求助时，他才会给予

火星人以自立自强为傲。除非真的需要别人帮忙，否则他决不会轻易开口。在火星上，未经许可就上前帮忙，被视为是一种鲁莽无礼的行为。

在金星上就完全不同了。金星人常常急不可待，没等别人开口她就主动提供援助。要是她深爱着一个男人，她更是不计回报地要奉献出一切。她爱得越深，付出得就越多。

男人如果没有主动地帮助女人，女人常以为他不再爱她了。她甚至噤口不言，消极被动地等待男人来帮助她，以此来考验男人的爱有多深。若是男人无动于衷，她就满腹怨言恼怒不已，无法释怀。其实，男人一直在等她开口求助！

我们可以看到，男人一直致力于保持两人分数平衡。假若男人感到自己付出太多，他就本能地停止付出，理直气壮地要求更多的支持。他觉得，现在轮到女人为他服务了。男人如果觉得自己付出得少，他就会相应地减少对伴侣的要求。不过，他不会直接开口说，而是本能地寻找其他的途径。

如果女人没有开口要求男人付出，他就会认为现在两人的分数持平，他应该得到更多才是。女人一直在等他主动支持她，可男人却完全蒙在鼓里。

给男人的建议：女人即使有需要，她也会被动地等待男人去帮助她，而不会主动开口求助。她期望你能主动而积极地支持她。你应该学会在各种小事上照顾她的感受，及时送上一份温暖。

给女人的建议：你要给男人提示，让他知道你需要支持与帮助。他一直在等你求助。如果你根本不开口要求他关心和呵护你，他会把大部分精力都投入到事业等比较重要的大事上面。因为，在他的观念里，挣到更多的金钱，就是对家庭的贡献。

4.哪怕分数不平衡，女人仍然会说“是”

哪怕女人的分数远高于男人，但在男人开口要求她给予更多时，她依然会同意男人的请求。许多男人没有意识到这个事实。只要女人有能力，她肯定鼎力相助，毫不吝惜。她从来不会刻意要保持两人得分平衡。因此，男人应该适可而止，不能需索无度，以至于忽略了她的感受。一旦女人感到付出多于回报，在一段时间以后，她内心的怨恨与不满便会越积越多。

男人误以为，只要女人对他的要求表示首肯，这就表示他们的分数相等，谁也不欠谁的。我记得有这么一件事。我和邦妮结婚的头两年里，我们每周会去看一场电影。终于有一天，她大动肝火地冲我嚷道：“你这个人总是只为自己考虑，只想着满足自己的需求。我们从来没做过我真正想做的事！”

我完全愣住了。我提出看电影时，邦妮从未有异议，我还以为她像我一样，很喜欢去看电影。

有时候，她会暗示我城里正在上演新的话剧，或者提及她很想去听一场交响乐。有一次，我们开车经过一家戏院时，她脸上出现了艳羡的表情：“我觉得，这次表演应该很有意思！”

一周后，我完全忘记了这一码事。我仍然像往常一样对她说：“我们去看场电影吧，听说有一部新的大片非常不错。”她还是愉快地答应了我。

于是，我收到了一个错误的讯息，邦妮和我一样喜欢看电影。当然，她很喜欢和我待在一起，看电影也不是不可接受，但是，她更希望能去看看话剧或者听音乐会，这才是她的真实意愿。这就是为什么她不断地向我暗示的缘故。可是，每次我提出要看电影时，她却仍然回答“是”，这让我误解了她的意思，我不知道她牺牲掉自己的需求来满足我。

给男人的建议：哪怕女人对你言听计从，百依百顺，这也不等于你们的分数相等。她的分数很有可能高出你许多，但她依然为你付出，为你服务。对你的各种要求，她有求必应。

给女人的建议：对于男人的要求，不要过快的回答“是”，否则他会产生错觉，以为自己付出了太多，或者你们的分数是相等的。如果你感到自己的付出远远超过了得到的回报，你就应该断然拒绝男人。而且，你还应该用适当的方式要求他为你付出。

5.男人实行“扣分原则”

女人很少知道，男人如果感受不到她的爱与支持时，就会实行“扣分原则”，对她进行惩罚。如果女人表现出对男人的不信任，不理解和缺乏爱意，他就会削减她的分数，甚至给出负分。

比方说，如果女人对男人的付出安之若素，认为这是理所当然，没有表示出感激与认同，他就有了严重受伤的感觉。男人心有不甘，索性取消了女人应得的分数。如果她原本应该得10分，心存怨恨的男人就会把10分全给扣光；如果他受到的伤害非常深，他甚至还会打出负20分。最后，女人还倒欠了他10分。

女人对此非常困惑不解。她好不容易才得到与男人持平的30分，可是，在男人发怒的短短瞬间，他居然就把她应得的分数悉数扣光了。男人以为他有充足的理由这样做，他认为女人欠了他。在他的观念里，这样做是公平的。从数学原则上说，这是没错，但这种做法在情感关系中，却是相当不明智的。

“扣分”严重破坏了两人的感情。这不仅让女人感受不到男人的认同，而且还让男人变得吝于付出，漠不关心。如果女人只是偶尔表现出一些让男人不满的行为，男人就对此大动干戈，非要扣光女人的分数，那么，他就会把女人其他的付出全部抹杀。男人丧失了爱的动力，变得消极麻木，心中的爱枯萎了。

给男人的建议：我们建议男人要放弃“扣分原则”，因为，这对女人相当不公平，而且也严重损害了你们的关系。即使你觉得自己没有得到爱，受到了女人的冒犯与伤害时，最好能宽容地谅解她。多多想想女人的好处，而不是一下子把她的分数全都扣光。你不应该惩罚她，而是应该诚恳直接地告诉她你的感受。让她知道你受到了伤害，心里很难过。让她有道歉的机会，能弥补她的过错。惩罚是最无济于事的行为。给她更多的机会，让她满足你的需求，你也会好过得多。要记住，女人来自金星，她常常不知道，她无意间就伤害了你。她也很少真正明白你的需求。

给女人的建议：女人要明白男人有实行“扣分原则”的倾向，你可以采取两项措施来保护自己。

(1) 你要明白，把你的分数一笔勾销，这是男人的错。要以尊重的态度告诉男人，你心里非常难过，你并不喜欢他这样做。下一章中，我将教你一些将心中的消极与负面的感受告知对方的技巧。

(2) 男人感觉不到女人的爱，他就会把她的分数扣掉，可是，一旦女人给予他爱与理解，很快他又把原来的分数填补回去了。他为女人做的点点滴滴，得到了女人的欣赏与认可，他就受到了莫大的鼓舞，他擅自扣掉女人分数的坏习惯也会逐渐改掉。女人要不失时机地表达你的爱意与感激，这样，男人才不会有受伤的感觉。为了做到真正地理解男人，女人不妨从火星人的立场感受一下他的真实需求。

倘若你有意无意地伤害了他，要及时向他表示歉意。最重要的是，要让他感受到你的心意。假如他遭到过你的拒绝，他就会怀疑你想控制他，改造他。要给予他足够的信任与理解，让他充满自信。要接纳与认可他的本来面目，满足他的情感需求。如果他不够自信，给予他赞美。你要让男人感到，在你心目中，他是一名真正的英雄。正确地表达出你的爱，就能使他尽早放弃“扣分原则”。

女人很难搞清楚男人受伤的真正原因。其实，连男人自己也未必明白。他躲进“洞穴”里，不发一言。事后，他也不愿意谈论自己为何受到了伤害。作为女人，你应该如何了解真相呢？仔细地研读本书，体会男人不同的爱的方式，就是一个良好的开端，只要在感情生活中加以揣摩与演练，就能提高感情质量，改善感情关系。

女人还有一招可以运用——顺畅的沟通，也能够使你切实地理解男人。我上面已经提过，女人愈是敞开心扉，将自己的想法与感受坦诚地告诉男人，男人越是能够对她毫无隐瞒，把他的烦恼忧愁和盘托出。

男人如何打分

男人的计分原则与女人完全不同。倘若女人对他的付出表现出感激与认可，他就会深受鼓舞，相应地，他会为女人计下1分。为了保持分数平衡，男人在女人身上只想获取爱。女人不懂得这个道理。她经常不计一切地为男人付出，甚至超出了自己所能承受的范围，以博得男人的好感，可是，这样做的后果，反而是打破了平衡的局面，滋生出不少问题。

男人在分担家务时，也需要女人的热情参与。如果没有了女人的感激与赞美，男人就会感到他的付出毫无意义，不值一提。男人渴望得到女人的激励。

男人更需要的是女人的感激与认同，这样他才能感受到爱。男人在分担家务时，也需要女人的热情参与。如果没有了女人的感激与赞美，男人就会感到他的付出毫无意义，不值一提。男人渴望得到女人的激励。

假若男人在细节小事上从来不关怀与照顾女人，那么，他就不要指望女人对他所做的大事有何感激之情。女人在细枝末节上感受到了男人的呵护、理解与尊敬，她的基本情感需求就得到了满足。

男人力量的源泉来自于女人的认同与激励。与女人一样，男人同样也有爱的“油箱”。不过，女人不需要做出太多才能把“油箱”填满，只要对男人报以感激与鼓励，他的“油箱”就会自动装满燃料。

女人为男人精心地准备一顿美餐，男人既可能打1分，也可能打10分，这取决于女人以怎样的心来对待他。如果女人心里对男人充满了怨恨与不满，那么，男人就会认为她做的这顿饭简直味如嚼蜡，他甚至会给出负分。让男人满足的秘密，在于让他切实感受到你的爱意，而不是一味地操劳。

坠入爱河的女人，一举一动无不体现出浓浓的爱意。男人亦是如此。男人在行为上表现出对女人的爱，逐渐地，他的心灵也会充盈着爱情。即使他有时感觉自己不爱这个女人，但是，他仍然可以做出一些爱的举动。如果女人对他的付出表现出感激与赞赏，男人发现，自己原来对女人怀有的爱又逐渐回来了。

女人得不到男人的呵护、理解与尊重时，她就失去了爱的感觉。只是单纯地为男人奉献，并不能让她感受到对方的爱。一直付出而没有获得，只会增添她的怨气和委屈。因此，她需要平衡自己的付出，不让自己比男人奉献得太多。

我们建议男人，应该主动地为女人付出爱的行动，因为这能满足伴侣的情感需求。男人感到他有能力使女人欢笑，他便会敞开心灵，释放出更多的热情。

而女人，要把表达爱的感受放在首位，这样才能满足男人的感情需求。女人把爱意与感激传递给男人，男人也同样受到鼓舞，他会获得更多的动力为女人奉献。此时，两人心意相通，没有隔阂，沉浸在爱的欢乐里。

有时候，女人并不知道男人何时需要她的爱。在男人需要爱的时刻，女人能以正确的方式给予与付出，她的分数就会比平时高得多，甚至会一次得20～30分。

女人怎样从男人那里赢取高分

行为	分数
男人犯了错误时，女人不会埋怨地说："我不是早就告诉你了吗?"或者擅自给男人出主意。	10~20 分
男人让女人感到失望，可女人却宽容大度地原谅了他，没有因此惩罚他。	10~20 分
男人开车时迷了路，女人没有在一旁抱怨不休，不断地责怪他。	10~20 分
两人外出时，男人驾车迷失了方向。女人能够从他的过失中挖掘出美好的一面，她说："如果我们一下子走对了路，不就错过了这么美丽的落日了吗?"	20~30 分
男人忘记替女人买某样东西，女人说："没关系！下次你出去时再帮我买回来就行!"	10~20 分
男人下一次还是忘记替女人买某样东西，女人依旧保持着信任与耐心，她宽容地说："没关系，下一次不要再忘了就可以。"	20~30 分

女人无意中伤害了男人，她心中怀着愧疚之情，向男人表示了深深的歉意，并用爱与支持补偿他。	10~40 分
女人向男人开口求助，男人却一口回绝。她并不会因此生气。她相信男人如果有能力，就一定会帮助她。她不会拒绝和排斥男人。	10~20 分
下一次，她开口求助时,仍然遭到男人的拒绝。她不会让男人产生负罪感，她接受了男人的能力极限。	20~30 分
她向男人求助时，不会采取咄咄逼人的态度，让男人产生压力。此时，男人会认为他们的得分持平。	1~5 分
在她情绪低落沮丧时，或者他知道她付出更多时，她向男人开口求助，不强求或者颐指气使地下命令。	10~30 分
男人躲进“洞穴”中，她不会让男人产生负疚，而是给予他一定的自由。	10~20 分
男人走出“洞穴”，她张开双臂热情地欢迎男人归来，不会惩罚和排斥男人。	10~20 分

男人向她承认错误，请求原谅时，她宽容大度地给予了谅解。这时，男人的错误越大，他给予的分数就越高。	10~50分
他向她求助时，她却无力帮助男人。不过，她没有找借口，编造出一大堆理由来搪塞男人。	1~10分
他向她提出请求时，她爽快地答应下来，并且兴高采烈地完成男人的请求。	1~10分
两人吵架后，男人为了弥补过错，做一些小事情来让女人高兴起来。女人不会继续发脾气，而是不计前嫌，表达对他的感激与爱意。	10~30分
男人回到家中，女人笑脸相迎。	10~20分
她不赞同男人的观点和行为，可是，她却没有形诸于色。她进入另一个房间，让情绪冷静下来，然后重返男人身边，对他依旧怀有爱意。	10~20分
在某些特殊的时候，男人犯下了平时会惹怒她的错误，她却采取了忽略不计较的态度。	20~40分

她很享受与男人的性爱。	10~40 分
他忘了钥匙放在哪里了，女人没有死死地盯着他，用眼神无声地责备他丢三落四，缺乏责任感。	10~20 分
在约会时，女人不喜欢他选择的餐馆或者电影。她相当委婉地表达了自己的意见，给男人留面子，注意不要伤害到男人。	10~20 分
他驾车或停车时，她没有指手画脚地指挥男人，而是感激男人把她送到了目的地。	10~20 分
她不计较男人的错误，而是继续向男人寻求支持。	10~20 分
她心平气和地表达自己的消极感受，没有表露出对他的谴责、埋怨之意。	10~40 分

女人如何得到高分

以上这些例子，展示了男人与女人完全不同的计分标准。当然，女人没有必要完全做到以上列出的每一条。这个表格，揭示了男人何时最为脆弱的秘密。在男人需要女人的包容与理解时，女人能响应他的要求，男人自然不会吝惜给女人打上高分。

我在第7章已经讨论过，女人付出爱的能力就像一根波浪线一样上下起伏。当她的情感波浪线上升之时，她给予爱的能力也就大为提升，这时，她就能得到比平时更多的分数。女人不用强求自己任何时候都保持一流的状态，这很难办到，所以，女人不必追求完美。

女人付出爱的能力存在着波动，同样的，男人对爱的需求也有着上下起伏。我们上面提到的例子中，我们可以看到男人给的分数不尽相同。这只是一个大概的分数值，在男人特别需要女人的爱与理解时，女人能满足其需求，他就容易给女人打高分。

比方说，男人犯了错误，他感到羞愧难当，无地自容，此时，他最最需要女人的爱与宽容。倘若女人能表现出通情达理的态度，男人打下的分数就特别的高。他犯的错误越严重，他给的分数就可能越高。倘若在他犯下了非常严重的错误时，遭到了女人的拒绝与批评，他一气之下，可能还会给女人打出负分。

比方说，男人犯了错误，他感到羞愧难当，无地自容，此时，他最最需要女人的爱与宽容。倘若女人能表现出通情达理的态度，男人打下的分数就特别的高。他犯的错误越严重，他给的分数就可能越高。

男人为何会自我防卫

男人犯错时女人不依不饶，纠缠不休，此时，男人就会变得怒不可遏。通常来说，他生气的程度取决于他犯的错误大小。若是小错的话，他不至于大发雷霆；如果是大错，那他就有可能暴跳如雷了。犯了错的男人急于捍卫自己，于是，摆出一副高度戒备的状态，似乎要和女人激烈地论战一番。女人有时很奇怪为何男人死不认错。原因其实很简单，他害怕得不到女人的原谅。承认自己犯了错，让女人失望不满，这让男人很是痛苦。于是，他非但不道歉，反倒对女人的责怪产生抵触与反感，狠狠地扣掉了她的分数。

男人处在消极情绪中时，他烦恼郁闷，暴躁易怒。女人最好能像躲避龙卷风一样暂时避其锋芒。

男人处在消极情绪中时，他烦恼郁闷，暴躁易怒。女人最好能像躲避龙卷风一样暂时避其锋芒，不作正面对抗。要知道，男人的脾气来得快去得也快。等雨过天晴、阳光重现之时，男人自会给女人打上高分，因为她既没有大肆刁难他，也没有试图改造他、修理他。如果女人胆敢与龙卷风对抗，这只会造成更大的破坏。她的妨碍与干涉，只能让男人产生怨怼与愤恨。

在金星上，情感的“龙卷风”根本不存在。如果一个金星人有了烦恼，其他金星人必定会上前嘘寒问暖，热心地提出一大堆建议，要帮她找出症结所在，她们争先恐后地伸出援手，毫不掩饰自己的关切之情。袖手旁观的做法在金星上是闻所未闻的。可是，在火星上，当“龙卷风”过境时，却是一片肃杀之气，人们纷纷寻找可供藏身的掩体，等待风平浪静。

男人何时实行“扣分原则”

女人了解了男人的计分原则以后，就能够对症下药。男人的“扣分原则”让女人惶恐不安，她内心缺乏安全感，不敢将自己的想法与感受向男人和盘托出。当然，倘若男人意识到“扣分原则”的不公平及不合理，或许矛盾会少很多！但是，指望男人能够在一朝一夕间发生改变，这不太可能。不过，令女人安慰的是，男人一旦感受到女人的爱与支持时，他又会迅速把扣掉的分补偿给女人了。

女人付出太多，获取太少时，也会把男人的分数扣成零分。假若男人明白女人患上了“怨恨流感症”，及时地给予她爱与关怀，女人很快就能走出负面情绪。

与此相同，女人若是看到男人扣掉她的分数，她应该明白此时他也患上了某种坏情绪的流感症。他需要女人的格外关照，才能彻底痊愈。女人的爱使他感到鼓舞，信心百倍。他感激地给她更多的“附加分”，很快，两人的分数得到了平衡。

当男人态度冷漠疏远，或者感觉受伤时，女人能够给予他爱和支持，就会为自己赢得高分。男人也可以为女人做一些小事情（类似我们前文提过的“男人赢得高分的101种方法”）而从女人那里得到高分，女人也可以按照我们上面的建议，做一些小事情来满足男人的需求，最终，他会给自己心爱的女人打下高分。

记住你们的差异

男人与女人时刻记住彼此的差异，就能化解许多矛盾与冲突。维系一段美好的感情，用心学习与揣摩本书提供的各种理论与技巧，不断地在现实生活中实践和演练，最终，你将大获其益。

第11章

如何沟通负面情绪

我们沉湎于负面情绪时，在短时间内，原来的信任、爱护、理解、接纳、认可和尊重全都无影无踪了。在那一刻，哪怕是良好的动机也会恶化为一场战争。在气氛紧张的时候，我们都忘记了应该用正确的方式与对方进行交流。

女人总是不自觉地责怪和埋怨男人，让他们感到自己犯了错。她忘了男人已经尽力而为了。她只想着最糟糕的结局，然后大肆抨击，发泄怨气。一旦女人被坏情绪所左右，她就很难用充满信任、认可与欣赏的方式和男人说话。她根本不明白，她恶劣的态度对伴侣具有多大的杀伤力。

男人处于负面情绪中时，也比女人好不了多少。他总是指责女人的想法和感受。他忽视了女人既脆弱又敏感的特性，他的言辞既犀利又刻薄。男人在生气时头脑不清醒，很难以尊重、体贴的态度与女人交谈。他同样没有意识到，他会给女人带来多大的伤害。

此时，单用言语来表达心声已经失效了。幸运的是，我们还有一种更好的方式。你可以给你的伴侣写一封信，用文字来传递你的想法和感受。

学会用书信来表达你的消极情绪，会让你清楚地认识到自己的处理方式有何不妥。在反省中，你学会修正和调整自己的态度。书信还可以宣泄掉你的负面情绪，不必一味地压抑自己，给积极情绪留出空间。你不会再纠结于怨恨与烦恼中，不断地指责、抨击和抱怨对方，从而更容易得到对方的理解、认同和接受。

不管你是要与伴侣分享感受，还是只为了自我发泄一通，写信都不失为一种重要的沟通手段。

写完信后，你会发现心中的怨恨都烟消云散，原来的爱与理解又回来了。不管你是要与伴侣分享感受，还是只为了自我发泄一通，写信都不失为一种重要的沟通手段。

当然，你不见得把感受写在纸上，也可以在脑海中进行想象。

你抑制住说话的冲动，在脑海里思考一下刚才发生的事，在内心深处与自己对话，完全地表达个人的所思所想，你就能挣脱怨恨的束缚，让心灵自由而快乐。不管你是用笔来说，或是在脑海中进行想象，把那些负面情绪处理解决掉，你就能放下心灵的包袱，重新轻装上阵。同时，你的情绪也会变得积极而乐观。我把这种方式称为“情书技巧”。

如何训练“情书技巧”

“情书技巧”是释放负面情绪、以爱与理解进行沟通的最好方法之一。通过某种特定方式来抒发心中的感受，就能让原来消极的情绪转变得积极乐观。通常来说，“情书技巧”有三个步骤：

1.在你的情书中，向伴侣传递你的愤怒、悲伤、恐惧、遗憾和爱。
2.为你的情书写一封回信，表达你希望从伴侣那里获取的东西。
3.把你的情书和回信与伴侣分享，询问对方的感受与想法。

“情书技巧”需要你灵活机动地运用。你可以完成三个步骤，也可以只执行其中的一两个步骤。比方说，通过前两个步骤，你就可以调整重心，摆脱掉怨怼与愤恨，与伴侣毫无阻碍地交流。有些时候，你可以执行完三个步骤，把你的情书与回信与伴侣探讨一番，寻求处理感情的恰当方式。

这三个步骤，是治疗感情痼疾的灵丹妙药。下面，我们举例来详细说明，应该如何运用“情书技巧”。

第一步：写一封情书

首先，找一个安静的场所，平静心绪，写一封信给你的伴侣。

在信中，向伴侣充分地传递你的愤怒、悲伤、恐惧、遗憾和爱。这种方式，能让你完全展现和理解自己的想法，因此，你能正确地面对问题，以爱与理解的态度与对方交流。

每个人都有消极沮丧的时刻，一时间各种感情袭上心头，让人不知所措。比方说，你对她的缺乏理解感到愤怒；他只顾工作不关心家庭，你可能感到难过；她对你缺乏信任，这让你愤愤不平，心情郁闷；你担忧对方永远不会原谅你；有时，你对自己失去了过去的激情而心怀内疚，但在内心深处，他（她）依然是你最爱的人，你渴求着得到他（她）的柔情与关怀。

为了获得爱与激情，我们有必要让消极情绪有一个发泄的渠道。“情书技巧”能有效地减轻消极情绪，给积极情绪让出空间。下面，我们就来介绍一下如何写一封最基本的“情书”。

1.给他（她）写一封信。设想你的伴侣正坐在你对面，以满怀着爱与理解的态度来聆听你的心声。

2.在信中，依次表达出以下几种情绪：首先表现出你的愤怒，然后是你的悲伤，再然后是恐惧，接下来是懊悔。最后以爱来结束这封信。每一封信都要有这五部分内容。

3.每一种情感都用一些简洁的句子来概述。每一部分的长度大致相同，尽量简明扼要，一目了然。

4.写下每一种情感后，稍作停顿，等待下一种感觉涌上心头。

5.在“爱的感觉”最后出现之时，不要轻易地结束这封信。要耐心地等待，直到爱的感觉围绕着你。

6.在结尾署上你的名字。花几分钟考虑一下你的需求与愿望，把它们记在附注里。

我们推荐你参考以下几封典型的“情书”范例。在五个部分中，有一些固定的引导性句式帮助你充分地表述你的情感。你可以酌情选择和使用。一般来说，释放情感的表述方式有：“我很生气”，“我很难过”，“我好害怕”，“我很抱歉”，“我需要”和“我爱”，等等。你不必非要按照我们推荐的句式来写作，完全可以根据你的想法，找出更能传递心声的句子。通常来说，写这样一封情书，需要花费二十分钟时间。

一封情书

亲爱的：

我写这封信，是想与你分享我的心情。

1.表达愤怒______________

我不喜欢______________

我觉得灰心丧气______________

我很生气______________

让我非常恼火的是______________

我希望______________

2.表达悲伤______________

我感到很失望______________

我很难过______________

我感到很受伤______________

我本以为______________

我希望______________

3.表达恐惧______________

我很担心______________

我好害怕______________

我很恐惧______________

我不希望______________

我需要______________

我希望____________________

4.表达懊悔____________________

让我尴尬的是____________________

我很抱歉____________________

我感到羞愧，因为____________________

我原本无意____________________

我不希望____________________

我期望____________________

5.表达爱____________________

我爱____________________

我想____________________

我理解____________________

我能谅解____________________

我很感激____________________

我感谢你为我____________________

我知道____________________

附注：我很希望能从你那儿听到这样的回应

下面，我们提供几封典型的情书范例，帮助你更好地掌握“情书技巧”。

情书一：消除健忘与疏忽

汤姆午睡过了头，忘了带女儿哈丽去看牙医。他的妻子萨曼莎很是生气。她没有和丈夫大吵大闹，发泄她的恼怒和失望，而是走进了房间，调整和梳理情绪，写了一封“情书”。于是，她找到了一种更易于接受的、充满爱与包容的方式，与丈夫进行沟通。

由于她用书信来表达心声，这就避免了拒绝与斥责丈夫的冲动。于是，他们过了非常温馨甜蜜的一个夜晚。下一星期，汤姆再也没有忘记带女儿去看牙医了。

下面就是萨曼莎的“情书”：

亲爱的汤姆：

1.生气

你忘了带哈丽去看牙医，我真是生气极了。我很讨厌你一睡午觉，就把所有事都忘得一干二净。我必须要承担起家里的大小事务，这让我很疲倦。你总是期望我能把一切都办妥，这让我疲惫不堪！

2.悲伤

哈丽错过了预约，没有看上牙医，我非常的难过。你怎么能把这么重要的事给忘了呢？这让我以后如何再信赖你呢？我知道，你工作很辛苦，每天回到家中，你能留给我的时间已经不多了，这让我伤心极了。你看到我时，眼睛里已经没有了爱意，我感到很受伤。你总是忘记我嘱咐的事情，我感觉你已经不在乎我了！

3.恐惧

我真害怕自己得做所有的事情。我真担心自己从此不能再信任你了。你似乎已经不在乎这个家庭。我害怕从此以后，我必须面面俱到地负责一切。其实，我很希望你能帮我分担一些事情。我需要你的帮助。可是，我却无法充分地信任你。我真担心你只关心工作，而忽略了我和这个家。我更担心劳累的工作会损害你的身体健康。

4.懊悔

你忘记了牙医的预约，这真叫人尴尬！每次你迟到时，我都替你感到难为情。很对不起，我让你有了压迫感。我不再像以前那样宽容大度，满怀爱意了，我自己也感到很羞愧。我不想排斥你，拒绝你。

5.爱

我爱你。我理解你只是因为工作太过劳累，一时忘记了我让你做的事。我知道你一直在全力以赴。我能够谅解你的健忘。谢谢你再次和牙医预约了。你愿意带哈丽去看牙医，我真的很感谢你。我知道，你非常关心这个家庭。我一直感受到你的爱。生活中有你相伴，这真是幸运。我想和你度过一个温馨的夜晚。

爱你的　萨曼莎

附注：我希望你告诉我，下周你会带哈丽去看牙医。

情书二：消除“冷落”

吉姆翌日清晨便要去出差了。前一天晚上，他的妻子弗吉妮娅想与他温存一番。她拿了一个芒果走进卧室里，准备给吉姆吃。此时，吉姆正聚精会神地阅读着一本书，他简单地回应了一句：“谢谢，我不饿。”弗吉妮娅感到了他的拒绝与冷淡，她很不高兴。她没有揪着吉姆唠唠叨叨，对他的冷漠和迟钝抱怨一番，而是走进另一间房，拿出笔来，写了一封“情书”。

写完信以后，弗吉妮娅感到心里的怨气和怒火已经排解出来了。她回到卧室里，对丈夫说：“亲爱的，这是你离开之前我们在一起的最后一个晚上。我们好好共度良宵吧！”吉姆放下了书本，他们度过了美好的一夜。“情书技巧”让弗吉妮娅充满了力量与勇气，让她自信地获取伴侣的关注。她甚至不必再与吉姆分享她的“情书”了。

亲爱的吉姆：

1.生气

在你离开的最后一个晚上，你却把注意力都放在阅读上，这让我非常生气。你好像对我视若无睹，毫不在意，似乎根本不想与我共度时光。你工作非常繁忙，我们很少有时间能在一起。在你的心目中，其他事情好像比我重要多了。我希望感受到你的爱！

2.悲伤

我很伤心，你不想和我在一起。你工作非常忙，回到家中，很少留意我在哪儿，在做些什么。你每天都那么忙，无暇顾及我的感受。你甚至不想和我交谈。你那毫不在乎的态度，让我深深受伤。我感到自己在你心中，根本算不了什么！

3.恐惧

我很害怕，你根本不知道我为何情绪沮丧低落。你对我冷冰冰的，让我不敢与你分享心中的感受，害怕你会拒绝我。我们的心距离越来越远，你是否对我感到厌倦了呢？你是不是已经不爱我了呢？这一切都让我忧心忡忡！

4.懊悔

我想与你度过一个美好的夜晚，可你却毫无反应，这叫我很尴尬。我对你要求过多，我感到非常抱歉。我不再像从前那么善解人意，温柔包容了，很对不起！你拒绝我时，我对你摆脸色，态度冷漠无情，我心里非常内疚。我应该多给你几次机会。我很后悔对你失去了信任。

5.爱

我一直很爱你，我很希望能做一些事让你快乐喜悦，我想与你共度良宵，做一些特别的事情。我谅解你那一刻的冷淡与疏远，我觉得这并不是你的本意。你当时正在阅读，不想被我骤然打断。就让我们过一个美好的夜晚吧！

爱你的　弗吉妮娅

附注：我想听到你这样回答我："我爱你，弗吉妮娅。我也很想与你共度良宵。我离开时，会非常想念你的。"

情书三：化解争吵与分歧

迈可尔与凡妮莎对一项家庭财政支出发生了争执。在短短几分钟内，他们就爆发了激烈的争吵。迈可尔大声咆哮着，情绪非常激动。后来，他竭力控制住自己，深呼吸了几次，对妻子说："我需要一些时间好好考虑一下，稍后我们再商量怎么办，好吗？"于是，他进入了另一间房，提笔写了一封“情书”。

亲爱的凡妮莎：

1.生气

看到你如此感情用事，让我很是恼火。你总是不能真正理解我的用意，我真是伤心。我们说话时，你态度冲动，无法冷静。而且，你的性格脆弱又敏感，容易受伤，这让我不知所措。你对我缺乏信任，总是抱持怀疑的态度，我非常生气。

2.悲伤

我们居然会争吵起来，我感到非常难过。你不信任我，怀疑我，这让我很受伤。我害怕会失去你的爱。我们不该争吵。两人观点不同，这很正常，我为何不能控制自己的情绪呢？

3.恐惧

我害怕我犯了一个错误。我做什么都动辄得咎，这让我进退两难。我不敢对你说出内心的真实感受。在你心目中，我也许是一个无能的窝囊废，这让我很恐惧。我害怕你不重视我。在我们都不清醒的时候，不应该再做无谓的争论。我生怕自己管不住嘴巴，说出一些伤害你的话。

4.懊悔

我很抱歉伤害了你。我不能赞同你的意见，请原谅我冷淡的态度。我很抗拒你的观点，很对不起。我太过心急，迫切地想让你接受我的观点。我想证明你是错误的，这是我不好。我不应该那样对待你，更不应该对你横加指责。

5.爱

我爱你，很想与你一起解决问题。我现在能够冷静下来，倾听你的意见了。我要帮助你，我理解之前对你的伤害。我漠视你的感受，这真的太自私了。我非常的爱你，渴望能成为你生命中的英雄，但是，我并不希望对你唯命是从，百依百顺。我想有自己的见解，希望能到你的尊重。我需要保持自己的本来面目，希望你也如此。我再和你讨论问题时，一定要保持克制冲动，多一些耐心。

爱你的　迈可尔

附注：我希望从你那儿得到这样的回应："我爱你，迈可尔。你是一个温柔体贴、善解人意的男人。我相信我们一定会达成一致，解决问题。"

情书四：消除"失望"与"沮丧"

让娜给丈夫比尔留了一张纸条，让他把一些重要的信件带回家。可是，由于某种原因，比尔并没有看到纸条。他下班回家时没有把信件带回来，让娜非常失望，她的情绪变得低落沮丧。

虽然这并不是比尔的过错，但让娜沉浸在失落和沮丧中，她不由自主地埋怨比尔没有把信带回家，没完没了地强调着这些信有多重要，最后，比尔被她搞得不胜其烦.他感到让娜把矛头对准了自己，怒气冲冲地和她吵了起来。让娜并不知道比尔会如此在意她的抱怨和失望。这么一件小事，引发了严重的冲突。

幸好比尔及时冷静下来，他不想整晚都和让娜为了这么一件小事争吵不休。他决定独处十分钟，给让娜写一封"情书"。写完信以后，比尔重新恢复了原来的温柔体贴。他诚恳地对妻子说："亲爱的，没帮你把信带回来，是我不好。我真希望我看到了那张纸条。你是否还像从前一样爱我呢?"比尔安抚了让娜的沮丧与不安。她回报给比尔的，是感激与爱。最后，他们度过了一个温馨甜蜜的夜晚，没有再发生争执。

下面便是比尔的"情书"：

亲爱的让娜：

1.生气

看到你为了一件小事情大动肝火，我实在是怒不可遏。你似乎在责备我，怪罪我没有把信带回来。你一脸怒火，似乎责任全在于我。这让我难过极了。我感觉，无论我做什么，都不能使你称心如意。说真的，我希望你见到我会觉得快乐，对我的付出表示感激。

2.悲伤

你是那样的失望和沮丧，我非常难过。我没有让你幸福，而这原本是我的梦想。我们俩的工作都太繁忙，忽略了彼此的需求。你总是挑剔苛求，似乎什么都满足不了你。

3.恐惧

我不能带给你欢笑，这让我十分担忧。我害怕看到你整晚为之苦恼不已。我不敢和你袒露心扉，也不敢和你过度亲近。失去你的爱，会让我恐惧万分。我生怕自己做得不好，你把我拒之门外。

4.懊悔

没有帮你把信件带回来，我感到万分抱歉。这都是我的过错。我没有给你打个电话，询问你的要求，我真的很后悔。我不想让你伤心难过。我希望你看到我时感到快乐。我们过几天会去度假，我期待能与你一起愉快地度过美好时光。

5.爱

我爱你。我想让你幸福快乐。我理解你的心情。我知道，有时候你也会有消极的情绪。我知道你并没有让我不快的意图。你需要的，是我的拥抱与体贴。可是，我却不能体会你的心意，非要和你争个高低，让你有受挫之感。你是我的妻子，我非常爱你！你没有必要时刻保持完美，也无须时时对我笑脸相迎。我知道，你的烦恼都是因为我没有把你需要的信件带回来。

爱你的　比尔

附注：我希望从你那儿听到这样的回应："我爱你，比尔。我感激你为我做的一切！你作为我的丈夫，我感到无比骄傲。"

第二步：写一封回信

“情书技巧”的第二步，便是写一封回信。在释放了你的喜怒哀乐以后，花上三五分钟，以伴侣的口吻写一封回信，这封信具有一定的心理治疗作用。在信中，你可以自由地表达出你渴望从伴侣那里得到的回应。

设想你的伴侣正在满怀爱意地阅读着你之前写的情书，安抚你受伤的情绪。你以伴侣的身份给自己回一封信，信中包含所有你期望从他（她）那儿得到的反馈。你可以用下面这些引导性的句子来作开头：

谢谢你____________________

我理解____________________

我很抱歉____________________

你值得____________________

我希望____________________

我爱____________________

有时候，写回信比情书本身效果更显著。在信中无拘无束地表达出自己真实的需求与愿望，会让我们更加开诚布公，我们会更加乐于接受别人的支持与帮助。此外，如果我们能够想象到我们期望伴侣做些什么，他们就更容易达成我们的愿望，梦想会变为现实。

有些人很擅长表达消极情绪，他们在诉苦时经常口若悬河，滔滔不绝。可是，他们却怯于表露出爱，不知道如何传递积极情绪。对于这类人来说，写一封回信就是最佳的解决方案，这能让他们挖掘出自己的真正需求。在写回信时，他（她）能感受到自己内心对伴侣的抗拒，能更加领悟到，伴侣给予自己的关怀与支持，是多么的不易！

我们怎样知道伴侣的需求

许多女人很抗拒写回信。她们认为男人应该知道她们的愿望。她说："我才不想开口告诉他我到底想要些什么。如果他爱我，他就会与我心心相印，自然会明白我的心思！"可惜的是，男人来自火星，他们对女人的真实需求所知甚少，他们需要女人来指点迷津。

男人的行动通常反应的是火星人的特性，如果男人是个金星人，自然知道该怎么做，可惜他身上流的是火星人的血液。男人不知道女人在想些什么，而我们的文化中，也从来不传授给男人这样的技巧。

倘若男人在孩提时代，亲眼目睹自己的父亲是如何回应母亲的消极情绪，那么，他就有了一个可以借鉴的榜样，他会以此来指导和规范自己的行为。遗憾的是，父亲从来没有教过他。从这个角度来说，写一封回信，是明白女人真实需求的有效手段。慢慢地加以实践，男人就能得心应手，对女人的需求了如指掌了。

写一封回信，是明白女人真实需求的有效手段。

有时候，有些女人告诉我："如果我告诉他，我希望听到他怎么说，他就会照我的想法去说。那么，我怎么知道他是不是真心这么说的呢？或者纯粹只是花言巧语，哄我开心而已呢？他心中到底是怎么想的呢？"

这个问题相当重要。其实，如果男人不爱一个女人，他才懒得去理会她有什么需要，他不会委屈自己去依顺女人。如果他遵照女人的意思，做出女人期望的反应，那么，多半是他本身就愿意这样做。

要是他的话听起来言不由衷，矫揉造作，那是因为他才开始学习一项新的技能，难免会显得笨拙。在这个紧要关头，他战战兢兢，唯恐出什么差错。女人的认可与鼓励会让他信心倍增。他渴望得到女人的肯定，确认他做得很好，没有犯错。

如果他给女人的帮助显得不够自然，似乎不是发自内心，这是因为他担心自己力有不逮，不能获得预期的效果。倘若女人表现出欣赏与感激，那么，下一次男人就会更加有把握，他就会越来越得心应手，游刃有余。男人不是傻瓜。他感受到女人的接纳与认可，自然就会千方百计地讨她的欢心，做出各种让她快乐的事情。但这需要一定的时间。

女人可以从男人写的“回信”里，获知男人的想法，了解他们到底需要什么。女人对男人的做法总是感到很费解。她不明白，她热情地帮助男人时，为何男人总是不领情。她误解了男人的需求。有时候，她又很抗拒和反感男人，她认为男人强迫她放弃真实的自我。无论如何，男人需要的是女人的信任、感激与认可。

为了获得伴侣的支持，我们不但要告诉对方自己想要的是什么，而且，还要表现出很乐于接受帮助的态度。写回信就是一个很好的展现机会，这意味着我们很愿意与伴侣进行沟通，而不是封闭自己，裹足不前。在发泄消极情绪时，切勿说出“不管你说什么，都不可能让我开心起来!”诸如此类的话，这不仅会起到反作用，而且，还会严重伤害到对方。

下面，我们来看一封“情书”，以及针对它的回信。请注意，回信附在附注的后面。你可以看到回信的大致格式和产生的作用。

情书：消除“拒绝”

特蕾莎向她的丈夫保罗请求帮助，却遭到了拒绝，保罗似乎表现出极不乐意的样子，他感到这是个负担。于是，特雷莎给他写了一封“情书”。

亲爱的保罗：

1.生气

你没有给予我援助，我非常生气。你从来都不愿意帮助我。每次都是我开口求你。我为你做了许多，我需要你的帮助！

2.悲伤

你把我拒之门外，这让我难过极了。我感到自己孤立无援，没有人关心我！我想与你一起解决问题。我需要你的参与。

3.恐惧

我真害怕遭到你的拒绝，这使得我不敢再开口求你。你似乎对我的请求非常恼火。当你对我说“不”时，我受到了伤害。

4.懊悔

我心里充满了对你的怨恨与不满，我非常抱歉。请原谅我的挑剔与苛求。我不认可你的做法，我认为我已经付出了很多，你需要给我回应。我非常希望得到你的谅解。

5.爱

我爱你。我理解你已经尽力了。我知道你仍然关心着我。我应该变得更体贴，换一种更温和的语气与你说话。你是孩子们的好父亲，我非常的感激！

爱你的　特蕾莎

附注：我希望从你那儿得到这样的回信：

亲爱的特蕾莎：

谢谢你对我的爱。你坦诚地对我吐露心声，让我理解了你的心情。你向我求助时，我表现出不耐烦的样子，似乎你要求太多，我的拒绝让你很受伤，我能够体会你的感受。我不能经常帮助你，这是我的不对。我应该多多支持你、爱护你。我爱你，有你成为我的终身伴侣，我感到非常幸福！

爱你的　保罗

第三步：与伴侣分享情书和回信

和伴侣分享你的情书，这非常重要，原因如下：

这会给予伴侣一个机会，让他支持你。

你会更加了解自己的真实需求。

你的伴侣会以更加关爱、更加尊重的态度来做出回应。

这会给你们的感情关系带来重大转机。

你们之间会更加亲密无间，充满激情。

你的伴侣会更加明白你看重的是什么，怎样才能真正地帮助你。

在沟通不畅时，会让你们重新开始对话。

它使你学会如何更安全有效地表达和释放消极的感受。

下面，我们列出五种分享情书的方法。我们假定是女人写了情书，不过，这对于男人也同样适用。

1.男人大声朗读女人的情书与回信。他握住她的手，对她做出回应。此时，男人体会到了女人的需求。

2.女人把情书与回信读给男人听。在倾听的过程中，男人握住她的手，表示对她的爱意与关注。

3.男人先把女人以他的口吻所写的回信朗读出来，然后再读情书。如果男人知道如何回应，他就很容易接受女人的消极情绪，在听到女人的抱怨和诉苦时，他就不至于气愤恼怒。最后，男人握住女人的手，表露出了理解与爱。

4.女人先把回信读给男人听，然后再读情书。在倾听的过程中，男人紧握住女人的手，传递爱的信息。

5.女人把情书与回信都交给男人，男人在二十四小时内读完这些信。然后，他握住女人的手，表示出他对女人的爱。

伴侣没有做出爱的回应，应如何处理

有些人很难摆脱过去的阴影，他们无法理解和接受情书中的讯息。如果碰到这种情况，不要急于把你的情书与对方分享。因为他

们即使阅读了你的情书，也不会做出爱的回应，你的心血将付诸东流。现在，让我们再来看看保罗与特蕾莎的例子。

读完妻子的情书，保罗不会马上采取行动，表达对妻子的爱与支持，这是因为还没有到恰当的时机。一旦时机成熟，保罗可能就会积极地做出回应了。

在读到情书时，他首先感受到的是妻子的批评与指责，他可能会愤怒与怨恨，产生抵触情绪，甚至想进行反击。这时，他需要一段时间来回味这封信，仔细思量妻子要传达的是什么。

有时候，有些人在阅读情书时，首先读到的是信中的愤怒，他们要经过一段时间，经历一定的心理适应期，才能真正理解情书的弦外之音，体会到其中蕴含的爱。倘若他能反复地咀嚼其中“懊悔”与“爱”的部分，就很容易消除抵触与敌意情绪，不再先入为主地反感情书中的负面批评。每次我在读妻子的情书时，总是先找到最后“爱”的部分读完，然后才开始从头阅读。

假如男人读完情书后，陷入了沮丧与烦闷中，那么，他不妨亲自写一封回信，来释放他的怨气与不满。拿我自己来说，有时我心烦意乱，连自己都不明为何。在读完妻子的情书后，我突然恍然大悟，感觉心中有无数的话要倾诉。我干脆自己提起笔来回信。这样做的好处是，我找回了爱的感受，体会到了妻子受伤的心情，以及她的爱与包容。

男人在读完信以后没有立即做出爱的回应，女人要包容这一点，切忌心怀芥蒂，借机惩罚和攻击男人。男人需要花一段时间来消化情书。为了让爱侣宽心，男人最好这样说：“谢谢你写这封信给我。我现在需要一段时间好好地想一想，稍后我们再作讨论，好吗?”男人不能流露出责备的意思，即使心里不太高兴，也最好冷静下来。要让情书成为一种安全的表达方式。

以上的建议也同样适用于女人。我一直建议要大声朗读情书。这样做的效果会非常好，这会让对方获得被倾听的欣慰与满足。你可以仔细揣摩，多加试验，找出最适合你的方法。

让情书变得安全可靠

分享情书是一件需要勇气的事情，这很不容易办到。要表达出自己的消极情绪，可能会使你惴惴不安，生怕遭到对方的嘲笑与冷遇。要知道，写情书的目的是化解隔阂，促进沟通，拉近两人心的距离。接受情书的人，要尊重写情书的人，体谅对方的感受。如果他不能做到这一点，就无权阅读伴侣的心灵告白。

书写与分享情书应遵循的原则

我写这封情书，是为了找回爱的感觉，让自己的心情好起来，对你更加关爱体贴。在这一过程中，我袒露我的消极情绪，这是必不可少的环节。

你的理解与尊重，会让我无所顾忌地敞开心扉，和你说出真正的想法。这能让我振作起来，不再沮丧低落。我知道，你始终都在关心我。你会用恰当的方式，帮助我走出阴影。你的倾听，让我感激不尽。

此外，我希望这封信能让你更了解我的需求与愿望。

倾听与阅读情书应遵守的原则

我保证，我一定会用心体会你的感受，认可你的情感。我知道，我们之间有不少差异，我必须接纳你的不同之处。我很感激你能对我毫无隐瞒地表达情感！

我会耐心地聆听你的心声，绝不试图纠正和否定你的情感。我会接受你的本来面目，决不擅自改造你。

在刚开始运用情书技巧时，谨记这两条原则，大声地朗读出来，会让沟通更加顺利。促使你时时留意与尊重伴侣的情感，以爱来回应他（她）。

迷你型情书

有时候，你心情低落沮丧，却没有工夫花上二十分钟写一篇情书。我建议你可以写这种迷你型的情书。这种情书三五分钟内就能一挥而就，而且也具有一定的效果。我们可以看看以下这些范例：

亲爱的马克斯：

1.你迟到了，我非常生气！

2.你似乎总是忘记我的存在，这让我难过极了。

3.我害怕你再也不在乎我了。

4.很抱歉，我对你不够体谅。

5.我爱你，我能够谅解你的迟到。我知道你也很爱我。谢谢你的努力。

爱你的　桑迪

亲爱的亨利：

1.你回到家中，一副疲累不堪的样子，只顾着看电视，这让我非常不快。

2.你根本不想和我说话 ，我难过极了。

3.我真担心我们之间有了隔阂，不再亲密无间。我害怕自己又惹你生气。

4.很抱歉，在吃晚饭时，我对你使脸色，拒绝你。为了这么一件小事，我就大动肝火，请原谅我！

5.我需要你的爱。在吃完晚饭后，能不能抽一些时间我们聊一聊？我非常期待能和你说说心里话！

爱你的　莱斯丽

附注：我希望从你那儿得到这样的回信：

亲爱的莱斯丽：

谢谢你写信给我，分享了你的内心世界。我理解你需要我的爱与关怀。今天晚上八点至九点之间，我们可以畅谈一番，不会有任何事情打扰我们。

爱你的　亨利

何时写情书

只要你感到心情积郁不快，或者想让自己感觉好一些，你就可以提起笔来写一封情书。情书不仅限于写给情人或配偶，你可以扩大范围，淋漓尽致地发挥它的效用：

1.写给你的亲密伴侣。

2.写给你的朋友、孩子或其他家庭成员。

3.写给你的同事或客户。当然，结尾中的“我爱你”可以用“我感激”或“我尊重”来代替。这类情书不必呈给收信人看。如果用其他交流方式也能达到目的的话，我不主张使用这种方法。

4.写给你自己。

5.写给上帝或其他神明。你可以把内心的感受向上帝倾诉，祈求他的护佑。

6.角色转换式的情书。倘若你不愿意原谅某一个人，内心充满了对他的仇视与敌意，不妨用他的口吻写一封情书，在信中，他坦承了自己的过错，祈求你的谅解。过了几分钟，你会发现自己变得宽宏大量，不再斤斤计较。

7.“魔鬼情书”。如果你内心有不少阴暗的念头，心情很糟糕，如果直接向伴侣倾诉的话，或许会引发猜忌与争吵，那么，写一封“魔鬼情书”吧。在信中，尽情地倾吐你的愤怒和不满，然后付之一炬。我要提醒你的是，最好谨慎一些，这种情书不要轻易地与你的伴侣分享，除非对方真的有足够的胸怀来接受你的肆意发泄。

8.“移位情书”。如果童年时的阴影一直困扰着你，影响到你如今的生活，可以设想时间倒流，你回到了过去，拿起笔来给你的父母写一封信，坦诚地吐露心声，请求他们的支持。

为何我们需要写情书

人与人之间需要沟通才能解决问题。爱人之间的沟通，更是维系家庭与婚姻的生命线。我们在上面已经反复强调过，女人需要与他人分享情感，渴望得到关爱与体贴；而男人需要女人的认可、感激、信任与接纳。情感关系中存在的最大问题是，女人在倾诉消极情绪时，得罪和冒犯了男人，结果，他感受不到女人的爱。

在男人看来，女人的倾诉似乎是对他的控诉、指责和批评，态度又是那么咄咄逼人，怨气冲天。他以为，女人把自己的不如意都归咎于他，打算清算他的过错。于是，男人拒绝了女人的情感，女人感受不到他的爱。成功的感情关系需要男人以爱与尊重的态度聆听女人的感受，以及女人以爱与尊重的态度分享自己的消极情绪，两个环节缺一不可。

要保持一段深厚而持久的感情关系，伴侣之间应该不断交流，随时分享感觉与需求。男人与女人可以没有任何的阻隔与障碍地顺畅交流，这未免是一种奢望。不过，在现实与理想之间，有很大的提升空间，你可以不断地努力，让你们的交流渐趋完美。

现实的期待

期望沟通变得易如反掌，这是非常不切实际的幻想。在分享某些消极情绪时，难免会给听者带来某种程度的伤害。哪怕是原本感情如胶似漆、非常恩爱的夫妻，在交流消极情绪时，也可能会产生摩擦与矛盾，引发争吵。真正地从对方的角度出发，理解对方的感受，这不是一件容易的事情，特别是他（她）的话不是你爱听的，句句刺耳时，你就会对这种分享有了负面看法。而且，当你感到自己受到伤害时，就很难再克制自己，尊重对方。

有些夫妻把沟通不畅的原因归结为彼此之间不够相爱，他们误以为，一定是因为感情不够深厚，才会对对方这么挑剔与苛求。不容否认，爱情当然是决定因素之一，但是，有时候缺乏沟通技巧也会造成严重的后果。幸运的是，我们可以通过学习与实践来掌握沟通技巧，领悟交流的真谛。

怎样学会沟通

如果我们有幸生活在一个温暖开明的家庭中，父母感情深笃，并且一直鼓励家庭成员进行开诚布公的沟通和交流，那么，我们很容易掌握沟通的技巧。等到我们长大以后，在处理感情关系时，会顺利得多。可是，我们的父辈，处理消极情绪的唯一方法便是回避与隐藏，他们羞于谈论真实的感受，甚至忍辱负重，委曲求全。消极情绪在某种程度上是见不得人的病态。

在一些不那么文明和民主的家庭里，情感交流采取的是更为极端的方式。父母用恶劣的言辞责骂、侮辱孩子人格与自尊心，甚至用鞭子、棍子来体罚孩子。这一切都在让孩子学好、让孩子变乖的名义下实行的暴力行为。结果，这给我们的心灵留下了不可磨灭的伤痕，影响了我们成年以后的处事方式。

父母如果能够以身作则，以爱与理解进行沟通，不轻易地压抑消极情绪，孩子在耳濡目染之下，也会掌握交流的艺术。有了这样理想的角色榜样，处理起情感关系中的顽疾，就会得心应手。在孩子成人前，通过无数次跌跌撞撞的试验，从中汲取教训，他们就能成为处理感情关系的高手，逐渐学会以爱与尊重进行沟通。如果我们有幸这样成长，甚至不需要前面我教授的“情书技巧”，也能成功地处理与伴侣的关系。

如果我们有着不同的过去

如果我们的父母非常恩爱，父亲能做到耐心地聆听母亲倾诉她的失意与沮丧，我们时时感受到，父亲始终如一地给予母亲她所期望的关心与理解，那么，这对我们具有很大的教化作用。

在我们的记忆里，母亲一直信任和认可丈夫，她以正确的方式来表达自己的负面情绪，开诚布公地把失望和不满表达出来。她从来不会挑剔与责备父亲，哪怕父亲做得不够完美，她仍能以谅解与包容的心态去处理矛盾。那么，我们就学到了：一个人即使心情不佳，沉浸在沮丧与懊恼中，也能够做到不肆意伤害别人，不会采用恶劣的手段对待别人，比如放弃信任、控制他人、回避现实、吹毛求疵、忍气吞声或者不予理睬等等。

随着我们年龄的增长，我们逐渐掌握感情交流的技巧，学会妥当地处理情感问题。要知道，这是一项需要练习与实践的技能，就像走路、跳跃、唱歌、阅读或者赚钱养家一样。

遗憾的是，我们大多数人都没有这么幸运。我们没有这样的成长背景，也没有好的模仿对象，我们学习和掌握到的是不正确不中用的感情技巧。没有人教我们如何表达感情，沉浸在负面情绪中时，我们不知道怎样以爱与理解去沟通，这损害了我们与伴侣之间的感情，给两人都带来了伤害。

为了深入理解这一点，你不妨问自己以下一些问题：

1.小时候，你父母是不是要么就争吵不休，要么为了避免争吵而回避矛盾？在你感到生气和怨恨时，你如何来表达自己的感受？

2.小时候，当你不听话时，父母是不是大吼大叫或者惩罚你？如今你会用同样的方式去对待你的孩子吗？

3.你年幼时父母总是对你的需求忽略不理，你是不是感到满心失望与沮丧？现在你会勇于要求别人的帮助吗？

4.如果在成长过程中，你一直遭受着拒绝与冷落，那么，你还会开诚布公地与别人分享心中的感受吗？

5.面对伴侣时，你真实的内心感受是：“我恨你！”这时候，你还会对他（她）说话吗？

6.小时候，你一犯错就会遭到严厉惩罚，长大以后，你如何表达歉意呢？

7.如果害怕遭到处罚和拒绝，你会不会否认自己的错误？

8.在幼年时，当你哭闹时，父母或是置之不理，或者责备辱骂，那么，现在你如何表达自己的感情呢？

9.在幼年时，你要求过多时，父母就会拒绝和排斥你，那么，你如何开口要求别人的帮助与支持呢？

10.小时候，父母工作繁忙，没有时间关心你的感受，询问你遭到的挫折与困难，那么，你如何释放你的压力呢？

11.如果小时候你必须事事完美才能得到父母的欢心，那么，现在你的伴侣存在缺陷、不够完美时，你会接纳他（她）吗？

12.假如从来没有人愿意聆听你的感受，你的伴侣倾诉时你会倾听吗？

13.在你犯错时，从未得到过原谅与宽恕，那么，你会原谅你的伴侣吗？

14.小时候，你不断地被大人告诫：“不许哭！”或是“你什么时候才会长大啊？”或是“只有不懂事的小婴儿才会哭泣！”那么，长大后你会用哭泣来发泄和治疗心理伤痕吗？

15.小时候，你的母亲总是告诉你，你是她痛苦的根源，直到你长大了，你才知道根本不是这么回事。那么，你能够聆听你伴侣的失望与不满吗？

16.小时候，你的父母总是对你大吼大叫，严厉管教，在你身上发泄他们的失意与不满，那么，你能够容忍你的伴侣发脾气吗？

17.你第一次对某个人产生了信任，可是，他却利用你的单纯并背叛了你，以后你还敢毫无保留地信赖你的伴侣吗？

18.在你的成长过程中，从来没有遭到拒绝与抛弃，或者说，从来没有过失败的感情经历，那么，你会用尊敬与关爱的方式，表达自己的情感吗？

其实，以上18个问题的答案都是类似的，你需要补上这一课，学会有效的沟通技巧，以爱与理解来解决感情上的问题。在成长的过程中，我们遭遇到了不同程度的冷落与忽视。不过，不管父母有何欠缺之处，我们的问题不能全然归咎于他们，因为没有人是完美无瑕的。倘若你感情沟通有问题，那不是命中注定，更不能只怪罪到你父母头上。你只是缺乏系统的训练与正确的实践而已。

在阅读上面的问题时，也许有种感觉浮现在你心头，模模糊糊地形成了某种观念。那么，不要再浪费机会，赶紧抓紧时间来治疗你自己。现在，请你马上坐下来，花20分钟给你的父母写一封信。只需要一支笔和几张纸，你就可以淋漓尽致地倾诉过往的痛苦与怨恨，不过，别忘了使用上面我们传授的情书格式，你会得到意想不到的效果。

说出事实的真相

“情书技巧”之所以有效，是因为它鼓励你说出事实的全部真相。半遮半掩地表达情感，只展示部分的感受，并不能真正地解决问题。例如：

1.发泄你的怒气，并不能让你好过起来。你会气上加气，越发沉浸在愤怒中，遭受着折磨。

2.长时间的哭泣只会掏空你的情感，根本无法化解你的悲伤。你的心灵沉湎于悲伤中，却一无所获。

3.表达你的恐惧，只会让你更加恐惧。

4.倘若你总是满怀歉意，你就会时时充满负罪感。你羞愧难当，无地自容，在不知不觉中，这损害了你的自尊。

5.如果刻意地保持爱的面目，就会迫使你掩藏和隐瞒你的负面情绪，长此以往，你会变得缺乏感情，麻木不仁。

“情书技巧”最大的好处就在于它引导你毫无保留地倾诉出内心的感受。只有真实地触及情感的四个层面：“生气”、“悲伤”、“恐惧”和“懊悔”，我们才能进行畅通的交流，治疗内心的伤痕。

为何“情书技巧”会有效果

通过表达情感的四个层面，我们内心的消极情绪就得以释放出来。只是写出一两种负面情绪，并不能取得理想的疗效。有时候，我们消极的情感反应，并不能反映出我们真实的感受。这可能是一种自卫机制，你使用这种消极反应，来回避某些真实情感。比方说：

1.有些人总是暴躁易怒，其实，这是为了掩藏内心的伤痕，回避悲伤、恐惧和懊悔。要是他能感受到其实自己脆弱不堪，容易受伤，不知不觉中怒气就会无影无踪，他会变得充满爱与关怀。

2.有些人动不动就流眼泪，其实，这是因为他们很难对别人生气。如果他学会了表达愤怒，他很就容易找回爱的感觉。

3.那些很容易害怕的人，是因为他们不敢表达愤怒。要是他们能够发泄中内心的怒火，恐惧也会消失了。

4.经常感到歉意或内疚的人，学会感觉和表达悲伤与气愤以后，才能感受到爱的存在。

5.有些人时常觉得自己充满了爱，但同时又感觉到压抑与沮丧，情感麻木，他不妨反躬自问：“如果我对某件事很是气愤，情绪低落，那会怎么样呢?”他可以把答案记下来。这样，他就可以捕捉到隐藏在压抑与麻木背后的真实情感。在这种情况下，“情书技巧”是再好不过的工具了。

为何我们会掩藏真实的情感

以下，我们可以看到一些例子，其中，男人和女人以消极情绪来掩盖心灵的痛苦。你要了解，这几乎是一种条件反射式的情感机制，连我们自己都不能觉察到它的存在。

你可以问自己以下几个问题：

1.你感到气愤或怨恨时，是不是仍然强颜欢笑？

2.你有没有试过强迫自己保持平静镇定，但内心非常愤怒？

3.你感到悲伤，受到伤害时，是不是仍然勉强自己保持笑容，说一些笑话？

4.当你感到内疚和害怕时，是不是下意识地马上把过错推给别人？

以下的列表，我们可以看到男人与女人如何虚饰和掩藏真实的感觉与情绪。当然，并不是所有的男人和女人都会表现得如列表中的情况一样。这个列表的真实作用在于，让我们理解自己真实的内心世界。

我们如何掩藏真实的情感

男人如何掩藏真实的情感（这个过程通常是无意识的）	女人如何掩藏真实的情感（这个过程通常是无意识的）
男人用生气来掩藏诸如悲伤、歉意、内疚、恐惧、懊悔等消极情感。	女人以焦虑和担忧来回避内心的生气、内疚、恐惧以及失望。
男人表现得漠不关心或者退却不前，以此来掩盖内心的愤怒。	女人情绪激动，思维混乱，以此来回避生气、愤怒和沮丧。

男人表现出受到了冒犯而火冒三丈，以此来避免受到伤害。	女人表现出暴躁的脾气，以此来隐藏尴尬、生气、悲伤和懊悔。
男人以愤怒和武断的态度，来逃避担忧与没有把握。	女人表现出毫无把握、恐惧不安，以此来隐藏愤怒、受伤和悲伤。
男人感到羞愧难当，自惭形秽，以掩盖愤怒与悲伤。	女人让自己难过万分，以此来逃避生气和害怕。
男人故作冷静镇定，以逃避生气、恐惧、失望、退却和羞愧。	女人充满希望和憧憬，其实内心却是极度的愤怒、悲伤和难过。
男人用自信来掩饰内心的空虚与胆怯。	女人表现出幸福而感恩的模样，以此来回避悲伤与失望。
男人的外表咄咄逼人，其实他只是虚张声势，以此来掩盖胆怯和恐惧。	女人用爱与宽恕来掩藏愤怒与失望。

治疗负面情绪带来的创伤

如果你没有妥善处理好自己的消极情绪，你就很难倾听和理解伴侣的悲伤、失望与沮丧等情感。治愈孩提时代的心理创伤以后，我们就很容易开诚布公地向伴侣倾诉自己的负面情感。在倾听伴侣的消极情绪时，能够保持冷静，以爱与理解的态度去支持对方。你不会感到自己受到伤害冒犯，也不会表现出不耐烦和沮丧。

你愈是抗拒和逃避内心的真实情绪，你就愈不愿意聆听伴侣的心声。当伴侣表现出某些孩子气、不成熟的情绪时，你会非常不耐烦，甚至不屑一顾，你并不知道，其实你自己也深受其苦，你同样对自我情绪缺乏尊重与理解。

要治愈内心的创伤，我们必须学会照顾自己的情绪，接受必要的“情感教育”。我们必须承认，在我们已经理智成熟的思维模式后面，还潜藏着另一个没有长大的“感性自我”，它时时呈现出脆弱与悲伤的状态。我建议，你应该细心呵护和照料这个“感性自我”，满足它的需要，不要压抑它的愿望，让它能呈现最真实的面貌。你要不时地问自己：“这究竟是怎么回事？你的感觉怎么样？你受到什么伤害了？你为什么如此愤怒？你为何终日愁眉苦脸？”

我们以悲悯与包容的态度来倾听自己的内心，旧日的情感创伤就得到了治疗，于是，在情感关系中，我们就很容易以爱与尊重的方式来对待伴侣。我们理解和接受自己某些天真幼稚的情感特征，爱就能穿透我们的心灵，化解情感关系中的阴霾。

倘若从幼年起，我们的消极情绪便能得到满怀爱意的理解和倾听，那么，成人以后，我们就不容易沉湎于悲观与失望中。大多数人没有这么幸运。他们在成长历程中累积了许多不愉快的情感经验，影响了他们成年以后的生活，损害了他们爱的能力。因此，我们必须进行自我治疗，彻底摆脱过去的不幸与遗憾。

过去如何影响今天

毋庸置疑，你肯定曾经遭受过消极情绪的打击与折磨。下面我列举出一些童年时期的情感阴影如何影响我们的实例。你可以比较一番，看看自己有哪些症状：

1.有些事情让你感到沮丧与烦恼，在内心深处，你的真实感觉是生气和愤怒，可是，你的成人思维模式却告诉你，应该保持冷静、平和和克制，脸上仍然要保持笑容。

2.有些事情令你深深失望，你真实的情感反应是受伤与悲哀，可是，你的成人思维模式却让你表现出乐观、幸福和充满希望。

3.有些事情让你感到非常棘手，你的真实感觉是担忧与恐惧，可是，你的成人思维模式却告诉你，应该自信从容，心平气和，满怀感激。

4.有些事情让你尴尬万分，后悔不已，可是，你的成人思维模式却提醒你，要表现出镇定自若，满不在乎。

麻醉自己，躲避情感

在成年以后，我们对待消极情绪的方式，通常是避之唯恐不及，不敢轻易地触碰它。你成了某种“瘾君子”，迷恋于各种令人上瘾的事物，用以抚慰受伤的心灵。喝上一杯，痛苦暂时离开了你，你似乎忘却了所有的不幸，可是，没过多久，它又重现了，紧紧地缠绕着你。

具有讽刺意味的是，我们籍以躲避痛苦的种种瘾症，却具有控制我们生活的超强能力。我们沉湎其中，难以挣脱。它一方面暂时让我们忘却了情感的创伤与痛苦，一方面却脱开缰绳，再也不受我们的约束。

具有讽刺意味的是，我们借以躲避痛苦的种种瘾症，却具有控制我们生活的超强能力。

在你处于消极情绪时，不太可能如你所愿，有效地处理情感问题。许多时候，过去没有解决的情感“顽疾”又会卷土重来。这就好比一个小孩子，从来没有机会表达自己的真正感受与情绪，有一天，他爆发了，像一匹脱了缰的野马一样无法管束，这时候，他的父母只好把他抓起来，锁在壁橱里关“禁闭”。

我们在孩提时代没有解决的情感“顽疾”，能够突破我们成年后的思维模式的约束，阻碍我们进行爱的交流。昔日不理性、不成熟的情感时常兴风作浪，让我们丧失理智，破坏我们与伴侣之间的亲密。只有我们以爱的态度去倾听它，进行一番自我治疗，才能平复往昔的创伤，使自己不再受到困扰。

更好地发泄消极情绪，就必须拥有交流的智慧，懂得使用“情书技巧”，用它来传达我们的悲伤与失意。伴侣越是感受到你浓浓的爱意，他（她）就越容易理解和包容你的负面感受。你分享消极情绪时，采用的是爱的方式，你的伴侣会更容易接受和支持你。

自助的奥秘

“情书技巧”是非常有效的自助工具。不过，如果没有形成习惯，你很容易就会忘记使用它。我建议，在一个星期以内，一旦你遇到了任何烦恼忧愁，都可以坐下来，构思一封“情书”。

你对伴侣有了不满的感受，或者只是情绪不佳，“情书技巧”都会让你获益良多。当你感到怨恨、忧郁、焦虑、悲伤、苦恼、疲倦、郁闷时，“情书技巧”会产生某种心灵治疗作用，安抚和舒缓你的不安。你想让自己感觉好起来，你就可以写一封“情书”。它也许不能完全释放你的不快，改善你的心情，不过，它会使你少走弯路，直奔目的地。它让你迅速摆脱旧日的阴影，驱散内心的焦虑。

在我的第一本书《感觉：治疗你的心病》中，充分地探讨了种种情绪对人的影响，以及书写情书的重要性。在我的光盘系列《心灵的治疗》中，我以情书技巧为基础，教授了各种实际应用的方法，以便克服焦虑、化解怨恨、学会宽容，治疗往日的心灵创伤。

此外，市面上还有许多关于“情书技巧”的书籍可资参考。阅读和练习书中提供的技巧，可以让你探索内心的真实情感，及时进行心理治疗。不过，必须记住，唯有大声说出你的消极情绪，并且得到他人的倾听与理解，你才能治愈创伤。这些心理书籍只能让你更爱护自己，但是，聆听、倾诉和用书信表达情感，才能有实际的效果。

关于“情书技巧”的心理书籍只能让你更爱护你自己，但是，聆听、倾诉和用书信表达情感，才能有实际的效果。

在开始使用“情书技巧”时，你会知道自己身上哪一个部分最需要得到细心的照料与呵护。仔细聆听心灵的声音，探索你未被挖掘的内心世界，给予爱的滋润，那部分脆弱、受伤的自我就能够成长，发展成熟。

得到了爱的滋养与关怀，你就能提高沟通技巧。在面对感情的考验时，你会变得从容不迫，善解人意。哪怕我们长期以来形成了习惯，不由自主地要隐藏和矫饰自己的真实感受，或者表现得戒备自卫，咄咄逼人，我们也很容易克服掉这样的坏习惯，对感情的未来怀有无比的憧憬与希望。

在你心灵的角落里，有些积累已久的情感，从来没有得到治疗和照顾。现在，不要有任何拖延，调动起全部力量，来倾听、感觉和理解你未被留意的感性自我。

“情书技巧”能让你安全地表达昔日的心灵创伤和消极负面的情绪，你勇于开口要求，不用担心遭到拒绝和责备。我们好像变成了躺在母亲怀里哭泣的婴儿，随意地倾泻感受，表达需求。用温情和关爱来对待我们灵魂中那个“哭泣的婴儿”，让旧日的伤口早日愈合，就能让阳光遍洒，笑容重现。

许多人在情感上非常早熟，因为他们拒绝倾听和理解真正的感性自我，而采取压制和逃避的方法。早熟的人一直背着情感的包袱，虽然他们一直在努力回避这些情感隐患，但那些未被治愈的情感旧伤，一直折磨着他们。他们不应该讳疾忌医，要早日治疗这些旧疾。

科学研究表明，许多情感上的痛苦会造成身体的疾病。一味地压制情感，会造成身体上的不适，严重影响健康。有时候甚至会导致某些可能猝死的疾病。如果我们为了麻醉自己而沉湎于各种不健康的生活方式，反而会损害我们的健康，加深我们的伤痕。

如果我们的情感饱受压抑，我们就容易变得冲动、挑剔和苛刻。男人对成功的过度迷恋，其实正是因为他渴望得到别人的承认，希望通过获取女人的爱，来缓解心中的情感“风暴”。而女人则力求完美，甚至变得极端功利化，想以此来赢得异性的爱慕，证明自己值得被爱，从而减轻心中的痛楚。这一切的努力与挣扎，都是为了麻木过去未经治疗的情感问题。

我们的社会也为人们提供了各种逃避情感的场所，你可以通过各种声色享受来麻醉自己的感官。不过，“情书”才是帮助你治疗心理创伤的真正法宝。每写一封“情书”，都是对受伤的自我情感的关照与爱护。最有效的治疗方法，是给予自我情感更多的关心、理解与爱。爱能滋润你的心田，能平复你旧日的伤痕。

独处的力量

有时候，找一个安静的角落，构思一封“情书”，你会深入、全面地感受自我，为心灵带来安全感。哪怕你已经拥有了异性伴侣，有了愿意聆听你的对象，我也建议你独自一人时在纸上写下你的真情实感，这是弥足珍贵的经验。

我建议你把你的情书按日期整理，并归档存放。参照前面我们介绍的情书范例，可以让你的写作过程简便而顺畅。这个现成的格式会让你时刻铭记“情书”的各个环节，在你文思枯竭时，它会激发你的灵感，你可以在里面寻找一些引导性的话语和更合适的措辞。

如果你有一台电脑，用电脑来写作和管理情书，是最简捷不过的事情。你可以随时调出来使用。当你想写情书，直接把相关的文档打开即可。当你写作完毕，按日期把它保存起来。如果你想和别人分享情书，打印出来就可以了。

此外，我还提议你自己存一份私密的情书档案。在心情愉快的时候，重新仔细地阅读你的情书，因为在那个时候，你更为客观，更为理智。这将有助于你以更适合的方式表达自己的消极情绪。在写完情书以后，如果你的心情还没有好转，再读一读过往的情书，你会得到巨大的精神安慰。

我出版了一张光碟，名叫《私密档案》，解答各种写作“情书”

中的疑问，帮助人们传达心中的真情实感。在光碟里，我使用图片、表格、问题和各种情书格式，让你深入地触摸自己的内心世界，更快地掌握情书技巧。里面列出了许多引导性语言，让你在写情书时可以借鉴。

用你的电脑来写作情书，会让你对情书创作产生莫大的兴趣。一般来说，男人对情书写作怀有抵触心理，但是，坐在电脑前，写出自己的心声，就会变得更加轻松愉快。

亲密的力量

独自完成情书，具有非常好的心理治疗效果。不过，它不能取代渴望被倾听和理解的需求。写情书时，你会更加自尊自爱，但是，有人倾听你的心声时，你会感受到浓浓的爱意与关怀。自尊自爱，有利于情感的健康生长，而分享心声，能打开一扇门，让爱如春风化雨般滋润你的心灵。

> 自尊自爱，有利于情感的健康生长，而分享心声，能打开一扇门，让爱如春风化雨一样滋润你的心灵。

我们都渴望拥有能够聆听和理解我们的生命伴侣，在他（她）面前，我们无须矫饰和隐藏自己，他（她）能包容我们的缺点，安抚我们脆弱的灵魂。你可以完全地信赖他（她），一起分享种种感受。对于你的困境与难题，他（她）从来不会加以批评、责备和嘲笑。这对你的情感生活有着极大的好处。

在你无拘无束地倾诉心声时，你也会收到他人给予的绵绵爱意，此时，你很容易释放出诸如怨恨、愤怒、恐惧等消极情绪，摆脱坏情绪带来的负面影响。当然，这不是说，你必须把所有隐秘的想法都和盘托出。不过，如果你怯于表达某些真实感受时，你要分析其深层原因，不要让它妨碍你。

心理医生和亲密好友，都是心理治疗的上佳选择。如果你能毫无保留地把心中的感受向心理医生说出来，你会从中汲取到爱的力量，治愈你的心理疾病。如果你没有心理医生，那么，一位时常阅读你的情书的好友，同样能使你走出情感的阴影。

独自写作“情书”，会让你更加自尊自爱，安抚你焦灼的情绪，给予你坚定的信心；但是，偶尔与关心、在乎你的人分享“情书”，得到对方的理解与共鸣，这同样是必不可少的环节。

群体的力量

群体的支持具有巨大的力量，我们用语言根本无法描述出来，只有亲身体验才能感受到它的威力。一个富于爱心、能够相互支持的群体，会为你的情感世界带来奇迹，引领你触及内心深处的自我情感。与群体的成员毫无保留地分享你的情感，畅所欲言地进行讨论，你就会感受到更多的爱。“众人拾柴火焰高”，你身后的群体越大，给予你的帮助相应地就越多，这将会极大地拓展你的情感生长空间。即使你在群体中没有发言，只是倾听他人倾诉，进行“情感告白”，你也会得到某种启示，你的洞察能力也会大大增强。

我在全国各地举办研讨会，常常能体验到我自己的情感世界中，存在某些亟需倾听和理解的空白地带。每当有人站起来谈论其感受时，我经常会突然想起自己也曾有过类似的体验，与对方产生强烈的共鸣。我对自己和他人都有了全新的认识。在每次研讨会结束以后，我都会感到浑身轻松，满怀爱意。

哪怕是规模很小的群体，只要按时举行活动，进行有效的情感交流，参与者都会得到意想不到的收获。假如你在自己家里或者外人面前从来不敢自如地表现自己，群体的力量会给予你无穷的信心，尽情地表达心声。这些群体的活动激励人心，而倾诉与聆听，会使每个成员的情感问题，都得到不同程度的治疗。

我自己经常参加一个小型的由男性组成的群体活动。我妻子邦妮也有规律地与她的女性伙伴举办一些小型的聚会。这些活动使我们的关系得到了加强，更为重要的是，我们不再把对方看做是唯一的情感支持来源，不会产生过度的依赖心理。而且，在倾听别人的苦恼与烦忧时，我发现自己面临的困境与难题突然变得微不足道，比起别人来，容易解决多了。

倾听的奇迹

不管你是独自把心中的感受诉诸纸笔，还是使用电脑来传情达意；不管你是通过心理医生的治疗来缓解压力，还是在群体中大胆地分享情感，你都是在为自己做一件非常有意义的事。不断地聆听自己的心声，探求内心隐秘的世界，这意味着你在呵护自己，走向成熟。你会感到自己体内有一颗“微型灵魂”在对你说：“你是一个独一无二的存在。我关心你的感受，无论何时，我都是你最好的听众。”

不断地聆听自己的心声，探求内心隐秘的世界，这意味着你在呵护自己，走向成熟。你会感到自己体内有一颗“微型灵魂”在对你说：“你是一个独一无二的存在。我关心你的感受，无论何时，我都是你最好的听众。”

多年来，我见证了成千上万人的生活因“情书技巧”而发生了巨大的改变，包括我自己在内。我希望你经常使用“情书技巧”。你在这方面下的工夫越多，你的技巧就越灵活娴熟。你需要花时间去实践和演练，它给你带来巨大的回报。

第12章

怎样请求支持，才能如愿以偿

如果你没有从伴侣那里得到理想的支持，原因很可能就是请求得还不够，或者你的请求方式不合理。要得到爱和支持，你必须主动请求，否则你将一无所获。

在请求方面，男人和女人都各有困难，女人尤其难于开口求助，因此她们格外失望和沮丧。而本章的主题和宗旨，就是帮助她们学习向男人请求支持。当然，阅读了本章内容，男人对女人也会有更多的了解。

女人的爱，就是决不主动请求

女人常常误以为，她们没必要主动向伴侣请求。作为女人，她们本能地知道别人的需要，并且不假思索地伸出援手。在金星上，任何人无须请求，就可以得到他人的支持。人们适应了这一切，甚至可以说，金星人表达爱的方式之一，就是不做请求，主动支持别人。在情感关系中，她们总是怀着喜悦、激动的心情，采取各种方式，为男人提供力所能及的支持。

这是女人的信念和原则。女人还相应地做出结论："假如男人爱我，他就会主动支持，我不必开口请求。"有时候，她甚至有意不做请求，以此考验男人的爱。在女人的眼里，出色且成熟的男人，必能一眼看到她的需要，而且不计报酬、马不停蹄地为她效劳。

金星人表达爱的方式之一，就是不做请求，主动支持别人。

女人显然打错了算盘，她的座右铭对男人不适用。男人来自火星。在火星上，男人从不主动支持，除非对方开口。这让女人难以理解。更让她难以接受的是，即便她主动请求，也可能因为方式不当而遭到冷遇。

一开始，女人并没有灰心，依然慷慨大方地为男人付出着。她渴望终有一天，男人会跟上自己的步伐。女人的举动却让男人产生错觉，认为自己尽到了责任，女人的需求得到了满足。

终于有一天，女人忍无可忍了，不得不开口请求。这时候，她已经怨气丛生，她的口气，听上去像在下达命令。即使对方“奉命”行事，女人仍旧不满，她觉得自己太过被动，大有委曲求全、低三下四的意味。于是，她不免怨恨地控诉：“非要等我开口，他才有所反应，太叫人泄气，也太不值当了！”

对于女人的怨气，男人却莫名其妙。他要么不以为然，要么大呼委屈，要么索性放弃给予。换言之，一旦将“请求”变成“命令”，男人就不愿为对方付出。女人得到男人支持的几率，就会大幅度下降。

解决之道其实并不难。女人应该记住：男人来自火星。明白了这一点，女人就可以做出适当改变，让男人满足自己的需要。我在本章推荐的各种方法，经过实践检验，是非常有效的。

在本章里，我想阐述三个关键步骤：1.练习请求经常得到的支持；2.练习请求对方给予更多。即使遭到拒绝，仍能坦然面对；3.练习“强制性请求”。

第一步：恰当地请求经常得到的支持

首先要练习你经常得到的支持。想一下，一直以来，伴侣为你做过哪些事情（尤其是在小事情方面），比如，提箱子、修理物品、打扫房间以及其他简单的日常杂务。

然后，请求男人行动起来，为你完成他经常做过的小事。当然，男人为你付出时，你不要摆出心安理得或若无其事的姿态，要适时地表达感激，要给以更多的爱作为回报。

你不要奢求他主动给予支持，也不要对他提出过高要求。让他像过去那样，继续为你做各种小事。不要命令他，而是以诚恳的口吻请求。不过，你要有足够的心理准备，因为一开始，他未必马上听你的话。

坚持向男人请求经常得到的支持还有另一个原因：你请求的态度和措辞，他早已习以为常。他认可你恰当的请求方式，就乐于积极回应。

让男人产生动力

你要尽可能以恰当、得体的方式，请求男人的支持。这对你十分重要。下面，我要告诉你请求支持的5个秘诀——把握时机，不下命令，简单明了，直截了当，措辞准确。

1.把握时机

男人正打算为你做事时，你就不必提出请求，多此一举会把好事变成坏事。比如，男人正要倒垃圾，你就不必对他说："你可不可以把垃圾倒掉?"男人会产生逆反心理，觉得你是在指挥他。还有，假如他注意力集中在某件事上，你就不要指望他对你的请求立刻回应。

2.不下命令

请求是请求，命令是命令，不可混为一谈。假如请求成为"命令"，不管你的措辞如何谨慎，男人都会觉得受到操纵，他势必拒绝你的请求。

3.简单明了

不要以大量理由提醒男人他为何应当主动向你提供帮助。你要铭记：男人不需要说教。你越是据理力争，他就越有可能拒绝。你的大道理只会使男人感觉到你对他缺乏信任。

我已说过，女人心情不好时，不希望男人有板有眼地为她出谋划策，或提醒她不该小题大做，杞人忧天。同样，男人也不愿听女人以铺天盖地的理由，告诉他为什么应该提供帮助。

你要铭记：男人不需要说教。你越是据理力争，他就越有可能拒绝。你的大道理只会使男人感觉到你对他缺乏信任。

不过，假如男人问起缘由的话，你就可以把道理讲出来。但是，我还要强调一遍：言语要简洁，不要啰哩啰唆。你的目的就是让他知道，提供帮助是他的责任。

4.直截了当

女人经常只是提出问题，却没有直接请求。她暗示某件事务需要完成，她以为对方理解她的意图，就没有直接了当地请求。间接的、暗示性的请求，固然也是一种请求，却起不到应有的作用。间接请求，不会使男人产生任何动力。男人甚至觉得，这是女人表达怨恨的方式。男人可能连自己也不知道，反抗心理从何而来。在下面的例子中，我将女人常见的“直接请求”与“间接请求”进行比较，以及针对“间接请求”时，男人听到的“弦外之音”！

当她不够直接时，他可能听成什么

她应该说什么（简单而直接）	她不应说什么（不够直接）	他会听成什么（当她不够直接时）
去接孩子，好吗？	该去接孩子了，可我没法去。	要是你能去接孩子，你就该动身了！你要是不去，我会觉得你不体谅我，我会非常怨恨你！（命令）
你把杂货拿进来，好吗？	杂货还在汽车里呢！	把杂货拿进来是你的事。别忘了，是我把它们买回来的！（期待）
你把垃圾倒掉，好吗？	垃圾桶塞满了，放不下别的东西。	你还不把垃圾倒掉吗？想等到什么时候?!（批评）
你把后院打扫一下，好吗？	后院乱成什么样子了?!	你还是没有打扫后院。你该更多地负起责任，我没必要总是提醒你！（排斥）

你把后院打扫一下，好吗？	后院乱成什么样子了?!	你还是没有打扫后院。你该更多地负起责任，我没必要总是提醒你！（排斥）
你把信拿进来，好吗？	信还没拿进来呢?!	你忘了把信拿进来！这还用得着我提醒吗？你应该记得的。（不赞同）
今晚，你带我们出去吃饭，好吗？	我今晚没时间做饭。	我做了这么多事，你至少可以带我们出去吃饭吧?!（不满）
这个星期，你带我出去玩，好吗？	我们好几个星期都没出去玩了。	你一直在忽视我。你没有满足过我的需要。你应当经常带我出去玩。（怨恨）
你安排好时间，和我谈一谈，好吗？	我们需要交流。	我们的交流很不够，这都是你的错。你应该多和我谈话！（责怪）

5.措辞准确

在请求支持的过程中，女人最常见的错误之一，就是以“能”、“能不能”这样的措辞，来代替“可以”、“可不可以”。比如，“你能把垃圾倒掉吗?”这是一种错误的间接请求，它更像是在调查、收集信息。“你可以把垃圾倒掉吗?”就是一个恰当的直接请求。

有时候，女人惊慌而懊恼地抱怨说，她按照我的建议，向男人提出请求，结果男人却说：

“别对我唠叨好不好！”

“别老让我做这做那的！”

“不要告诉我该做什么！”

“我知道该怎么做！”

“你没必要告诉我这个！”

实际上，女人没有意识到，男人这些反应是想告诉女人：“我不喜欢你请求的方式。”如果她不了解某些言辞、某些字眼会使他产生怎样的感受，她就很可能陷于被动。她可能害怕直接请求，对他说：“你能……吗？”这样的请求在金星上也许奏效，却不适用于火星人。

在火星上，她对男人说：“你能把垃圾倒掉吗？”火星人就会认为她是在冒犯他。在他看来，他当然能把垃圾倒掉——他有这样的能力。问题的关键不在于他是否有能力倒掉垃圾，而在于他是否愿意。所以，他会果断地回答：“不，我不能。”

男人想听到什么

在研讨会上，我将“（能不）能”与“（可不）可以”加以比较。有的人怀疑：这是否有些小题大做，因为二者似乎没有多大差别。其实不然。后者听上去，比前者更得体，更显得有礼貌。男人更愿意接受后者。参加我的研讨会的男人们对此深有感触，我将他们的结论归纳起来，一共有如下17种：

1.当被问起“你能打扫后院吗？”时，我不禁竖起耳朵！我的回答是：“我能。没什么问题。”要是对方问我：“你可以把后院打扫一下吗？”我立刻会说“可以”，并且付诸行动。

2.假如她说：“我需要帮助。你能不能帮我？”这话听上去，更像是在责怪我，有抱怨和不满的味道。她似乎对我感到失望，因为我辜负了她的愿望，所以她才出言不逊。我情不自禁地觉得，在她的心目中，我恐怕不是个好男人，没给她必要的支持。如果她问我：“我需要你的帮助。你可以帮我搬一下这个书架吗？”这才是令人舒适的请求。这给了我一个表现的机会，我自会欣然答应：“可以。”

3.妻子对我说：“你能给克里斯多夫换尿布吗？”我有能力这样做，给孩子换尿布，其实是件简单的事。不过，如果我不想动手，一定会编造各种借口逃避责任。如果她问我：“你可以给克里斯多夫换尿布吗？”我会毫不犹豫地回答：“当然可以。”我会马上行动。我从心眼里愿意做这件事，愿意和妻子一起，抚养、照顾我们爱情的结晶。不管有多忙，我都会挺身而出！

4.要是她对我说：“你可以帮我一下吗？”我听了一定很高兴。她给了我表现的机会，我怎么会拒绝呢？相反，要是她说“你能不能帮我”，我就会很别扭，似乎没有选择。即便我没有拒绝，也是心不甘情不愿。我只是不想让她失望而勉强为之。但是，她的请求，让我觉得不受感激，也不被重视。

5.我讨厌对方对我说“你能不能……”，这让我觉得很被动，只能硬着头皮去做。我要是拒绝，她就会对我生气。这不是请求，而是命令。

6.我让自己忙于其他事，或者至少装出忙碌的样子。这样，她就不会对我说“你能不能……”。她更有可能问我“你可不可以……”，这样的请求，才使我感觉舒适，让我愿意帮她的忙。

7.就在上一周，妻子问我：“你今天能把花种上吗？”我毫不迟疑地回答：“能，当然能。”她下班回来，问起种花的事，我耸耸肩，两手一摊：“我没种！”她说：“你明天能做这件事吗？”我照旧回答“我能”。类似的对话一再重复，但我却始终没有把花种上。假如妻子问我：“你明天可以把花种上吗？”我一定认真对待这件事。我回答出“可以”、“行”、“当然”之类的字眼，就意味着我做了承诺，我会尽力实现承诺。

8.如果我说的是“我能”，就不代表承诺。我只是强调自己有能力做某件事，但没答应真的去做。我没有采取行动，就算她因此而不满或发火，我也不在乎，因为在我看来，她没有权利对我生气。可是，假如我说的是“可以”，却没有付诸行动，我一定感到惭愧。

9.假如妻子问我：“你能把垃圾倒掉吗?”我根本不予理睬。妻子不知道我为什么拒绝她的请求?事实上，她的请求给我造成了压力，让我感到被人控制。我会本能地抗拒。我更想听到“你可以……吗”。

10.我听到“你能不能……”，就会立刻回答“我能”。至少过了10分钟，我才可能想起：我并没有按她的请求去做，原因是我没有把她的请求放在心上。反过来说，妻子问我：“你可不可以……”我就会听到灵魂深处的某种渴望。它使我毫不犹豫地回答：“可以，我很愿意帮你的忙。”即便不情愿，我也会坚持去做，因为我已答应了她的请求。

11.对于“你能不能……”，我的回答一定是“我能”。不过，在内心深处，我会感到不满。我觉得，要是我不帮她做事，她就会生气。我觉得她是在控制我。如果她问：“你可不可以……”不管我同意还是不同意，都会感到轻松而自在，我可以心无芥蒂地做出选择。实际上，我通常都会回答“我可以”、“我愿意”。

12.假如妻子问我：“你可以……吗?”在我的内心深处，我由衷地乐于效劳，因为我觉得她重视我，也感激我的付出。

13.如果她说“你可不可以……”，我会觉得她信任我，我会心甘情愿地给她支持。但是，假如我听到的是“你应该”、“你能不能”，在她的话语背后，我觉得她在问我：“你是否有能力把垃圾倒掉呢?”我显然有这个能力，还用得着怀疑吗?我却感觉很不舒服，我觉得她并不真正信任我，所以才没有直接向我请求。

14.如果妻子问“你可以……”、“你可不可以……”，会使我感受到她的无助，她的脆弱，于是我倍增怜爱之情。我会对她格外关心，我根本不忍心拒绝她的要求。相反，她说的是“你能不能……”、“你能……”，我更有可能回答“不，我不能”。我不认为这是对她的拒绝。我只是冷淡地推脱而已。妻子说“你可不可以……”，而我的回答若是“不可以”，在我看来，这意味着是对她的挑衅，或者故意为难她。

15.我觉得，“你可以……”、“你可不可以……”这样的说法，更有人情味。所以，我更有可能鼎力相助。假如她说“你能……”、“你能不能……”，那么，除非我当时无事可做，闲得发慌，才可能答应她的请求。

16.女人说：“你能不能帮我?”我会感受到她的怨恨之情，更有可能表示拒绝。假如她说的是：“你可以帮我吗?”我就感受不到埋怨。即使她对我真有不满，我也不会在意，照旧会帮助她。

17.女人对我说：“你能为我做这件事吗?”我会诚恳地回答：“我很不情愿。”这意味着懒惰的一面占据了上风，我根本不愿顾及她的感受。反过来说，如果听到的是“你可以……吗”，我就会很高兴，跃跃欲试。

对于女人而言，要检验“(能不) 能”与“(可不) 可以”之间的差别，不妨想象这样的经典而浪漫的景象：一个男人正在向一个女人求婚。男人的心情很激动，就像皓月当空。男人跪在女人跟前，握住女人的手。他凝视着女人的眼睛，温柔而深情地说：“你能不能嫁给我?”

突然之间，浪漫的氛围消失了。男人使用了“能不能”，显得他的底气不足，心灵似乎被不安全感所占据。女人会感到男人缺乏足够的自信。相反，如果男人说：“你可以嫁给我吗?”那么，他的渴望、他的力量、他的期待，乃至他的无助同时并存，而这正是最佳的求婚效果。

同样的道理，男人也需要女人以类似方式请求支持。他希望女人使用“可以”、“可不可以”这样的字眼，而“能”或者“能不能”，却显得缺乏信任、不够直接、死板生硬，具有控制性。

记得在一次研讨会上，一位女士解释了相关术语在金星上的差别：“一开始，我没有察觉到，这两种请求方式有何不同。后来，我才逐渐地摸出了门道。这就好比对于我的请求，他回答说‘我不想做’和‘我做不到’，两句话的含义完全不同。‘我不想做’，意味着他是在表示拒绝，即不愿意帮助我。假如他说的是‘我做不到’，不是对我表示不满，而是他的能力有限，所以真的‘做不到’。”

请求支持的常见错误

不要忘记，请求男人的支持，就要：

1. 直截了当。
2. 简单明了。
3. 多使用“可以”、“可不可以”。

最好不要拐弯抹角，不要过于啰唆；尽量少用“能”、“能不能”这样的表达。我们不妨来看下面的例子：

该说什么，不该说什么

该说什么	不该说什么
你可以把垃圾倒掉吗？	厨房脏兮兮的，早就有酸臭的味道了。垃圾桶里再也塞不下别的东西，该把垃圾倒掉了。你能做这件事吗？(表达过于啰唆，并且使用了“能”)
你可以帮我搬一下这张桌子吗？	我搬不动这张桌子。我们今晚要招待客人，我得把桌子换个地方。你能不能帮我的忙？（过于啰唆，并且使用了“能不能”)

你可以替我把它放到别处吗？	我没法把它拿走。(不够直接)
你可以把车里的东西拿进来吗？	4个杂货袋还留在车里。我得用袋里的食物准备晚餐。你能把它们拿进来吗？(过于啰唆，不够直接，并且使用了“能”)
你在下班的路上，可以顺便买一瓶牛奶吗？	你下班回来，正好经过一家商店。劳伦想喝牛奶，我不想再出去了，我今天真的很累！今天实在是糟透了！你能把牛奶买回来吗？(过于啰唆，不够直接，并且使用了“能”)
你可不可以把朱莉从学校接回来？	朱莉得坐你的车回来了。我今天不能去接她。你要是有空，能不能把她接回来？(过于啰唆，不够直接，并且使用了“能不能”)
你今天可以带(猫)咪咪去看兽医吗？	该给咪咪打针了，你能不能带它去看兽医？(不够直接，并且使用了“能不能”)
今晚你可以带我们出去吃饭吗？	我太累了，一点儿也不想做饭。好久没有出去了，你想到外面去吗？(过于啰唆，不够直接)
你可以帮我把拉链拉上吗？	我需要帮忙。你能不能帮我把拉链拉上？(不够直接)
今晚你可以把壁炉点上吗？	今天太冷了！您打算把壁炉点上吗？(不够直接)

这个星期，你可以带我去看电影吗？	这个星期，你想去看电影吗？(不够直接)
你可不可以帮劳伦把鞋穿上？	我们就快迟到了！我现在很忙，没空儿帮劳伦。你能不能帮她把鞋穿上？（过于啰唆，不够直接，并且使用了“能不能”）
今晚你可以坐下来，同我谈一谈吗？	真不知怎么搞的，我们很久没好好谈谈了。我需要知道，你最近到底在忙些什么？(过于啰唆，不够直接)

以不恰当的方式请求支持，虽然只是个很不起眼的细节，却可能带来完全不同的结果。你没有顾及火星人的感受，对方就很容易对你不满或误解你。一旦你意识到这一点，就得马上加以调整。表面上看来，你不过是在更换一个词语，这似乎微不足道的改变却可能使你创造奇迹。我建议你在进行下一个步骤前，最好花上起码三周的时间，对不恰当的请求方式做出改变。除了“你可以”、“你可不可以”以外，你也不妨以这样表达：“你想……吗”，“你愿意……吗”。

在你练习第一个步骤期间，可以回顾一下：有多少次，你尽管需要支持，却没有提出请求，而在提出请求时，你采取的又是怎样的方式？在此之后，你就可以有足够的心理准备，恰当对男人提出请求。记住，你的请求要直截了当，要适时地表示重视，给予感激。

关于请求支持的常见问题

在进行第一个步骤时，女人或许面临一些常见问题，它们可以反映出，她为什么厌烦或拒绝请求男人的帮助。

问题1：女人认为："既然我不需要他主动提出请求，我又何必主动请求他的支持呢？"

答案：记住，男人来自火星，他和你是不一样的。你应当接受你们之间的差异，并且满足他的需求。只有这样，你才能得到需要的一切。如果你试图改变他，他就会顽强地反抗。主动请求支持不符合金星人的天性，不过，你不该就此放弃。你可以做出小小的调整。一旦男人感受到你的爱和感激，即使你没有请求，他也愿意主动帮助你。在下一个步骤里，我将阐述这一点。

问题2：女人说："我为他付出了那么多，他为我做事也是应该的，我又何必表示感激呢？"

答案：男人没有感受到重视和感激，就会情不自禁地减少给予。你想让他为你做事，就不要忘记，他需要你的重视和感激。满足了他的要求，你才能得到更多回报。你的感激是男人的动力。如果你不停地为他付出，却很少得到回报，自然难以对他心存感激。正因如此，你要适当地减少给予。只有这样，你才可能因对方的付出而表示感激。

问题3：女人认为："我向他请求支持，他就可能觉得，他帮助就是在给我恩惠。"

答案：男人认为，"爱"的礼物之一，其实就是一种恩惠。当男人觉得，他是在给你恩惠时，他的给予就会发自内心。男人是火星人，有不同于女人的爱的"计分法则"。如果男人觉得，你是提醒他有义务支持你，他就会关闭起心灵，下意识地减少给予。

问题4：女人觉得："要是他爱我，就该主动提供支持，我又何必开口请求呢？"

答案：记住，男人来自火星，他和女人不同，他始终在等待你的请求。千万不要以为，如果男人爱你，就会主动支持你。男人不是金星人，而是火星人！不会自动地为你付出，你只有充分接受彼此的差异，他才更乐意为你付出，即使你没有请求，他也尽可能为你着想。

问题5：女人说：“我不得不请求他的支持，他就可能以为，他给予我的比我给予他的要多。所以他没必要再为我多做什么了。想到这种可能性，我不禁感到害怕。”

答案：如果男人觉得，他没有必要多做什么，反而可能更加慷慨付出。而且，当他听到你以尊敬的方式主动开口请求时，他就会感受到你的信任。你仿佛是在郑重宣布：“他是我的男人。只有他有资格给我支持！”另外，男人更可能觉得，实际上，你付出的比他多，至少与他持平，所以你才会心安理得，大方地请求他的支持。

问题6：女人说：“请求男人的支持时，我总是想对他解释，我为什么需要他的帮助。我不希望他觉得，我的请求是过分的。”

答案：尽管你有足够的理由请求，但无须一一列举，如果你送上一大堆理由，他就会觉得，他根本没有拒绝的理由。这让他感觉极不舒服，觉得受到了控制。还是让他把“支持”这件礼物送给你吧，别把他的支持视为理所当然。

而且，对于你提出请求的理由，假如男人想了解得更多，他自然会询问原因，到时候你再解释不迟。即便到那时，也要避免言语过于啰唆。给他一条理由就可以了。如果需要更多的解释，他必然会让你知道。

第二步：练习请求对方给予更多

要让男人给你更多的支持，你就要让他有被重视的感觉。你应该经常让他在他的能力和愿望的许可范围之内为你付出。这样的话，他就会感受到你的认可、重视和感激。

如果你没有对他提出过分要求，他就会感受到你的爱。如果他无须努力改变自己，就可得到你的信任和感激，如此一来，他更乐意为你做出必要的改变。此时，你可以冒险继续请求。不过无论如何，你都不能传递这样的信息：他还不够好，不符合你的期待。

其次，你要让男人意识到，他即使说“不”，也能得到你的爱。记住，你给他说“不”的权利，他就更可能说“是”。

女人既要学会请求支持，也要坦然面对拒绝。有时候，在开口请求之前，女人就会本能地感觉到，男人可能做出怎样的反应。假如她预感男人的反应是拒绝，她就不会自讨麻烦地请求支持。这就形成了一种有趣的现象——女人尚未开口，就预感到可能会遭到拒绝，男人却蒙在鼓里，不知道发生了什么。因此，“请求”与“拒绝”的整个过程，完全是在女人的脑海中进行的。

你给他说“不”的权利，他就更可能说“是”。

在第二个步骤里，你要练习在特殊情境下，如何寻求支持。一直以来，你始终没有开口请求支持，因为你预感到对方定会反对或拒绝。如今，我要告诉你的是，即便如此，你也要果断请求，宁可吃“闭门羹”，也不要自动放弃。

例如，妻子对沉迷于电视的丈夫说：“你去杂货店买几条鲑鱼回来，我用它们准备晚餐，可以吗?”与此同时，她已有心理准备，静候男人的拒绝。丈夫可能感到惊奇，因为在此之前，他在看电视新闻时，妻子决不会拿这种事打扰他。所以，他可能立刻回绝：“我现在正看新闻呢！你难道不能自己去买吗?”

这时，作为女人，你一定很想说：“我可以去自己去买。可你不要忘记，在这个家里，我总是忙里忙外，凡事都得我来操心。我不想做你的保姆。我只需要你帮这么一点儿忙，难道你都不能答应吗?”——这些话只能想想，但绝不能对他说！尽管遭到拒绝，你还是早有准备，马上给出既定的回答，比如：“好吧！”或“没问题”。此时，火星人会觉得你是个爽快大方的人，倍感温暖。你要记住：一个简单的“好吧”或“没问题”，就足够了！

首先主动开口请求，接下来，遭拒的你以“好吧”来回答，这样的表现美妙绝伦。你的目的，就是让对方明白，他可以拒绝你的要求，而不见得非答应不可，你会给予他体谅和理解。当然，在他的拒绝对你并无大碍的情况下，才可以使用这种方法。进一步说，假如他破天荒地支持你，你自会感激不尽，而实际上，你并不不是必需要得到他的支持。你要确保他说“不”时，你不会怒火中烧，或者郁闷不乐。

看看下面的范例，你就会更清楚我的意思了。

恰当回应男人的拒绝

你要做好心理准备，等待丈夫说“不”。你要多加练习，让自己尽可能理解丈夫，信任他的爱，也接受他的拒绝。你要坚信，他有能力帮助你，就一定会答应你的请求。任何时候，你请求他支持，他不因拒绝你而羞愧，你也不因被拒绝而不满，那么，他就会给你打出5~10分。下一次，对于你的要求，他必定更加富有责任心。如果你能以爱的方式请求支持，他更有可能为你付出，而且付出得更多。

多年以前，从一位女职员那里，我深深体会到了这一点。当时，我们有一个非营利项目，需要一些志愿者参与。她想打电话给我们的朋友汤姆。我劝阻她说：“别费力气啦！我敢保证，他这个时候不会帮忙的！”而女职员告诉我，不管怎样，她都要打这个电话。她说：“打电话给汤姆，就是要请求他的支持。如果他拒绝，我也能够体谅和理解。不过下一次，我们为别的项目打电话给他，他更有可能答应帮忙。原因很简单，我这次的请求，会给他留下良好的印象的！”结果，这位女职员是对的，事实证明了一切。

男人拒绝你的请求，而你没有生气，他就会铭记于心。下一次，他更乐意帮助你。反过来说，你不声不响，牺牲你的需要，不做任何请求，男人就永远不知道，你是否需要他的支持。

你心平气和地请求他给你更多时，在个人情感上，他就会立刻产生给予或付出的冲动，愿意满足你的要求。此时此刻，你要求他为你做得更多，是完全可行的。这正是完善情感关系的重要途径之一。

健康的情感

任何时候，彼此都有权利请求对方提供支持，满足自己的需求，另外，也完全有权利说“不”，这样的情感关系，就是健康而成熟的。

比如，有一天，一位朋友来家中做客。小女儿劳伦想让我把她举起来，她想在半空中做几个花样。我当时拒绝了：“我今天没什么力气，我真的很累。”

不过，女儿坚持她的请求，还顽皮地对我说：“拜托啦，爹地，拜托啦，举一下就行！”

朋友说：“劳伦，你的爹地很累，他今天工作很辛苦。你不该提出这种要求。”

劳伦立刻回答：“我只是请求他答应嘛！”

“可你知道，你的爹地那样爱你，”我的朋友说，“你这样坚持，他怎么可能拒绝呢？”

（实际上，如果孩子的父亲不能表示拒绝，这就是他本人而非孩子的问题了。）

我的妻子邦妮和3个女儿马上说：“他当然可以拒绝！”

我真为我们家人而骄傲。能做到这一点，的确不容易。但是，我们还是逐渐地学会了请求支持，也能够接受对方的拒绝。

第三步：练习“强制性请求”

现在，你已经完成了请求的第二个步骤，知道怎样恰当地说“不”。

你可以准备练习第三个步骤了。它将教给你如何想方设法让对方满足你的需要。你请求他的支持，他却找借口拒绝你。这一次，你不要像前面那样，简洁而大度地说“好吧”。你要保持心平气和，你还要坚持等待，等待他答应支持你为止。这就是“强制性请求”。

比如，男人正要上床就寝，你对他说：“你可以去商店一趟，把我买瓶牛奶回来吗？”他回答：“上帝，饶了我吧，我真的累了！我想上床休息了！”

这时，你不要说“好吧”，让他轻易“得逞”，相反，你什么也不必说。你只要站在原地不说话，接受他拒绝你的事实，同时等待他回心转意。你的心里，不能有任何不满和怨气，只有这样，才会给你带来转机，因为接下来，他极可能开口说：“好吧，我去买牛奶。”

强制性请求的艺术，就是在开口之后保持沉默。你要有足够的心理准备，因为对方可能千方百计地搪塞或逃避。他的滑稽而可怜的“表演”，一定让你大跌眼镜：哼哼唧唧地推脱，嘟嘟囔囔地抱怨，支支吾吾地拖延，嘀嘀咕咕地抗争。他也可能火冒三丈，甚至咆哮着拒绝：“不！”男人对女人的请求，经常出现类似的反应，说明他不情愿改变状态。他越是把注意力集中到某件事上，就越有可能因为被你打扰而不满。不过，这不意味着他真的不想帮助你，他只是浑身心沉浸在个人状态中，进行激烈的思想斗争。

既然他开始抱怨，就是一个好兆头。事实上，在你的要求和他的愿望之间，他正在苦苦地寻求平衡。

女人常常误解男人类似的反应，以为他不想支持自己，其实不然。男人的抱怨是一种信号，预示他正在考虑你的请求。反过来说，假如他无视你的请求，就会当机立断，一口回绝。既然他开始抱怨，就是一个好兆头。事实上，在你的要求和他的愿望之间，他正在苦苦地寻求平衡。他的心情非常矛盾，因为他的确需要“改弦更张”，从当前状态转移到你的请求之上。

为完成这一转变，他的内心要经历一场搏斗。这就如同解开门上生锈的铁链，它可能发出“咯吱咯吱”的声音——这如同男人不情愿的心理在作怪。如果你忽略它，忽略男人的抱怨，它不久就会消失。

男人抱怨通常说明他正预备答应你，如果不明白这一点，你极有可能误解他，要么决不主动请求，要么在遭到拒绝后，悻悻而不满地走开。你认为男人完全不爱自己，因此，你也不愿给男人更多的爱。这将为不幸的情感关系埋下伏笔。

在上面的例子中，男人正要上床休息，而你请求他到商店去买牛奶，他当然可能抱怨了。

“我很累，”他的表情看上去颇为懊恼，“我要睡觉了。”

你将此视为彻头彻尾的拒绝，就可能愤然反驳说：“我为你做饭，帮你洗衣服，哄孩子睡觉，你又做了什么？你只想着早点儿休息！我要求得并不多，你现在总该帮我一次吧？你为什么不体谅我的辛苦？为什么所有的事都是我一个人在做？”

如此一来，拌嘴或吵架，在所难免的了。从另一方面说，如果你能意识到，男人发发牢骚，意味着即将履行你的请求，你就会做出截然不同的反应。你会保持沉默，耐心等待。你的沉默是一种信任。你相信他正在斟酌，并将答应你的要求。

你要给他必要的时间，让他进行“自我抗争”。男人不情愿，有他自己的难处。你向他提出请求时，他可能停顿片刻。假如他当时不在状态，不愿按你的请求改变计划，就很可能发出抱怨。你要等待他摆脱内心的抗拒。你要求得越多，他需要做出的改变就越大，他也很可能无力给你支持。

另外，上午，你让男人打破常规地做出改变，按你的请求行事，通常不大容易。而在下午或者接近傍晚时，他更容易支持你。这与男人的精神状态有关。现在，他正嘟嘟囔囔地抱怨，你就要想象一下，他正全神贯注地做他自己的事。一旦从痴迷状态走出，他就更愿意为你付出。

“迫使”男人接受请求

在这方面，我有深刻的体会。有一次，妻子让我到商店买牛奶，而我正想上床睡觉。当时，我嗓门高亢地开始抱怨。但是妻子并没有同我争吵，而是不动声色地站在那里，接受了我的不满。她相信，我最终定会屈服下来。结果，最后我跺着脚走到门外，进入汽车，关上车门，悻悻地驶向商店。在此过程中，我不厌其烦地制造了几次噪音，宣泄我的不满。

我怒气冲冲地来到商店里，不料，意外的结果很快就出现了——我的心情变好了！我想，很多男人都有同感，而女人很少知道这一点——我越是接近崭新的目标——牛奶，心里的怨气，就越是离我远去。我开始感受到对妻子的爱。我真切地发觉，在内心深处，我愿意尽可能地为她付出。我不由得想象自己是个“好男人”，我喜欢这种感觉。

走进商店时，我的手伸向牛奶瓶的一刹那，仿佛胜利在望！成就感永远给男人美妙的享受。我将奶瓶抓在手中，一脸豪迈地转过身，表情似乎是在告诉世人：“瞧，我为妻子买到了牛奶！作为男人，我多么体贴，多么慷慨！这是个多么出色的男人！”

当我带着战利品返回家中，妻子满面春风，欢迎我的归来。她不由分说，给了我一个深情的拥抱。她感激地说：“亲爱的，谢谢你，我真的很高兴。有了你的帮忙，我就不必换衣服去买牛奶了！”

假如她对我的努力视而不见，或视为理所当然，我一定非常郁闷。下一次，她再提出同样的请求，我就会格外厌烦。好在她没有忽略我的付出，而是给了我极大的鼓励和赞奖。

在此期间，我观察自己的反应，倾听心灵的声音。我由衷地意识到：我有一个多么好的妻子！即便我抱怨，我抗拒，她也不会多说什么，因为她始终重视我，感激我。

正因为如此，她以后再次让我买牛奶时，我的抱怨就越来越少。每次带着牛奶回家，她都会向我表达内心的感激。

一周后我就发觉，她减少了让我跑腿的次数。有一次，我忍不住暗示她。她告诉我，她已经去过商店了。这时候，我不禁感到有几分失落——她剥夺了我买牛奶的机会！其实，正是妻子的爱，让我发生了改变。我乐于为她做各种事情。时至今日，只要她吩咐我到商店买牛奶，我都会欣然而往。

我深深地体验到，我的内心，经历了巨大的变化。妻子接受我的抱怨，对我完成任务后的感激，极大地制约了我的反抗心。正是从那时起，无论任何时候，她直截了当地提出请求，我都会做出积极的反应。

意味深长的停顿

女人要记住：提出请求之后，要适当地保持停顿，容许伴侣同其反抗心理做一番较量。你要注意：不要误解和否定他的抱怨。只有这样，你才有机会得到支持。如果打破沉默，你就会失去机会，失去你的力量。

倘若你做出类似下面的反应，会让你前功尽弃，让沉默的意义转眼间荡然无存！

“行了，就当我没说过好了！”

“真想不到，你居然会拒绝我！我为你做了这么多！”

“我对你的要求并不过分！”

“你花上一刻钟时间就能将此事做完。”

“你太让我失望了！你让我受到了伤害。”

“你的意思是不打算帮我了，对不对？”

“你为什么不能做这件事？”

男人对你的请求表示抱怨，你就会本能地捍卫你的立场。你打破了男人的犹豫和踌躇；你忍不住与对方争执，试图说服对方，心甘情愿地为你付出。不管男人最终是否接受，下一次，你再次请求对方的支持，男人的反抗心理必然更强烈。

让男人支持你，就要主动开口请求。接着，不动声色地等待。索性让他抱怨几句，嘟囔几声，你不要做任何辩解和反驳。他十有八九会答应你的要求。你不要误以为，男人的抱怨，是缺乏爱的表示，或者故意与你为难。

只要你态度平和，不做申辩，他就不会故意“耍性子”和你过不去。即使他不满地走开，也只是因为他对你的请求毫无兴趣，或正忙于其他事务。

不过，有时候，他不会马上答应你。他会提出某些疑问，以便让自己逃避差事。你要留神这一点。当你缄默不语时，他或许会提出下面的问题：

“你自己为什么不能做？”

“我真的没时间。你来做这件事好吗？”

“我现在很忙，没空帮你。现在你在干什么呢？”

男人这样发问，只是想寻找脱身之机。你尽可能别说什么，除非他确实是在寻求答案，才可以给他一个理由。记住，你的解释要简洁明了，接下来就再次提出请求。这意味着你充分信任对方，相信若有可能，他就一定会帮助你。

在下面的例子中，你可以看到，男人使用怎样的“脱身术”，以便对抗或逃避女人的请求。对此，女人又该如何施展“强制性请求”，以便争取到他的支持？

男人如何 反抗女人的请求	女人如何用 “强制性请求”回应
“我没有时间。你为什么不能去做呢?”	“我的时间也很紧张。你来做这件事好吗?”接着，再次保持沉默。
“不，我不想做这件事。”	“你可以帮我吗?我真的很感激你!”接着，再次保持沉默。
“我现在很忙。你在干什么呢?”	“我也很忙。你来帮我做这件事，好吗?”接着，再次保持沉默。
“不，我不想做这件事。”	“我也不喜欢。你可以帮我去做吗?”接着，再次保持沉默。

注意，在这里，女人并不是试图说服男人，而是对其拒绝做出回应。男人说他很累，女人不能说她更累，所以他应当给她支持。同样，男人说自己很忙，她不要说她更忙。不要给出任何理由，证明男人理应为她付出。她只是提出请求，而不是发号施令。

倘若男人仍未答应她的请求，可以采取第二个步骤，即得体地接受他的拒绝。这时候，不要表现出多么失望的样子。要记住，此时你“放他一马”，他会深深地感受到，你是多么爱他！下一次，他更有可能支持你，而不是拒绝你。

不折不扣地执行上面的步骤，在请求男人的支持时，女人会取得相当理想的效果。

在第三个步骤中，适当地停顿，可以使局面产生转机。它是请求男人给予支持的关键一步。不过，女人仍要坚持练习前两个步骤。有一条原则永远是重要的：请求男人做各种琐细小事，同时要学会得体地接受拒绝。

男人为何如此敏感

或许你会奇怪：为什么对女人请求的方式，男人如此关注，如此敏感？这是因为男人渴望被女人接受。任何过分或过量的请求，都会使他产生错觉，怀疑女人心怀怨恨和不满，不接受他。

如同女人倾吐感受时，极其在意是否被倾听、被理解一样，男人也非常在乎女人是否接受当前的他。要是女人试图改造他，他就会觉得，他远不符合她的理想和要求，所以她才打算对他“动刀子”。

火星人的座右铭是：除非出现破损，否则就不要修理。男人觉得，女人要求得更多，而且试图改变他，意味着他已经出现了“破损”。这样一来，他会沮丧地认为，他不可能得到她的爱，因为她不接受他当前的面貌。

掌握恰当请求的技巧，两个人的感情才会变得持久而深厚。你得到了更多的爱，更大的支持，对你的伴侣而言，也是莫大的幸福和安慰。男人渴望成为女人心目中的骑士，所以，他最大的幸福之一，就是成功地满足女人的需求和愿望。女人恰当地请求支持，可使男人产生强烈的感觉：他是她所爱的人。他也必以同等的爱为她付出，而这正是女人渴望的结果。

在下一章里，我们将要探讨的是：如何让爱的魔力永存？

第13章

让爱的魔力永存

爱情的悖论之一，就是当你觉得进展顺利时遭遇大风大浪。不知不觉间，你们变得疏远起来，彼此减少了爱的付出。比如：

1.你自信充满爱意、富有爱心、善于接受，到了第二天，你就一反常态，变得挑剔起来。无论伴侣怎样做，都很难赢得你的欢心。

2.你无法想象某一天会不爱你的伴侣，可到了第二天，你就和对方争吵起来，甚至想到了离婚。

3.伴侣为你所做的某件事，饱含着极大的爱和体贴，可是，昔日的阴影突然浮现，当时，他（她）一度忽略了你的需要。

4.你被伴侣的魅力深深吸引，但没过多长时间，他（她）的存在就让你感觉麻木。

5.你和伴侣幸福、和睦地相处，可不久后，你就对你们的感情缺乏安全感，或者你觉得自我需要未被满足。

6.你充满自信，觉得伴侣非常爱你，但你很快就感到绝望和无助。

7.在你的眼里，你的伴侣光彩照人，你觉得一生一世都无法与之分开。你也深怕失去对方的爱。可是，当伴侣向你做出承诺和保证时，你却突然感觉到，他（她）似乎失去了吸引力。

8.有许多个夜晚，你强烈地渴望与伴侣享受床第之欢。有一天，对方表达了同样的愿望，你却不想与之“燕好”了。

不仅你本人如此，若是留心观察，你会注意到你的伴侣同样会出现上述情况。

类似的情形司空见惯，情感的变化如此迅速而激烈，的确让人费解。如果始终无法搞清真相，你甚至会绝望地怀疑，一定是你们的神经有问题。你会轻而易举地得出结论，认为爱情已不复存在。不过，你用不着过分担心。在情感上产生这些问题，没什么大不了，其中的蹊跷，或许三言两语就可以说清楚。

爱情给你带来的，或许是一种“悬而未决”的感受。今天，你的心里充满了爱，次日，你正要信任和接受伴侣的爱，昔日痛苦的记忆，可能会不期而至。

在很长一段时间里，你深深地为伴侣所爱，但被压抑的情感却穷追不舍。它像一把枷锁，锁住了你的心灵，使你无法尽情释放自己的爱。你的消极情感之所以出现，只是为了得到治疗和宣泄。你会突然间喜欢挑剔，产生怨恨，不知满足，感情麻木，无理取闹……

其实，每个人都有一系列“悬而未决”的情感。它们来自于你过去受到的伤害。它们潜伏在你体内的“冰山”里，直到你感受到伴侣的爱，它们才会破冰而出。这时候，你渴望表达自己，也会体验到受伤的感觉。

如能成功地处理它们。爱情就会释放出更大的能量。相反，彼此指责或者争吵，而不是治疗过去压抑的情感，只能体验到懊恼和沮丧。你不得不将受伤的感情再次压抑。

消极情感，“悬而未决”

显而易见，受伤的感觉不会自动跳出来，大声说：“嗨！我是你当年遭受伤害的情感。我还没有得到治疗呢，快帮帮我吧！”过去被拒绝、被抛弃的感觉一浮现，你就会觉得自己正被伴侣抛弃和拒绝。过去的阴影将会投射到今天的感觉上。在生活当中，即使是微不足道的小事，也会造成极大的伤害。

许多年以来，你一直都在压抑着自己的情感。有一天，你陷入爱情之中。

爱情，以它强大的力量，使得你敞开心扉，使你感受到最隐秘的伤痛。爱情，使你的心灵慢慢苏醒，你开始感受到封存多年的痛苦的感觉。

正值“晴空万里”，缘何“雷声大作”

昔日的感觉不只出现在恋爱时，也可能出现在其他时刻，比如你享受伴侣的爱意之时。在这原本快乐的时刻，两个人却会突然吵架。

伴侣间随时会争吵，比如，你们装修新居时，你们参加子女毕业典礼、生日宴会或别人的婚礼时，你们外出度假、驾车旅行时，你们完成一项任务、庆祝圣诞节或感恩节、决定改变某种不良习惯时……

在类似的情形下，伴侣一方或者双方都可能情绪低落。消极感受可能随时出现。针对上面列举的情形，你可以反思一下：你的父母当年是如何对待情感危机的？你和伴侣之间的冲突又是如何解决的？思考这样的问题，对你大有好处。

90/10原则

了解昔日受伤的情感何以突然出现，你就会意识到：你为什么经常因为伴侣的态度而受到伤害？当你产生懊恼或者难过之情时，其中的90%以上，都和过去的经历有关，而当前让你心情不好的原因，可能只占10%——换句话说，后者只是表面现象，充其量只是“导火索”而已。这就是“90/10原则”。

不妨看这样的例子：如果伴侣开始对你吹毛求疵，你的情感或多或少都会受到伤害。不过，你很容易想到，对方并非有意与你过不去。你会看到，你的伴侣当时情绪很糟糕，而原因不在你。所以，你心里很清楚，对方的指责或抱怨本不该对你造成多大伤害。

可是，如果伴侣懊丧的情绪、恶劣的态度，对你造成了意想不到的伤害。其原因在于，在那一刻，从前所有受伤的感觉，都会一股脑地出现。你的心灵感受到巨大的痛苦。在童年和少年时代，你曾经遭受过过于严厉的批评，当时的伤害始终没有消除，而伴侣的批评，使得所有受伤的感觉，再次清晰地进入你的意识。这种伤害可能在短时间内难以平复，仿佛即将愈合的伤口再次撕裂。

在不谙世事的年代，你是天真而无辜的，父母的消极情感，与你没有任何关系，那只是他们自身的问题。可当时的你，却不由自主地自惭形秽，受到父母的批评和责骂时，将原因完全归结到自己身上，认为一切都是你的错，内心充满自卑、恼恨和愧悔。

时隔多年，当时的感觉依然清晰。于是，你很容易把伴侣的反应，视为对你的批评、责骂，乃至彻头彻尾的拒绝。此时此刻，你很难平心静气地与对方交流。你很容易产生错觉或者误解。你将伴侣的反应看得非常严重，即使是微不足道的请求，也会让你觉得过于挑剔或不近情理。实际上，造成这种情形，90%以上的原因，只是与你昔日的经历有关。

设想一下，你的胳膊，不小心被什么碰了一下，这肯定不会带来多大的伤害。不过，假如你身上有个尚未愈合的伤口或伤疤，它被什么东西所碰撞时，可能使你疼痛难忍。同样，当积压多年、“悬而未决”的感觉出现时，伴侣任何轻微的冒犯，都会让你变得极其敏感。

你对伴侣的反应就会截然不同。在大多数遭遇挫折的情感关系中，90%以上都是因为昨日的情感。换句话说，如果痛苦的记忆没有出现，你就不会对伴侣不满。

我们怎样彼此支持

对男人而言，昔日的感觉一经出现，他就会急不可待地进入“洞穴”。他此时相当敏感，他最需要的就是女人的认可和接受。对女人而言，当昔日里的情感出现时，情感的波浪就会迅速下降，沉到“深井”中。此时，她最需要的就是男人的体贴和关心。

有了以上的认识，当昔日的消极感受出现时，你就可以更好地把握自己。比如，如果伴侣对你不满或者生气，你不会急于与之较量。你会想到把感觉写到一张纸上。是的，通过写情书，消极感受自然就会释放。这样一来，对于伴侣的反应，你就不会大惊小怪，因为你理解、信任、接受、宽容对方。

理解90/10原则，可以为你带来福音。理解和支持的态度，会使伴侣尽快恢复平静。如果你想到，对方的坏情绪完全是受伤的记忆所致，你会更富理解心和同情心，也能够相应地支持对方。当伴侣“旧伤”复发的时候，永远不要说他（她）反应过激。这只会对伴侣造成更大的伤害。

既然知道了真相，你就不难理解，伴侣为何会出现让你惊奇的、情绪激动的反应。其实，这是自我治疗过程的一部分。给伴侣一点儿时间，让他（她）慢慢冷静下来，再次调整好状态。如果你想了解伴侣情绪糟糕的原因，却难以心平气和地听他（她）倾诉，就鼓励伴侣为你写一封情书。

情书是一剂良药

你应当知道，过去受伤的情感经历，会时不时地在今天出现。因此，你要体谅伴侣的反应，包括你自己。我的意思是说，如果伴侣的反应让你懊恼或难过，你也可以给对方写一封情书。在此过程中，要深入地反思：你当前的感受与昔日的经历之间，是否有着某种关联？实际上，在你写情书的过程中，久远的记忆，可能一幕幕地出现。你会慢慢地察觉，让你不满或生气的对象，其实不是你的伴侣，而是你的母亲或者父亲——你不要中断回忆，继续写下去！不过此时，你写信的对象，可以换成你的父亲或者母亲，在此之后，写一封充满爱意的回信，将信件与你的伴侣一道分享。

伴侣可能喜欢看到你的信。这样一来，他（她）就可以了解到，你情感上的伤害90%以上都与昔日的经历有关。接下来，你就会从伴侣那里得到更多的安慰。假如你从未想过昨日经历造成的伤害，就很可能迁怒对方，使之蒙受不白之冤。

你希望伴侣更加关心你的感受，就要让他（她）体会你过去的痛苦。这样，伴侣就会理解：在某些情况下，你为何那样敏感，容易冲动。写情书的过程，正是实现这一目的的手段。

痛苦感受的幕后真相

在写情书时，你渐渐会发觉，让你心情不好的原因其实另有源头。它的数量之多，出乎你的意料。你了解到更多的原因，消极情感就会渐渐消失。请看下面的例子：

1.一天早晨，吉姆醒来后觉得妻子一身毛病，不管妻子做什么，都让他心烦。于是，他给妻子写了情书。他发现，让他气恼的对象其实是他的母亲。当年，母亲对他的管教很严格。于是，他马上给母亲写了一封简短的情书。写完情书之后，对于妻子，他突然不再感到厌烦，而是充满了爱意。

2.恋爱几个月后，莉莎突然对伴侣挑剔起来。在写情书的过程中，她发现自己其实是害怕自己还不够完美，害怕对方不再对自己有兴趣。她发觉了情绪不佳的原因后，心中的爱便被激发了。

3.在共度浪漫夜晚后，比尔和珍就陷入激烈的争吵。事情的起因是，比尔忘记了做某件事。这次争吵让比尔想到了离婚。这种念头让他吃惊不已，于是，他写了一封情书。他发现，其实他是害怕妻子离开自己，害怕被妻子抛弃。他不由得回忆起，小时候父母吵架时自己的感受。他给父母写了一封信。随即，他再次对妻子充满爱的感觉。

4.苏珊的丈夫汤姆工作很忙。尽管苏珊能够理解丈夫承受的压力，但仍满腹怨言。在给丈夫写完一封信后，她发现，让她感到不满的对象其实是她的父亲。当年，父亲把她独自留在家中，她不得不和有虐待倾向的母亲相处。于是，她给父亲写了一封情书。此后，她对汤姆的怨气也消失了。

5.雷切尔非常迷恋菲尔。后来，菲尔向她示爱，并当场求婚。可是第二天，雷切尔的情绪就发生了变化。她对爱情产生了怀疑，激情也似乎消失了。她给菲尔写了情书。她发现，实际上，她一直对父亲心怀怨气。父亲曾经深深地伤害过她的母亲。她给父亲写了信，释放了消极感受之后，对菲尔再次充满了爱。

刚刚开始写情书时，你未必能找到昔日的情感。不过，你不用着急，可以慢慢地打开心扉，一点一点地尝试，试着碰触潜藏的感受。你慢慢会发觉，让你难过或者懊恼的原因，正是来自多年前的经历和感受。

“情感反应迟缓”现象

美好的爱情，会诱发多年前“悬而未决”的情感。当你的要求没有被满足，由此充满渴望的时候，也会出现类似的情形。几年前的一天，我想和妻子亲热，她却没有那个心思。当时，我理智地接受了这个事实。第二天，我使尽了深身解数，做出各种暗示，可是一点儿用也没有，她丝毫不感兴趣。

我尽己所能地做各种事情，以讨她欢心，让她感到快乐。但我内心深处的怨恨一直在积聚。半个月后的一天晚上，我给她买回一件漂亮的睡衣。她打开盒子，既惊奇又高兴。我让她试一试，她却说没有心情。

我是彻底泄气了！我开始埋头工作，放弃了对于性爱的渴望。我当时以为，压抑心中的怨恨是完全正确的做法。不过，两周后我下班回家时，她给我准备了丰盛的晚餐，还穿上了那件睡衣。灯光暧昧，角落里响起柔和的音乐。

你或许想象得到我当时的心情。我内心的怨恨似乎提醒我：“到今天为止，你整整忍受了4个星期！”我压抑了4个星期的怨恨，在瞬间爆发开来。接下来，当我尽情抒发内心的感受时，我才发现，她仍旧爱我，乐于给予我所需要的。

当你突然感到怨恨时

在为客户做情感咨询的过程中，我也注意到类似的现象：伴侣的一方，最终出现了积极的变化，另一方却态度冷漠，没有任何感激之情。

有对伴侣结婚20多年，我在给他们做咨询时发现，他们的子女长大成人后，妻子突然想到了离婚。男人这时才如梦初醒。他意识到，他应该做出改变，并得到妻子的配合。他开始采取务实的行动，给予对方等待了20多年的爱。然而，妻子的反应却是冷漠和怨恨。

至少，在她的潜意识里，她要让丈夫尝尝苦头，体会她20年来经受的情感折磨。当然，只要处理得当，不会出现不可收场的局面。夫妻双方应深入交流，作为男人，要专注地倾听女人的感受，了解她积压已久的痛苦。这会使她心情慢慢好转。男人的改变，最终会得到女人的认可和接受。同样的情形也发生在男人身上，男人的反应也可能非常激烈。

“涨进式期望危机”

这种“情感反应迟缓”的例子，在社会层面也常见到。在社会学领域，这被称为“涨进式期望危机”。它曾发生在约翰逊总统执政的20世纪60年代。当时，美国国内的少数民族，第一次得到了比以往更多的权利。最终，他们积压已久的愤怒爆发开来，暴动和暴力接连不断。被压抑的民族情绪瞬间释放。

健康者为何需要治疗

在你和伴侣的情感关系中，也会出现这样的情况。两个人的关系越是亲密，爱情越是深厚，也越容易导致一种结果——唤醒尘封多年的痛苦记忆。这些痛苦记忆需要得到彻底的治疗，但羞耻和恐惧的感觉可能会占据上风，这使你困惑和踌躇，不知究竟怎样做，才能让消极情感得到释放。

你固然需要敞开心扉，将情感与伴侣分享。可是，由于羞耻和恐惧，你难以展示真实的感受。这样一来，你可能会变得沮丧、焦虑、厌倦、怨恨。你也会经常无缘无故地感到疲惫，这正是一直被压抑的消极情感渴望释放的症状。

> 这是一个悖论，因为通常说来，和伴侣在一起，你才会感觉到安全。最深处的恐惧感，才有可能浮现。而当它们真正出现时，你却感到羞耻和恐惧，以至于难以与伴侣分享你的感受。

你不堪碰壁，下意识地想逃离爱情，或沉溺于其他事物之中。其实，此时此刻，你要对受伤的情感对症下药，绝不可以“临阵脱逃”，放弃治疗。明智的做法，就是寻求心理医生的帮助，或采取其他有效的方法。

当受伤的情感记忆出现时，你会把它们投射到伴侣身上。若无法放下包袱，把真实的情感“表达”给我们的父母，或者“告知”过去的伴侣，那么，起码在短时间内，你就不可能知道，如何向你的伴侣诉说感觉，传递心声。

这是一个悖论，因为通常说来，和伴侣在一起，你才会感觉到安全。最深处的恐惧感，才有可能浮现。而当它们真正出现时，你却感到羞耻和恐惧，以至于难以与伴侣分享你的感受。恐惧甚至让你感到麻木不仁，如此一来，压抑已久的情感自然难以释放。

一位咨询师或者心理医生，可能为你提供很大的帮助。这就是说如果有一个人陪伴着你，而你不会将恐惧投射到对方身上，你就可以向对方倾诉压抑已久的感受。相反，如果对方是你的伴侣，你反而可能感觉木然。

这就是为什么不少人有亲密的爱情，却仍不可避免地需要治疗师的帮助。当然，就像前面提到的，你也可以参加提供情感支持的群体，这对你同样大有裨益。同那些与你非亲非故，却可以给你提供支持的人们交流，就可以为受伤的情感找到发泄的途径。

你将昔日的伤痛发泄到伴侣身上，对方不仅无力为你提供支持，而且你不佳的心绪还可能伤害对方。你的伴侣所能做的，就是鼓励你寻求必要的支持。昔日的情感，总是深刻地影响着当前的感觉。知道了这一点，你的感觉就会好起来。接下来，你要接受爱的潮起潮落。接受伴侣的爱，接受爱的治疗性作用。要想使爱的魔力永存，你必须机动灵活，适应不断变化的爱情。

爱的季节性

情感就像一座花园，想让花园里枝繁叶茂，必须及时浇灌，给予精心的照料。同时，你需要考虑到不同的季节，以及无法预料的天气，做到未雨绸缪。进一步说，让爱的魔力永存，你就必须懂得爱的不同季节，满足爱的特殊需要。

爱的春天

恋爱，就像是春天。这是充满魔力的季节，一切都那样完美无缺，你们充分享受着生命的恩赐、爱情的美好。这时的你无法想象，有一天你会不爱对方。

爱的夏天

在爱的夏天，你开始意识到，你的伴侣并不如想象中完美。你的伴侣来自另一个星球，总会犯这样或那样的错误。在某些方面，还有着明显的不足和弱点。

沮丧和失望随之而来。你发觉，幸福的感觉并非时刻存在，你也并不总是爱着对方。你甚至觉得，这不是你期待的爱。

这时候，许多人会对伴侣产生怨气，对自己感到失望，甚至想到了放弃。他们没有意识到，爱不是一劳永逸的。有时候，它更是烈日下的辛苦劳作换来的。

爱的秋天

这是个黄金的季节，它意味着收获，你对情感花园精心照顾，你的付出有了回报。你的爱情更加成熟。你能够理解，也能接受爱不完美的一面，如同你可以接受不完美的自己一样。这也是一个感恩和分享的季节。在夏天里，你辛苦地工作，现在，你可以放松一回，享受爱的果实。

爱的冬天

在寒冷而贫瘠的冬日里，一切都自然地恢复了原有的状态。这是休息、反省和更新的季节。在这个季节里，在和伴侣的交往中，你经历了悬而未决的痛苦和压抑。在这个季节里，情感容器的“盖子”已被打开，痛苦的感觉开始涌出。这是你独自反思的季节。你务必更多地关注自己（而非伴侣）的感受，只有这样，才能得到更多的爱和满足感。这是一个治疗的季节。在这个季节里，男人在他的“洞穴”里冬眠，而女人进入她的“深井”。你和伴侣的爱，都经历了自我治疗的过程。

度过了黑暗的冬天，春天再次归来。你再一次拥有了希望。爱拥有了无数的可能性。你的内心得以治疗，你的灵魂走过了严冬，所以，你的心胸更加开放，对爱的春天充满着美好的憧憬。

完美的情感

阅读完本书，你可以知道一个巨大的秘密：男人来自火星，女人来自金星。在感情上，和一切成功者一样，你也可以“送旧迎新”，否极泰来。

不过，我要提醒你：要使情感关系走向圆满，你就必须理解爱情存在不同的季节。有时候，爱的来临自然而然，顺理成章。而在有些时刻，你却需要付出相当多的努力。有时候，你的心灵无比丰盈。有时候，它却处于干涸的状态。千万不要以为，伴侣将永远充满爱意，每时每刻、一丝一毫也不会改变。不要以为伴侣永远会以最恰当的方式爱你。你要理解自己，也要懂得对方。你也不要指望你能记住自己学到的、关于爱的每一条信息。

学习的过程，需要的不只是倾听和实践，也包括遗忘和回忆。在本书中，你所学的一切，是伴侣无法教给你的。你要将学到的东西付诸于实践，要允许自己犯错误。而你学到的某些新的观点，在一段时间内，也可能逃离你的记忆。

要想掌握某个知识，甚至需要倾听上百次。所以，别指望你和伴侣的记忆力超人，能牢记本书所有新颖的观点。你要有足够的耐心，要重视本书讲述的每一个环节、步骤。要想把它们恰当地应用到实践中，你就需要花上足够的时间。

你不仅要把它们复习上百次，你也要抛弃过去学到的东西。你要学习的，只是如何拥有成功的情感关系。尽管你的父母，你成长的环境，你所在国家的文化，你昔日的痛苦经历，一直会影响你，但你不必永远被牵着鼻子走。须知对于拥有新型的情感关系，你已经掌握了最新的观点。你要将它们内化于你的生命。这是一项崭新的挑战！你是一个拓荒者，你走在一块新土地上。有时候，你一定会迷失方向，你的伴侣也是如此。你应当有足够的心理准备。你不妨将本书当做地图，引领自己反复尝试，去多次穿越未予标注的领域。

下一次，当你因伴侣而沮丧和难过时，你要记住：男人来自火星，女人来自金星。男人和女人，原本就是不同的类型。这可以使你更富有爱意。如果你将自己的不满和怨恨恰当地释放，正确地请求渴望的一切，你的情感关系，就一定不会让人失望。这样的结果，正是你的渴望，你的需要，也是你的权利。

总之，你的情感生活会拥有无限美好的未来。谢谢你的支持，为了你的完美人生，我愿意助你一臂之力。